U0932207

检察调研与指导

2024年第1辑（总第48辑）

主办 / 最高人民检察院法律政策研究室
中国检察出版社

主编 / 高景峰

中国检察出版社

图书在版编目（CIP）数据

检察调研与指导．2024 年．第 1 辑：总第 48 辑/高景峰主编．—北京：中国检察出版社，2024.5

ISBN 978－7－5102－3059－2

Ⅰ．①检… Ⅱ．①高… Ⅲ．①检察机关－工作－中国－文集 Ⅳ．①D926.304－53

中国国家版本馆 CIP 数据核字（2024）第 060353 号

检察调研与指导（2024 年第 1 辑）

高景峰　主编

责任编辑： 李冬青

技术编辑： 王英英

美术编辑： 徐嘉武

出版发行： 中国检察出版社

社　　址： 北京市石景山区香山南路 109 号（100144）

网　　址： 中国检察出版社（www.zgjccbs.com）

编辑电话：（010）86423786

发行电话：（010）86423726　86423727　86423728

（010）86423730　86423732

经　　销： 新华书店

印　　刷： 河北宝昌佳彩印刷有限公司

开　　本： 787 mm×1092 mm　16 开

印　　张： 17

字　　数： 272 千字

版　　次： 2024 年 5 月第一版　　2024 年 5 月第一次印刷

书　　号： ISBN 978－7－5102－3059－2

定　　价： 60.00 元

《检察调研与指导》
编 委 会

编辑热线：010－86423737　86423786

订阅热线：010－86423728　86423726　86423727

投稿邮箱：jcdyyzd2020@126.com

目 录
CONTENTS

·案例剖析·

新时代检察改革的路径和重点

——兼读《2023—2027 年检察改革工作规划》

余双彪*

党的二十大报告专章部署“坚持全面依法治国，推进法治中国建设”，专门指出“加强检察机关法律监督工作”“完善公益诉讼制度”，赋予检察机关更重责任。二十大报告特别强调深化司法体制综合配套改革，全面准确落实司法责任制，加快建设公正高效权威的社会主义司法制度，发出了持续深化司法改革的号召，对全面深化检察改革提出更高要求。推进新时代检察改革需立足新时代新背景，把握新形势新任务，增强责任感、使命感，更好地以检察工作现代化服务保障中国式现代化，为全面建设社会主义现代化国家、全面推进中华民族伟大复兴提供强有力的司法保障。

一、问题导向——当前检察改革面临的主要困难

坚持问题导向是习近平新时代中国特色社会主义思想世界观和方法论的重要内容。习近平总书记深刻指出，问题是事物矛盾的表现形式，我们强调增强问题意识、坚持问题导向，就是承认矛盾的普遍性、客观性，就是要善于把认识和化解矛盾作为打开工作局面的突破口。谋划和推进新一轮检察改革，必须始终坚持问题导向，聚焦检察工作面临的新情况新问题，找准制约检察工作高质量发展的主要矛盾和矛盾的主要方面。

（一）检察机关服务大局制度供给仍不足，能动履职有效性有待提升

新时代以来，检察机关构建了“四大检察”法律监督新格局，并通过

---

* 余双彪，最高人民检察院法律政策研究室副主任、法学博士。

完善法律监督范围、方式、手段，创新工作制度机制，与时俱进推动依法能动履职、深化诉源治理，为大局服务、为人民司法，但与党中央的要求和人民群众更高层次更高水平的司法需求相比，检察机关的制度供给仍有不足，能动履职仍需要进一步深化。特别是，党中央部署京津冀协同发展、粤港澳大湾区建设、长三角一体化发展、长江经济带发展、黄河流域生态保护和高质量发展、海南全面深化改革开放等国家战略，作出支持浙江高质量发展建设共同富裕示范区，支持深圳建设中国特色社会主义法治先行示范城市，支持福建探索海峡两岸融合发展新路、建设两岸融合发展示范区等重大决策后，检察机关立足检察职能，提出具体的司法服务保障措施，但相关制度机制建设还需要及时跟进，服务保障经济高质量发展的工作机制有待进一步完善。包括涉案企业合规改革已写进了党中央、国务院关于促进民营经济发展壮大的意见中，但合规改革的法律制度支撑不足，改革还需要在刑事诉讼各个环节形成合力；合规不起诉的适用对象受限，对重大疑难复杂的涉企案件特别是涉外案件适用空间较小，导致案件类型、适用罪名和影响力有限；对于内部治理结构比较复杂的大型企业、跨国企业开展合规整改缺乏有针对性的法律制度；第三方监督评估机制启动、运行及其成果运用需要立法加以固定和确认等。

（二）刑事检察存在“不深”“不透”等问题，如何行稳致远需深入研究

总体而言，刑事检察是检察机关的传统业务和看家本领，在各项检察工作中是“强项”，但也存在不少难点和问题，立案监督、侦查活动监督、刑事审判活动监督都要进一步提升质量。如审查逮捕、审查起诉的质量有待提升，以证据为核心的刑事指控体系还未建立，非法证据调查核实难，排除、分析、通报和报告制度还需完善，上级检察机关各项刑事检察业务的统筹协调、综合指导工作机制还需健全。如以刑事案件名义插手民事纠纷、经济纠纷问题实践中常见、多发，发现此种情况是否可以监督撤案，虽有《人民检察院刑事诉讼规则》规定，但有的地方仍以刑事诉讼法没有明确规定为由拒绝监督。如介入侦查引导取证仍困难重重。目前介入侦查和引导取证方式单一，介入范围不明，多集中于个案，重大经济犯罪、涉黑犯罪等同步介入引导侦查取证缺乏法律支撑。侦查监督与协作配合机制建立以后，也没有从根本上改变这一状况，如何结合“侦查监督与协作配

合办公室”规范和推动介入侦查引导取证，需要进一步深入研究。如监检衔接机制框架已基本建立但仍需细化和完善，职务犯罪案件退回补充调查期间强制措施适用、审查起诉中发现漏罪漏犯的依法追诉、自行补充侦查与退回监察机关补充调查的有效衔接等都有待完善相关机制。此外，适用宽严相济的刑事政策机制、死刑复核法律监督机制、刑事申诉案件办理机制等都需要进一步健全，认罪认罚从宽制度需要深化落实，审查起诉阶段辩护律师全覆盖等工作也需要加强。

（三）民事检察存在“不专”“不会”等问题，精准化机制有所欠缺

2022 年，全国法院共审结一审民事诉讼案件 1611 万件，而同期检察机关提出民事抗诉案件仅 4500 余件，与人民群众日益增长的民事司法需求和司法工作实际相比，民事诉讼监督还比较薄弱。特别是与《中共中央关于加强新时代检察机关法律监督工作的意见》关于推动依法解决执行难问题，加强对损害国家利益或者社会公共利益、严重损害当事人合法权益、造成重大社会影响等违法执行行为的监督要求相比，民事强制执行监督机制亟须健全。同时，实践中也还存在监督的盲点，比如虚假仲裁、虚假公证等违法情形严重侵害人民群众合法权益，扰乱经济和法律秩序，但因缺乏检察机关直接监督民商事仲裁、公证的明确规定，只有在当事人向有管辖权的人民法院申请撤销、执行仲裁裁决，或者因公证事项发生纠纷进入诉讼程序等情况下，检察机关才能以对民事诉讼活动和民事执行活动实行法律监督的间接方式实现监督。

（四）行政检察存在“不敢”“不力”等问题，需更多制度支撑

行政检察工作近年来有了开创性发展，但仍是“四大检察”中的弱项。当前，行政检察的工作现状与社会上大量存在的行政争议、行政申诉得不到有效解决形成比较大的反差，加强对行政生效裁判以及行政审判和执行活动的监督，解决不敢监督、监督不力等问题迫在眉睫。对履行职责中发现的行政违法行为开展法律监督是《中共中央关于加强新时代检察机关法律监督工作的意见》明确部署的改革任务，但由于相关法律供给不足，有的行政机关对此还存在不同认识，往往以没有法律依据为由抵触监督。检察机关常态化开展行政争议实质性化解，得到了法院和行政机关的认可，甚至不少地方主动邀请检察机关介入“行政复议”“行政诉讼”等

环节，但由于尚处于探索环节，“介入”的规范性仍有不足，需要总结实践探索经验，健全制度规范，为推进相关立法完善积累实践样本。

（五）公益诉讼检察存在“不精”“不广”等问题，需通过立法规范提升

公益诉讼检察自全面推开以来，迅速成为检察工作的突出亮点，办案数量持续增长，履职范围不断拓展，制度效能充分释放。但目前关于公益诉讼检察范围主要散见于各个单行法律规定，缺乏系统性。特别是，关于公益诉讼的定位，检察机关的公益诉讼与社会组织的公益诉讼、当事人的私益诉讼有较大差异，无法直接套用私益诉讼规则，不同主体提起公益诉讼的顺位问题以及如何根据公益诉讼的制度规律和检察职能特点配置检察机关在公益诉讼中的权利义务等问题仍有待立法明确。此外，公益诉讼调查取证方式主要是依据民事诉讼监督中的调查核实权开展，由于公益诉讼的案件范围与职能特点与民事诉讼监督具有很大差异，依托传统的询问、查阅、摘抄、复制等调查方式和手段不能适应公益诉讼职能要求。制定检察公益诉讼法已纳入《十四届全国人大常委会立法规划》，需要进一步加快推动立法进程，加快推进构建中国特色检察公益诉讼制度。

（六）检察侦查等法律监督仍存在“不强”“不大”等问题，业务拓展空间仍未有效打开

检察侦查是法律赋予检察机关的重要职能，是严惩司法腐败、维护司法公正的重要手段，也是加强法律监督的重要保障，这项工作在实践中仍存在不强、不大等问题。一些地方对侦查办案工作重要性仍有不同认识，目前只有13个省级检察院单独设立侦查机构，机构和人员配备尚不能满足快速发展的实践需求，包括相关司法解释需要进一步修改完善，侦查信息化及大数据运用有待加强等。同时，刑事诉讼法第19条规定，对于公安机关管辖的国家机关工作人员利用职权实施的重大犯罪案件，需要由人民检察院直接受理的时候，经省级以上人民检察院决定，可以由人民检察院立案侦查。这是法律赋予检察机关的重要职权，充分考虑检察机关的法律监督属性，对公安机关应当立案但没有立案或不宜由公安机关立案的案件，设置了一个替代性侦查权、特别补充规定，在实践中需要进一步激活。同时，知识产权检察也是深化检察工作的一个重要增长点。近年来，

检察机关推行知识产权检察一体履职、综合履职、融合发展，取得了较快进展，但办案规模较小，2021 年，全国检察机关受理知识产权民事监督案件仅 538 件，只占法院同期一审案件数的 0.1%，二审案件数的 1.2%。其中，检察机关依职权主动发现监督线索、启动监督程序的案件量更少。如何通过一体履职的检察组织模式，及时整合各诉讼监督领域资源与力量，有效提升服务保障质效，仍需更多规范指引、配套机制贯通衔接。

（七）司法体制综合配套改革还需深化，司法责任制有待全面准确落实

以司法责任制为核心的司法体制改革已经进入稳步推进时期，四梁八柱比较稳固，但具体配套措施仍有不足，如检察人员分类管理有待完善。检察官逐级遴选和初任检察官到基层院任职还未实现规模化、常态化，配套政策有待完善。有些地方存在上级院人员不愿下基层，基层院不愿接的问题。检察官单独职务序列制度与其他公务员管理制度、党政领导干部选拔任用制度的衔接机制还不健全。员额退出机制、检察辅助人员、司法行政人员的专业化、职业化管理制度需要进一步完善。如政法专项编制有待盘活用好，虽然中央层面对政法专项编制动态管理已作出规定，但各地具体实践不多，不同省份不同地区政法专项编制配置不均衡，省内政法专项编制配置不均衡、非公务员身份人员占用政法编制等问题有待统筹解决。如聘用制书记员管理制度亟须完善，管理不规范、配置不合理等问题较为突出，需要进一步推动解决。如检察官惩戒制度落实不够到位，特别是实践中由于监察机关职务违法调查制度与检察官惩戒制度均有明确法律依据，大多数追究检察官司法责任的案件主要由纪检监察机关按照党纪、政务处分的程序办理。一些地方检察机关与纪检监察机关认识不一致，检察人员依法履职容错免责制度落实情况不尽理想。

（八）现代化的检察管理制度体系还未建立，科学化水平仍有待提升

检察管理是检察改革的重要内容，目前也还存在很多不足，包括检察一体履职机制仍有待健全，案件线索统一管理、监督办案一体推进、人员力量依法调用等衔接机制还不完善，上下级检察院接续监督效果仍需强化。特别是业务部门办案与司法工作人员相关职务犯罪侦查工作尚未有机融合，内部合力尚未完全形成。检察机关的专业化布局和组织机构体系、

职能体系需要进一步优化，法院、检察院专业化建设的演进路线、建设思路、改革方案未能协调统筹，存在案件管辖不协调、监督关系不顺畅等问题。案件管理体系还有待优化，案件质量主要评价指标体系在办案实践中的导向作用逐渐发挥，但有的地方还有不同认识，有的存在盲目追求指标数值、机械管理、反管理等问题，有的把对指标的关注焦点仅仅放在数据高低、排名前后的考核上，对数据反映的相关业务工作态势、特点、规律及存在问题的分析研判还不到位。队伍管理还跟不上时代发展，总体上仍然是“刑强民弱”的状态，特别是近年来知识产权、经济金融、科技等领域司法需求不断增加，检察机关“供给侧”产品输出还不能满足需要。入额院领导直接办案意识增强，但带头直接办理重大疑难复杂案件的力度仍有待加强。

（九）数字检察制度体系亟须完善，法律监督质效有待提升

数字检察是数字中国在检察机关的具体体现，是未来检察工作发展的重要动力源。近年来，各级检察机关积极推进与公安机关、法院、行政执法部门的数据共享，但实际效果有待提升，有的地方不精准提出数据需求，要求对方提供全部数据或某系统大量数据，导致对方心存顾虑或难以提供。有的认为检察机关拿到数据后会对本单位不利，存有抵触情绪。同时，大数据应用相对滞后，有的地方通过大数据进行发案分析、类案监督、促进治理的意识不足，不了解、不掌握如何通过数据挖掘研判案件线索、发现犯罪现象和案件办理背后的深层次问题。特别是，法律监督应用模型是数字检察的一个重要突破口，也是当前数字检察建设的一个重点方面，但监督模型成果转化机制还不健全。与数字检察相关的行政执法与刑事司法衔接仍有待强化，特别是如何运用大数据手段，需要进一步深入思考。

二、价值引领——扎实谋划新一轮检察改革

改革有短板，补齐改革短板要靠全面深化改革。习近平总书记反复强调，新时代坚持和发展中国特色社会主义，根本动力仍然是全面深化改革。[①] 深化检察改革，首先必须深入学习贯彻党中央决策部署，更好地围

① 习近平：《在党的十九届一中全会上的讲话》，载《求是》2018 年第 1 期。

绕中心、服务大局，思考如何进一步健全和完善党对检察工作绝对领导的体制机制，深入研究具体落实机制，更好地把党的绝对领导落到实处，更好地捍卫“两个确立”，做到“两个维护”。同时，要始终聚焦深化检察改革的重点，深入思考中国特色社会主义检察制度的“特”具体体现在哪儿？人民检察院是保护国家利益和社会公共利益的重要力量，有哪些特性特点？如何进一步加强检察机关法律监督工作，构建中国特色法律监督制度？落实“加强检察机关法律监督工作”的各项部署要求，具体落脚点在哪儿？强化对司法活动制约监督，着力点在哪儿？健全侦查监督与协作配合机制，下一步如何推进？完善行政执法和刑事司法衔接机制，加强衔接的方向在哪儿？构建以证据为核心的刑事指控体系，推进建立健全以审判为中心的刑事诉讼制度，如何落实？深化认罪认罚从宽制度改革，如何加强配套制度机制建设？如何完善检察机关法律监督方式，如何强化检察机关自侦和自行补充侦查权工作，如何加强检察建议、调查核实权等的运用？如何推动检察机关法律监督更加具体化、实质化、体系化，如何全面准确落实司法责任制？如何既把握好公正、廉洁、权威的司法制度建设目标，也把握好经济、便捷、高效的要求，特别是把握好放权与管权，办案与监督，检察管理、案件管理和人员管理等关系，实现检察机关法律监督工作现代化？思考如何推动检察公益诉讼立法，如何实施数字检察战略，切实提高法律监督质效？

深化检察改革，更要始终坚持以习近平新时代中国特色社会主义思想的世界观和方法论为指导，把握好深化检察改革的科学思维方法和工作方法。首先，要坚持正确的政治方向，加强党对检察改革的绝对领导。要注重顶层设计，找准深化检察改革的主要任务、重点和切入点、突破口。特别是要全面落实中央部署要求，深刻认识与把握党的二十大报告专章部署“坚持全面依法治国，推进法治中国建设”的重要意义，深刻理解与把握“在法治轨道上全面建设社会主义现代化国家”“全面推进国家各方面工作法治化”的重要部署，在服务大局中找准检察工作的任务、重点与切入点、突破口。其次，要注重检察改革的全局性、系统性和协同性。全局性，就是要把检察改革深度融入党和国家工作大局、全面依法治国、政法领域改革中谋划和推进，更好地在全局中坚守宪法定位、履行好法定职责。系统性，就是要避免碎片化，注重衔接集成。各项改革措施要一体设计、一体部署、一体推进。协同性，包括相关职能部门的协同，以及检察机关横向职能的协同、上下一体的协同。最后，要坚持目标导向、问题导向，尊重基层首创精神，鼓励基层探索创新，加强调查研究，善于总结经验。

总结近年来的经验和检察工作实际，深化检察改革，必须深入思考和回答好以下方面的问题。一是进一步健全完善党对检察工作绝对领导的体制机制。包括党对检察机关的绝对领导还存在哪些薄弱环节，需要从哪些方面入手予以加强；如何落实宪法明确规定的检察机关上下级领导关系，需要完善哪些重要措施；如何深化检察一体化建设，形成检察一体化制度体系。二是构建“公正、高效、权威、经济、便捷、廉洁”的检察权运行机制。如何认识和把握检察机关宪法定位和《中共中央关于加强新时代检察机关法律监督工作的意见》对检察机关总体定位的新发展；如何进一步明晰检察监督的基本手段，增强检察建议权、调查核实权等的运用和实践效果，构建完善的检察监督权能体系。三是围绕中心、服务大局，助推中国式现代化建设。在服务经济社会高质量发展，满足人民群众在民主、法治、公平、正义、安全、环境的更高需求方面，检察机关在制度建设上还存在哪些短板和不足；如何构建更有效的工作机制，服务保障党的二十大报告各项重大决策部署的落实，服务保障全面建设社会主义现代化国家。四是完善刑事检察监督体系，协同深化以审判为中心的刑事诉讼制度改革。如何完善认罪认罚从宽制度，完善中国特色犯罪治理模式；如何深化侦查与协作配合机制，推动介入侦查引导取证工作制度化、法治化，构建以证据为核心的刑事犯罪指控体系；如何加强审查逮捕、审查起诉等基本职能，通过量刑建议等工作推动庭审实质化；如何加强行刑衔接、监检衔接等工作机制；如何进一步提高检察机关直接立案侦查工作能力和水平，完善自侦权的行使方式和程序；如何进一步完善刑事执行检察监督体系。五是完善民事检察监督体系。如何解决长期困扰民事检察监督的权能不足、监督手段偏软等问题，进一步明确再审检察建议、调查核实、支持起诉等监督手段运用；如何积极参与民事强制执行法制定实施，建立健全民事强制执行监督机制；如何积极回应四级法院审级职能定位改革、专门法院改革，优化民事检察监督程序、方式，提升民事检察监督能力。六是完善行政检察监督体系。如何积极推动落实“在履行职责中发现的行政机关违法行使职权或者不行使职权行为的监督”，规范对行政诉讼、行政执法活动开展法律监督的方式、程序；如何深化行政争议实质性化解工作；如何完善工作机制，推动形成行政检察与公益诉讼检察的监督合力。七是完善公益诉讼检察监督体系。如何推动公益诉讼检察规范化、法治化建设，推动公益诉讼专门立法，完善公益诉讼制度，构建公益司法保护的“中国方案”；如何构建公益诉讼检察与刑事检察、行政检察、未成年人检察、知识产权检察的分工协作机制，加强跨部门配合协作；如何正确处理好公益诉讼办案数量、质量、效果之间的关系，提升办案质效。八是完善未成年人检察监督体系，促进深化未成年人全面综合保护格局。如何深化少年司法规律研究，构建现代化的未成年人检察工作体系，促进中国特色少年司法保护体系建设；如何把未成年人司法保护更好地融入家庭、学校、社会、网络、政府保护，形成保护未成年人工作合力。九是完善知识产权检察监督体系，加强知识产权法治保障。如何深入推进知识产权检察集中统一履职，整合刑事、民事、行政、公益诉讼检察职能，健全知识产权综合司法保护体系；如何完善综合履职机制，强化知识产权刑事、民事、行政诉讼监督；如何完善知识产权专业人员辅助检察办案制度，加强对技术类案件的法律监督。十是完善检察环节诉源治理体系。如何落实加强和改进人民信访工作的要求，确保做实群众来信件件有回复；如何把握个案办理、类案监督、系统治理的规律，形成检察机关推动诉源治理的特定模式；如何进一步践行新时代“枫桥经验”，做好矛盾化解、检察和解、释法说理等工作。十一是全面准确落实司法责任制。如何把握“全面”“准确”的内涵和要求，进一步完善司法责任制；如何立足检察工作实际，推动法律监督工作“案件化”办理；如何实质性强化对案件的监督管理；如何厘清司法惩戒与纪检监察的关系，实现司法惩戒在检察人员追责中的独立价值；如何构建规范、科学的省以下人财物统一管理制度，彻底破除司法地方化倾向。十二是建立健全检察机关人员、编制、组织机构管理体系。如何适应国情实际和各地差异，促进调整检察官逐级遴选和初任检察官到基层任职制度，增强可操作性；如何进一步巩固深化检察人员分类管理，形成检察官、检察辅助人员、司法行政人员三类人员安心履职、有序成长、充分发展的管理格局；如何统筹用好现有编制，实现编制人员动态管理；如何构建衔接有序、内外协调的派出检察院组织体系和跨域司法管辖衔接机制；如何进一步深化检察机关内设机构改革；如何进一步完善检察人员考核管理机制；如何进一步夯实基层基础。十三是加快实施数字检察战略。如何加强顶层设计，进一步明确数字检察的目标、方向，建设数字检察相关支撑体系和平台；如何深度汇总、挖掘、应用检察机关内部数据，推动实现与外部数据的互联互通；如何构建、运用大数据法律监督模型，实现技术、信息对办案的支撑、保障作用。

三、明确方向——新一轮检察改革工作规划的主要内容

2023 年 7 月，最高人民检察院制定下发了《2023—2027 年检察改革工作规划》（以下简称《规划》）。《规划》明确了深化检察改革的指导思想：坚持以习近平新时代中国特色社会主义思想为指导，深入贯彻党的二十大精神，全面贯彻习近平法治思想，深刻领悟“两个确立”的决定性意义，增强“四个意识”，坚定“四个自信”，做到“两个维护”，持之以恒落实《中共中央关于加强新时代检察机关法律监督工作的意见》，加快推进检察工作现代化，加快建设公正高效权威的中国特色社会主义检察制度，更好服务保障在法治轨道上全面建设社会主义现代化国家。《规划》强调以加强检察机关法律监督工作为总抓手，深化“四大检察”协同履职，深化数字检察战略，深化司法体制综合配套改革，全面准确落实司法责任制，全面强化对执法司法活动的制约监督，着力实现法律监督理念、体系、机制、能力现代化，高质效办好每一个案件，努力让人民群众在每一个司法案件中感受到公平正义，形成了深化检察改革的总体目标。

改革的价值目标决定了改革必须遵循的基本原则：一是坚持党的领导。围绕中心、服务大局，健全完善检察机关落实党的绝对领导机制，深刻领悟“两个确立”的决定性意义，坚决做到“两个维护”。二是坚持人民至上。把人民期盼作为深化检察改革的出发点和落脚点，把人民满意作为评判改革成效的标准和圭表，完善检察为民机制措施，体现和落实全过程人民民主。三是坚持宪法定位。遵循检察权运行规律，推动刑事、民事、行政和公益诉讼“四大检察”全面、协调、充分、融合发展，提升法律监督质效。四是坚持系统集成。把立足当前与着眼长远、巩固改革成果与推进新举措有机结合，坚持关联性改革一体设计、一体部署、一体推进，做到协同高效、纵深发展。五是坚持问题导向。大兴调查研究，聚焦法律监督难点、检察工作着力点、深化检察改革重点，推动解决执法司法领域需要强化法律监督的突出问题。六是坚持抓实基层。关注基层需求，努力解决基层工作和队伍建设“老大难”问题。尊重基层首创精神，及时推广、固化基层创新经验。

政法领域改革的价值目标决定了改革的根本方向与具体举措。[①] 总体看，《规划》按照党的二十大报告深化司法体制改革的部署要求，提出完善坚持党对检察工作绝对领导的制度体系、健全检察机关能动服务大局制度体系、全面构建检察机关法律监督现代化制度体系、完善检察机关司法体制综合配套改革制度体系、构建现代化检察管理制度体系、健全数字检察制度体系等“六大体系”36 类改革任务，且每个体系均落脚到党的二十大对检察工作的相关要求上来。

（一）完善坚持党对检察工作绝对领导的制度体系，切实把党的领导贯穿检察工作全过程各方面

主要考虑是促进党对检察工作绝对领导更加具体化，法律监督工作与党委、党委政法委的领导更加紧密衔接。

健全学思践悟习近平法治思想常态化机制。习近平法治思想是马克思主义法治理论中国化的最新成果，健全学思践悟习近平法治思想常态化机制，是新一轮检察改革的重中之重。为此《规划》专门提出了健全落实党对检察工作的政治领导、思想领导、组织领导、业务领导机制；健全检察人员政治轮训制度，丰富政治培训的方式方法；落实意识形态责任制，健全检察人员思想动态定期分析、分类引导等制度等三个方面改革举措。

健全检察机关向同级党委请示报告制度。《中国共产党政法工作条例》以党内法规形式对政法工作性质、原则和内容予以系统规定，并完善和细化了党内请示报告等制度。《规划》提出了严格执行《中国共产党政法工作条例》，完善重大事项向同级党委请示报告制度；建立检察机关质效评价指标向党委政法委备案制度；完善法律监督工作年度报告制度等三个方面的改革举措。特别是法律监督工作年度报告制度是近年来改革探索的一项新举措，对于推动和促进法律监督具有重要意义。《规划》在总结近年来经验的基础上，专门提出“完善”年度报告制度的要求。

完善法律监督与党内监督等衔接机制。包括建立法律监督与法治督察、党委政法委执法监督衔接机制；健全检察机关自觉接受纪委监委专责监督制度机制；建立法院、检察院工作交流会商机制；完善最高人民检察

① 周尚君、高文杰：《新时代政法领域改革论纲——深刻把握习近平总书记关于政法领域改革的重要论述》，载《中共中央党校（国家行政学院）学报》2023 年第 4 期。

院系统内巡视、省市两级检察院政治督察与地方党委巡视巡察融合推进制度，加强司法办案廉政风险防控等四个方面的改革举措。征求意见过程中，一些地方提出增加完善重大监督事项案件化办理机制的改革举措，认为其体现各类监督力量整合、程序契合、工作融合。考虑到重大监督事项案件化办理不是目前亟须解决的问题，暂不列入改革，关键在积累经验、稳步推进。同时，鉴于省以下检察系统内巡视巡察由地方党委组织开展，当前迫切需要理顺的是党委巡视巡察、政法委政治督察与检察系统内政治督察的关系，以更好地形成监督合力，《规划》对此专门予以强调。

健全检察机关上下级领导机制。提出了按照有关规定，做好上级检察院党组对下级检察院领导班子协管工作；完善检察一体化履职机制，细化重大疑难复杂案件层报指导的范围、程序和时限；完善依法统一调用检察人员办案机制等三项举措。《中共中央关于加强新时代检察机关法律监督工作的意见》提出“按照有关规定，做好上级检察机关党组对下级检察机关领导班子协管工作”，《规划》与之保持衔接。同时，根据实践情况，对于如何细化重大疑难复杂案件层报指导的范围、程序和时限提出要求。特别是，检察一体化实际上是党对司法工作的绝对领导在检察环节的具体体现，与各级检察院党组的领导密不可分。统一调用辖区内检察人员办案是落实宪法规定检察机关上下级领导关系的重要方式，2023 年 9 月，最高人民检察院制定了《关于上级人民检察院统一调用辖区的检察人员办理案件若干问题的规定》，并与最高人民法院联合发布了《关于上级人民检察院统一调用辖区的检察人员办理案件有关问题的通知》，扎实推进有关改革。

创新检学研共建机制。提出了完善检察理论研究机制，深入研究阐释习近平法治思想的重大原创性贡献，促进丰富发展中国特色社会主义法治理论；深化习近平法治思想引领下的中国特色社会主义检察理论研究，为推进检察工作现代化提供理论指导；强化检察研究基地建设等三个方面的改革举措。习近平法治思想是不断发展的开放的理论，在指导新时代全面依法治国的历史进军中，必将随着中国特色社会主义法治建设伟大实践的深入推进而持续发展、不断丰富、更加完善。[①] 检察机关作为党领导下的国家法律监督机关，有责任、有义务完善检察理论研究机制，进一步研究

① 中共中央宣传部、中央全面依法治国委员会办公室编著：《习近平法治思想学习纲要》，人民出版社、学习出版社 2012 年版，第 11 页。

宣传阐释践行好习近平法治思想，指导检察工作创新发展。

（二）健全检察机关能动服务大局制度体系，充分运用法治力量服务中国式现代化

主要考虑是与党和国家机构改革相适应，以更现代化的工作理念和工作机制，在维护国家安全、社会稳定、经济发展中贡献更大检察力量。

健全检察环节维护国家安全和社会稳定机制。主要提出了贯彻总体国家安全观，完善检察环节反恐维稳法治化常态化工作机制；建立健全服务军民融合发展工作机制和战时协作机制，深化军地检察协作；健全常态化扫黑除恶工作机制；探索建立统筹协调、分工负责的网络检察工作机制等四方面的主要举措。不少地方提出反恐维稳仍将是维护国家安全的重点，建议增加完善反恐维稳法治化常态化等内容，《规划》予以采纳。为落实好军民融合发展战略要求，《规划》提出了建立健全服务军民融合发展工作机制和战时协作机制，深化军地检察协作，以更好地服务国防和军队现代化建设。虽然网络检察的概念内涵和外延比较大，但是针对当前犯罪出现的新变化新形态，《规划》专门部署了探索建立统筹协调、分工负责的网络检察工作机制，以更好地应对传统犯罪网络化、智能化趋势。

健全服务保障经济高质量发展工作机制。提出了完善检察机关服务京津冀协同发展、粤港澳大湾区建设、长三角一体化发展、长江经济带发展、黄河流域生态保护和高质量发展、海南全面深化改革开放等国家战略的协作配合机制；推动深化两岸三地执法司法合作机制；健全检察机关依法平等保护各类市场主体产权和合法权益的工作机制；建立与反垄断行政执法机构常态化协作机制，加大反垄断领域公益诉讼检察力度；深化涉案企业合规改革，推动建立中国特色涉案企业合规司法制度等五个方面的改革举措。党的十八大以来，习近平总书记亲自谋划和推进京津冀协同发展、粤港澳大湾区建设、长三角一体化发展等重大国家发展战略。党的二十大报告也进一步提出了要求。在总结近年来各地服务大局的经验做法基础上，《规划》专门提出了完善检察机关服务国家战略的协作配合机制，并针对服务保障经济高质量发展中的重点难点问题，聚焦市场主体产权和合法权益保护、反垄断等，提出完善常态化工作机制的部署要求。特别是针对涉案企业合规改革现状，明确提出了推动建立中国特色涉案企业合规司法制度的改革任务。实践中，各地可以根据实际，积极推进规范侦查环节涉案企业合规适用，完善审判等环节协同衔接机制，推进刑事诉讼全流程适用；深化合规整改在涉案国有企业、涉外企业等各类企业中的规范运用，探索涉案上市公司等企业合规经营、监管落实路径；积极稳慎探索涉外案件适用；持续完善第三方监督评估机制，健全涉案企业合规建设、评估和审查体系；积极推进涉案企业合规民事、刑事、行政等立法完善等。对于实践中反映比较集中的财政经费保障等，要积极推进解决。

完善服务防范化解金融风险工作机制。提出了健全上级检察院对跨区域金融犯罪案件统筹协调、挂牌督办机制；完善与金融监管部门、侦查机关、审判机关会商机制；协同健全涉众型金融犯罪案件追赃挽损机制；探索和完善在国家金融监督管理总局、中国证监会派驻检察工作机制等四个方面的内容。金融风险具有系统性、全局性特点，金融犯罪往往疑难复杂，挂牌督办机制有利于全面统筹、系统指导，有利于防范出现跨区域、跨市场的风险，推进跨区域金融犯罪案件办理进度，提升案件办理质效，做到精准办案。党的二十大报告还提出“依法将各类金融活动全部纳入监管”。推动完善金融监管是防范化解金融风险的重要举措之一。《规划》专门提出完善与金融监管部门、侦查机关、审判机关会商机制，措施可包括建立健全金融安全数据研判、风险预警、办案会商等。同时，鉴于派驻中国证监会检察室工作取得了积极成效，经商国家金融监督管理总局，《规划》提出探索在国家金融监督管理总局设立派驻检察的工作机制。

加强服务创新驱动发展机制建设。党的二十大强调，加快实施创新驱动发展战略。为更好地贯彻落实党的二十大报告要求，《规划》吸收最高人民检察院关于全面加强新时代知识产权检察工作的意见，总结地方实践探索，提出了完善知识产权检察办案指导机制；建立健全保护知识产权刑事、民事、行政和公益诉讼检察综合履职机制；完善知识产权检察专业人员辅助办案制度机制等三个方面的改革举措。在征求意见过程中，吸收中央有关部门意见，专门将原来提出的“完善知识产权检察辅助办案制度”修改为“完善知识产权检察专业技术人员辅助办案制度机制”。

深化检察环节诉源治理改革。这是推动解决社会治理问题的重要举措。近年来检察机关认真贯彻落实党中央决策部署，积极推动诉源治理，取得了积极成效。《规划》在总结经验基础上，提出了坚持和发展新时代“枫桥经验”“浦江经验”，推动从源头上减少诉讼；研究轻微刑事案件出罪入罪标准，促进构建治罪与治理并重的轻罪治理体系；研究论证和探索建立轻微刑事犯罪前科封存或消灭制度；推动统一规范治理“醉驾”司法标准；完善司法救助与社会救助衔接机制；健全社会治理类检察建议立项发送、评估考核和落实保障机制等六个方面的改革举措。轻微刑事犯罪前科封存或消灭制度，规范治理“醉驾”司法标准等都是政法领域改革的重要内容。构建轻罪治理体系，这是适应新时代新发展阶段的一项重大改革举措，特别是随着刑法罪名的增加，犯罪圈随之扩大，如何更好地减少犯罪对社会的影响，必须研究轻微刑事案件出罪入罪标准，研究轻微刑事案件分流机制，以实现刑罚的最佳目的。目前，综合治理类社会检察建议办复情况等作为法治考核评价重要内容已纳入平安中国建设考核，为更好发挥检察建议作用，《规划》提出了健全立项发送、评估考核和落实保障的改革要求。

健全检察环节信访工作法治化机制。信访法治化是解决信访问题的根本举措。为更好地维护人民群众权益，真正做到为民司法，《规划》提出了协同推进信访工作和矛盾纠纷化解法治化；完善“群众信访件件有回复”机制；统一部署和深化应用12309检察服务热线系统，建立健全来电诉求转办、内部协调、督办回访等机制；探索建立“异地阅卷、互联网阅卷、现场阅卷”三位一体的律师阅卷服务保障制度；完善律师执业权利保障法律监督机制等五个方面的改革内容。征求意见过程中，有的地方提出，对于长期信访户或信访诉求不合理未获满足的群众，回访结果的运用应当持审慎的态度，特别是部分不属于检察机关管辖范围且地方党委已安排其他部门进行化解的案件，建议以配合为主。经认真研究，《规划》从整体上提出了完善“群众信访件件有回复”机制，具体的完善内容，可以根据各地实践内容进一步细化。目前，分工方案也已印发，最高人民检察院相关内设部门将进一步细化顶层设计，各地也要结合实际积极探索改革新举措。

健全涉外检察工作机制。随着我国不断发展壮大，日益走近世界舞台中央，我国企业和公民也越来越多走向世界，也面临新的挑战。有的西方国家以国内法名义对我国公民、法人实施所谓的“长臂管辖”，迫使我们必须综合运用多种方式加以应对。党中央要求，针对有的西方国家打着“法治”幌子的霸权行径，要加强反制理论和实践研究，建立阻断机制，以法律的形式明确我国不接受任何国家的“长臂管辖”[①]。《规划》专门提出研究完善反制裁、反干涉、反“长臂管辖”和海外利益保护的检察措施；协同推进我国法域外适用的法律体系建设；完善涉外案件和国际刑事司法协助案件办理机制；深化跨国司法检察合作；健全涉外检察人才引进、选拔、使用、培训、管理机制等五个方面的改革举措，促进涉外法治建设。

（三）全面构建检察机关法律监督现代化制度体系，强化对执法司法活动的制约监督

主要针对不敢监督、不善监督、监督不准确、手段不足等问题，对检察机关各条线工作机制进行优化完善。

协同推进以审判为中心的刑事诉讼制度改革。这是十八届四中全会部署的一项重大改革举措，要持之以恒抓下去。《规划》提出了充分发挥检察机关审前把关、过滤作用，健全以证据为核心的刑事指控体系；健全非法证据排除、分析、通报和报告制度；推动完善证人出庭、二审开庭公诉人出庭机制；强化涉案财物公诉职责；大力加强审查逮捕、审查起诉、出庭公诉能力建设；完善刑事案件自行补充侦查机制；进一步推进侦查监督与协作配合机制建设；健全各项刑事检察业务的统筹协调、综合指导工作机制等八个方面的改革举措。从理论上看，检察机关应该在审前发挥主导作用，但从刑事诉讼法规定“人民法院、人民检察院和公安机关进行刑事诉讼，应当分工负责，互相配合，互相制约”的角度出发，《规划》表述为充分发挥审前把关、过滤作用，但其本质要求检察机关必须充分履行指控证明犯罪的主导责任，根据不同犯罪类型，建立引导取证、证据审查、举证质证规范化机制，不断提升疑难复杂案件指控证明犯罪能力。《规划》提出协同构建以证据为核心的刑事指控体系，要求将“以证据为核心”的要求贯穿刑事诉讼活动全过程，加强证据合法性审查，强化技术性证据专门审查，健全非法证据排除分析通报和报告制度，严格排除非法证据。对于侦查监督与协作配合机制，下一步的关键是深化、协同公安机关加强侦查监督与协作配合办公室建设，发挥在重大刑事政策落实、重大专项工作推进中的协同作用，提升实质化、规范化、体系化运行水平。尤其是要注

---

① 中共中央宣传部、中央全面依法治国委员会办公室编著：《习近平法治思想学习纲要》，人民出版社、学习出版社2012年版，第120页。

重推动公安机关执法信息共享。一些地方实质化运行方面仍受到执法信息共享不畅等问题的制约，个别地方公安机关对共享信息存在一定的疑虑甚至抵触心理，检察机关获取刑事案件受案以及后续处理信息渠道仍不畅通，一定程度上影响了侦查监督与协作工作开展，需要下一步扎实抓紧推进。

完善准确适用宽严相济刑事政策机制。《规划》提出了健全对严重刑事犯罪及时依法从严惩处机制；与相关单位联合制发办理较轻微犯罪案件指导意见；推进审查逮捕社会危险性量化评估机制建设；推动完善非羁码等数字监管方式运用；健全完善逮捕后羁押必要性审查和强制措施变更审查工作机制；研究完善附条件不起诉制度等六个方面的改革举措。有的地方建议提出“全面”贯彻落实宽严相济刑事政策的改革要求。基于目前落实贯彻落实宽严相济刑事政策出现的问题，尤其是在个案处理中未能准确把握宽和严的标准，《规划》重点对“准确适用”提出了要求。同时，虽然刑事诉讼法只针对未成年人犯罪案件规定了附条件不起诉制度，但《全面深化政法改革实施纲要（2023—2027年）》明确规定“研究完善附条件不起诉制度”，《规划》予以重申。征求意见过程中，有的中央部门提出增加“健全检察机关对决定不起诉的犯罪嫌疑人依法移送有关主管机关给予行政处罚、政务处分或者其他处分的制度”。有的地方建议增加不起诉与非刑罚处罚措施的衔接相关内容，做好不起诉“后半篇文章”。这项工作与健全保障法律统一适用息息相关，《规划》在相关部分予以规定。

深化落实认罪认罚从宽制度。2018年刑事诉讼法修改正式在法律上确立了认罪认罚从宽制度，这是我国刑事司法发展史上的一个重要事件。目前，检察环节认罪认罚从宽制度适用率已超过90%。但实践中也需要进一步深化。立足认罪认罚从宽制度运行现状，《规划》提出完善认罪认罚从宽配套制度，确保认罪认罚自愿性、真实性、合法性；推动案件繁简分流；完善量刑建议工作机制，逐步扩大常见罪名量刑指导意见的案件范围，推动统一量刑辅助系统应用；建立认罪认罚从宽沟通协调机制，研究起草相关司法解释，解决“从宽”等重点问题；推进审查起诉阶段律师辩护全覆盖，深化值班律师法律帮助实质化等五个方面的改革举措。改革重点聚焦确保认罪认罚自愿性、真实性、合法性，旨在促进该制度行稳致远。

健全强化对刑事立案、侦查和审判活动的监督机制。《规划》专门提出了完善检察机关刑事立案、侦查、审判监督的条件、方式和程序；协同完善涉案财物集中统一管理制度；加强对涉案财物处置的法律监督；细化抗诉标准，健全抗诉工作上下联动机制；完善死刑复核法律监督机制；完善刑事申诉案件办理机制等六个方面的改革举措。实践中，各方面都很关注加强对涉案财物处置和处置的监督，为此《规划》对此专门作了部署，这也是改革的重要新举措。还有的地方提出探索对延长刑事拘留期限和重新计算侦查羁押期限的法律监督措施，鉴于这项改革没有明确的法律依据，鼓励一些地方在实践中探索，但暂不纳入改革规划。有的部门在征求意见中建议增加“完善死刑案件侦查监督和协作配合机制”，促进解决部分死刑案件存在调查取证不全面、技侦证据移送不及时，补查补正不到位等情况。为进一步夯实死刑案件证据基础，切实履行检察机关法律监督职责，完善死刑案件侦查监督和协作配合机制，监督公安机关做好补查补正、证据移交等工作，《规划》专门强调了完善死刑复核法律监督机制。

健全检察机关侦查工作专门化机制。主要提出了推进侦查检察专业队伍和办案机制建设；完善检察机关侦查管辖案件立案追诉标准；明确检察机关对公安机关管辖的国家机关工作人员利用职权实施的重大犯罪案件依法决定立案侦查的标准、程序和工作机制等三个方面的改革举措。在起草过程中，不少地方提出当前围绕自侦部门是否单设，各省份存在两种运行模式，导致办案质效存在差异，一个部门要同时开展巡回检察、大要案办理、重要专项等重大任务时，往往会出现刑事执行检察与自侦“厚此薄彼”现象，要推进侦查检察专门机构、专业队伍和办案机制建设，如果单设有困难的，可以考虑在省级检察院重建侦查信息指挥中心，分析、研究司法工作人员相关职务犯罪发展趋势、规律特点，及时掌握全省侦查办案新情况、新问题，开展统一调配侦查力量、集中办案等。考虑到中编办曾要求各部门制定出台文件时，不宜对机构设置提出要求，因此《规划》表述为推进侦查检察专业队伍和办案机制建设。不少地方提出原立案标准制定于反贪转隶之前，内容相对陈旧，建议加以完善，《规划》予以采纳。此外，为落实刑事诉讼法第 19 条规定，《规划》专门提出相关改革要求。

健全职务犯罪检察工作机制。按照党的二十大关于坚决打赢反腐败斗争攻坚战持久战的战略部署，根据刑事诉讼法和监察法有关规定，《规划》总结了近年来有关工作经验，提出了健全职务犯罪检察与监察机关配合制约工作机制，加强办理重大职务犯罪案件沟通协调工作；完善检察机关参与重点领域腐败问题专项治理工作机制；健全落实受贿行贿一起查工作机制；协同推进反腐败追逃追赃和跨境腐败治理制度机制建设；推动深化违法所得没收程序和缺席审判程序适用等五个方面的改革举措。征求意见中，有关部门提出增加“完善重大职务犯罪案件沟通协调机制”，《规划》予以采纳，要求加强办理重大职务犯罪案件沟通协调工作。

健全对刑事执行的监督机制。主要部署了完善派驻检察与巡回检察协同工作机制；健全刑罚交付执行和刑罚变更执行的监督制度；完善对社区矫正的法律监督机制；健全对刑事裁判涉财产部分执行监督制度等四个方面的改革举措。一些常规和日常工作，比如对减刑、假释和暂于监外执行的监督等，包括一些地方提出进一步完善对社区矫正机构开展巡回检察的模式和机制，推动完善与社区矫正部门协作机制，提高矫正质量；完善被判处监禁刑罪犯交付执行监督制度，促进罪犯依法“应收尽收”；强化刑罚变更执行实质化审查，严格监督规范减刑，推动扩大依法适用假释，规范暂予监外执行的制度机制等，都纳入对刑罚交付执行和变更执行的监督制度总体改革要求中。有的地方还专门建议，在全国推动实现法院刑事裁判涉财产部分的信息共享，这也是下一步推进改革需要解决的问题。

完善民事诉讼监督机制。从适应人民法院审级职能定位改革，优化民事诉讼监督程序，着力提升法律监督能力；健全检察机关调查核实工作措施，提升民事抗诉的精准性、及时性、有效性；完善检察机关支持起诉制度；完善民事强制执行法律监督机制；健全对虚假诉讼的监督纠正机制等五个方面部署了今后改革举措。对于完善检察机关支持起诉制度，还存在一些不同认识，有的部门认为检察机关不应该开展民事支持起诉工作，否则有违民事诉讼平等主体之间的“两极”构造。事实上，民事诉讼法第15条规定，机关、社会团体、企业事业单位对损害国家、集体或者个人民事权益的行为，可以支持受损害的单位或者个人向人民法院起诉，这是检察机关开展民事支持起诉的重要法律依据。且近年来民事支持起诉工作得到了广泛好评，有必要作为改革的一项重要举措进行专门部署。

健全行政诉讼监督机制。行政检察是检察工作创新发展的一个着力点。《规划》总结十年来的改革成效，提出了健全行政诉讼监督措施，加大对生效行政裁判及其执行的监督力度；完善在诉讼监督中开展行政争议实质性化解的制度规范；完善在履行法律监督职责中发现行政机关违法行使职权或者不行使职权的可以依照法律规定制发检察建议等督促其纠正的工作机制；开展强制隔离戒毒检察监督试点等四个方面的改革措施。各级检察机关纷纷建议明确对履行法律监督职责中发现的行政机关违法行使职权或者不行使职权行为的监督范围、标准和程序。征求意见过程中，有的部门认为，相关法律规定已经对检察机关在公益诉讼等工作中的行政违法行为监督作出规定，建议再进一步研究。有的部门认为，监督范围应仅限于“对行政诉讼活动的法律监督”。综合研究后，最终将“探索开展对履行法律监督职责中发现的行政机关违法行使职权或者不行使职权行为的监督，明确监督范围、标准和程序”修改为中央文件的原文“在履行法律监督职责中发现行政机关违法行使职权或者不行使职权的，可以依照法律规定制发检察建议等督促其纠正”内容，同时立足改革规划的角度，表述为“完善在履行法律监督职责中发现行政机关违法行使职权或者不行使职权的可以依照法律规定制发检察建议等督促其纠正的工作机制”。一些地方还建议探索建立健全行政检察监督工作协调机制，推动实现重点领域检察机关法律监督与政府内部层级监督有效衔接，这些工作可以根据实际探索推进。

完善检察公益诉讼制度。检察公益诉讼是十八届四中全会部署的一项重大改革举措，习近平总书记全会上专门就此做了说明。检察机关认真贯彻落实，取得了历史性成效。《规划》从积极稳妥拓展公益诉讼案件范围；完善检察机关调查取证措施，健全与审判机关、行政机关工作协调长效机制；健全不同领域公益诉讼办案指引；促进建立公益损害赔偿金管理和使用机制；积极推动制定检察公益诉讼法等五个方面部署了改革举措。目前制定检察公益诉讼法已列入今后五年的立法规划中，关键是立足实际，及时提出立法建议。《规划》起草过程中，各地对公益损害赔偿金管理问题高度重视，提出了不少改革建议，包括探索建立生态环境损害赔偿金财政专门账户，规范赔偿金使用管理；建立公益诉讼资金专门账户，用于存放公益损害修复费用、赔偿金，依法统筹用于公益保护等。这些都是针对实践中对公益诉讼资金未设立单独账户，公益诉讼赔偿款上缴国库后，政府统一调配使用，没有进行专项支出，不足以体现公益诉讼的价值等问题提出的。一些地方已进行了有益探索，如上海市人大常委会《关于加强新时代检察机关法律监督工作的决定》对公益诉讼资金专门账户予以明确。《规划》整体上提出“促进建立公益损害赔偿金管理和使用机制”改革要求。

完善未成年人检察制度。最高人民检察院是中央政法单位里唯一一家专门成立未成年人司法工作内设机构的单位。近年来的未成年人检察工作得到社会各方面的肯定和认可，形成了比较完善的未成年人检察工作体系。基于此，《规划》提出了完善依法严惩侵害未成年人犯罪工作机制；健全刑事、民事、行政、公益诉讼一体履职、全面保护的未成年人检察工作模式；建立罪错未成年人分级干预工作机制；加强未成年人检察社会支持体系建设，促推“六大保护”协同发力等四个方面的重点改革举措。

健全保障法律统一适用工作机制。这是《规划》创新提出的改革举措，主要包括健全检察监督与行政执法衔接机制；健全检察机关对决定不起诉的犯罪嫌疑人依法移送有关主管机关给予行政处罚、政务处分或者其他处分的制度；加强与侦查机关等沟通协调，健全法律适用分歧解决机制；推动完善民事、行政再审检察建议制度，研究推进刑事再审检察建议工作；建立落实民事、行政诉讼和执行案卷调阅制度；健全与最高人民法院司法解释和案例指导工作的沟通协作机制；完善指导性案例、典型案例选用机制，推动指导性案例强制检索等八个方面的重要改革举措。一些地方探索统筹推进“两法衔接”和民事检察、行政检察、公益诉讼检察与行政执法工作的衔接。有的建立议事协调机制，原则上由负责行政检察的部门（办案组）负责检察监督与行政执法衔接的内部统筹、外部协调，其他业务部门在各自职权范围内开展具体工作。这些都可以根据实际探索推进。正向衔接，即督促行政执法机关向司法机关移送涉嫌犯罪案件，仍由刑事检察部门具体负责；反向衔接，即向行政执法机关移送行政处罚案件、提出检察意见，由行政检察部门负责。强制隔离戒毒检察监督是行政检察的重要探索，要持续深入推进试点，实现有效衔接、有效监督。对于完善检察案例指导制度，可以从健全指导性案例报送、筛选、发布、评估、应用和宣传机制，加强检察案例库建设和应用，完善关联案件和类案检索制度，对于报请检察长决定、提请检委会审议、向上级检察院请示等案件，应当进行类案检索和报告等具体工作入手进行探索。

（四）完善检察机关司法体制综合配套改革制度体系，全面准确落实司法责任制

主要是针对当前存在的逐级遴选和初任检察官任职落实难、检察官助理职责定位不清晰、办案组织设置不规范、司法惩戒追究不平衡等问题，提出了方向性的完善措施，确保全面准确落实司法责任制。

优化检察人员管理制度。提出了调整完善检察官逐级遴选制度，进一

步畅通优秀检察官助理入额渠道；健全不胜任岗位职责检察官退出员额机制；适应法律监督工作需要，推动完善政法专项编制、检察官员额各地区、各层级统筹和动态调整机制；完善检察辅助人员、司法行政人员培养、使用、监督和保障机制；严格控制编制外聘用人员，规范聘用制书记员管理，完善其薪酬待遇落实和动态调整机制；健全检察人员职业培训制度，完善分级分类培训的标准、内容、要求和责任；落实法官、检察官、警察、律师等同堂培训机制等七个方面的改革举措。特别是逐级遴选制度，各地反映强烈，不少地方反映要充分考虑市级以上检察院人员管理实际，照顾到各类人员入额需求，提升检察官助理的工作积极性。出于个人家庭、子女教育、家属就业等方面考虑，很多上级检察院符合到下级入额条件的检察官助理普遍表示，选择在本院担任检察官助理，放弃到下级检察院入额。不少地方建议从中央或者省级层面出台规定，明确上级检察院到下一级检察院入额的检察官回归原单位的路径；出台与法官检察官逐级遴选制度相关的子女教育、家属就业等配套措施。一些地方还提出，应同步考虑拟任副检察长的入额问题。目前，副检察长由组织部门提出建议人员、人大任命，任命之后再履行入额程序，由于入额程序和履职时间存在时序差，与检察官法规定的员额制特别是相应办案履职要求不符，建议一并研究解决。有的地方提出检察官单独职务序列等级与综合管理类公务员职级如何对应还不清晰，相关的规范性津贴补贴执行标准仍未明确，亟须制定具体办法予以解决，建议持续加大司法体制改革顶层设计，协调推进司改后员额检察官相关待遇政策落实。有的还建议探索在业务部门配备专门负责司法行政和综合工作的领导职务。有的还建议进一步强调员额配置向一线、向办案部门倾斜的要求，加强一线和办案部门的专业化办案力量，并且放松对一线、基层和办案部门员额定级、定额的限制。还有的建议会同中央有关部门，研究论证进一步提升各级检察院员额比例，从根本上缓解入额难带来的一系列人事管理矛盾。此外，很多地方关注检察辅助人员和司法行政人员的培养适用，建议深化检察辅助人员、司法行政人员等职业化建设，《规划》专门回应要求，提出完善相关机制的改革要求。对于各地提出的完善干部常态化交流机制，探索司法行政人员轮岗交流参与办案，从符合法定任职条件、具备办案业务能力的司法行政人员中规范有序择优选任检察官；探索从具有聘用制书记员等检察辅助工作经历的人员中招录检察官助理；探索法学专业学生担任实习检察官助理等，需要认真研究思考。此外，《规划》专门提出完善政法专项编制、检察官员额统筹安排和动态调整机制，主要是根据经济社会发展、立法新增职能和案件数量变化，适应检察机关法律监督工作需要，优化编制布局，强化编制动态管理，特别是加强省级行政区划内编制、员额统一管理、动态调整。

完善司法办案权责配置。主要有完善检察官职权清单，合理确定办案权责；健全各级检察机关院领导、内设机构负责人等领导干部履行监督管理职责的考评、追责机制；深化入额院领导直接办案工作，完善考核、通报等机制；进一步明确检察官办案团队职责分工，细化检察官助理职责等四个方面的改革举措。有的地方提出人民检察院组织法第 28 条对组建检察官办案组做了原则性规定，但对检察官办案组的运行机制缺乏具体明确规定，建议完善检察官办案组工作规则，规范检察官办案组运行机制，明确检察官办案组与独任检察官办理案件的范围，细化主办检察官、检察官职责分工，切实发挥检察官办案组的作用。有的还提出细化司法辅助人员职责权限等。《规划》对此都作了回应。目前最高人民检察院正在修订完善人民检察院司法责任制有关规定，旨在进一步加强顶层设计。

完善司法责任认定和追究机制。党的二十大报告专门部署“全面准确落实司法责任制”，特别强调了“准确”，说明以往落实过程中还存在一定程度的偏差，检察权的行使与办案责任的承担还不够对称。为解决这个问题，《规划》从明确司法责任界定标准，准确把握违法办案和办案质量瑕疵的界限；规范违反检察职责线索的移送机制，完善司法责任追究的启动、调查、处理程序和申诉、救济渠道；完善司法惩戒与纪检监察机关执纪执法衔接配合机制等三个方面部署新的改革举措。

完善内部制约监督制度。检察机关是法律监督机关，既要敢于监督、善于监督，更要勇于自我监督。如何加强检察权的制约和监督，包括内部制约和监督、检察机关层级间的领导与监督，是深化检察改革的重要任务。《规划》专门部署了健全案件质量评查制度，加强评查结果运用；完善办案流程监控机制；建立判决无罪案件和刑事申诉案件反向审视制度；建立健全典型错案分析、评估、通报制度；突出质效考核导向，进一步优化检察人员考核指标体系；健全防止干预司法“三个规定”常态化落实机制等六个方面的改革举措。一些地方建议，除了无罪案件等，还要建立不合格案件、瑕疵案件等问题案件的反向审视制度，对于案件评查出的问题案件（不合格案件、瑕疵案件等），通过反向审视查找办案过程中存在的问题。有的还建议借鉴运用全国检察官业绩考评机制，探索建立检察辅助人员和司法行政人员考评体系，区分质量、效率和效果指标，明确计分规则和方式，建立以工作质量、效率和效果为基本内容的考核评价指标体系和考评机制，把考核结果作为晋职晋级、评先表彰的重要依据，发挥考核带动引领示范作用。这些工作，可以根据各地实践进一步抓好落实。

完善检察人员权益保障制度。这方面需要深化完善的工作机制还很多，《规划》主要提出完善检察人员依法履职不实举报澄清和免予问责机制；会同有关部门建立检察官依法履职风险防范、人身安全保障机制；推动调整完善检察人员因公牺牲伤残优抚政策；推动法检两院在颁发荣誉纪念章所需年限问题上实现工作时间互认等四个方面的改革举措。特别针对免予问责的要求，主要考虑按照“三个区分开来”等有关要求，对于依法履职过程中的错误、失误，有关人员虽然可以被免予问责，但不宜简单理解为“不负有责任”或者“免除责任”。为更加精准规范地做好容错纠错工作，避免引发歧义，不是单纯提出“免责”要求，而是提出要免于问责。

（五）构建现代化检察管理制度体系，推动检察权规范、高效、廉洁运行

主要着眼于如何实现检察机关内部案件管理、队伍管理、组织机构管理的现代化，部署了新的一些改革任务。

优化检察案件管理机制。案件管理的目的是科学统计分析，把握动态趋势，总结经验规律，科学指导工作，有针对性解决突出问题，促进高质效办好每一个案件，维护公平正义。为此，《规划》专门提出了完善案件质效评价指标体系，优化通报数值，加强与其他政法单位之间考评指标的协调；探索分层分地域的考核评价方式；完善业务数据研判会商工作机制等三个方面的改革举措。优化案件管理，必须进一步健全完善案件质量评价体系。最高人民检察院已修订完善案件质量主要评价指标，各地应树立正确政绩观，坚持严格依法、实事求是，防止简单以数量论英雄，真正实现“有质量的数量”和“有数量的质量”，提高司法办案质效。

优化检察机关专业化布局和组织机构体系、职能体系。现有的林区、农垦、矿区、油田检察院以及监所、铁路等检察院，属性不同，种类不一，推进改革要因地制宜，实事求是。不少地方建议研究出台较为明确的

指导意见，参考法院系统推进互联网法院、金融法院等建设模式，采取指定试点、统一部署的推进模式，帮助各地规范完成铁路基层检察院改革，避免各自为战、节奏不一等问题。有的建议明确铁路检察院的职能定位，进一步理顺铁路检察院组织体系，优化跨省铁路检察院诉讼体系；以铁路检察院为架构，建立跨行政区划专门类别诉讼监督的检察机关，立足于坚持以属地管辖为改革方向，按照整体统筹、因地制宜、分类施策、理顺体制、发挥作用等原则，《规划》提出了总结评估派出机构运行情况和效果，完善铁路、林区、农垦、矿区、监所等派出检察院改革；与最高人民法院共同完善跨区域司法管辖衔接机制，指导地方法检两院抓好落实；规范派出检察室管理等三个方面的重点改革举措。目前，最高人民检察院已形成具体的思路，明确海事、金融、知产、互联网等专门法院，原则上由属地检察院实施监督，重在完善机制，加强协调，发挥法律监督作用。

完善检察机关经费保障机制。继续落实党中央关于深化司法体制改革的决策部署，提出适应法律监督格局和检察办案模式发展，修订人民检察院业务装备和基础设施建设相关标准；因地制宜、积极稳妥推进省以下检察院人财物统一管理改革；推动地方制定、修订市、县级检察院公用经费保障标准等三项重要改革举措。特别是针对各地都反映的市、县级检察院公用经费保障标准，考虑到 2005 年财政部、最高人民检察院联合印发的《关于制定县级人民检察院公用经费保障标准的意见》已于 2020 年废止，同时根据国务院《关于进一步深化预算管理制度改革的意见》关于“地方结合公共服务状况、支成本差异、财政承受能力等因素因地制宜制定地方标准，按程序报上级备案后执行”等有关要求，为提高相关标准的科学性、精准性、适用性，由地方因地制宜制定本地区市、县检察院公用经费保障标准更为妥当，因此《规划》专门提出了推动地方“制定、修订”的要求。

深化检务公开和检察宣传。主要提出了完善人民监督员制度，建立人民监督员监督意见定期向司法行政机关反馈机制；建立上下联动检察宣传和涉检网络舆情分级评估管理应对机制等三个方面的改革举措。

（六）健全数字检察制度体系，提升新时代法律监督质效

习近平总书记突出强调，推动大数据、人工智能等科技成果同司法工

作深度融合。[①] 数字检察战略是落实习近平总书记重要指示精神的重大举措，是创新法律监督方式的一场深刻革命，具有十分重要的意义。《规划》明确提出健全数字检察制度体系，从建立健全数字检察工作机制、加强数据整合和技术支撑、推进数字检察深度应用等部署改革举措。最高人民检察院正在组织起草数字检察建设规划纲要，推动数字检察战略深化实施。

建立健全数字检察工作机制。主要有两方面改革举措：一是积极构建“业务主导、数据整合、技术支撑、重在应用”数字检察工作模式，创新大数据条件下的检察监督方式方法；二是建立数字检察工作统筹协调机制，统筹业务、技术、保障等各部门力量，突出业务主导，形成工作合力。

加强数据整合和技术支撑。特别是信息化是数字检察的“主干”，《规划》从加快推进法治信息化工程入手，提出五个方面的改革举措：一是依托法治信息化工程、依法治国强基工程等建设，整合优化数字检察基础支撑环境，实现平台融合；二是完善与政法各单位的数据标准衔接，促进强化跨部门大数据办案协同，共建数据共享共用新格局；三是推动建立检察机关法律文书、法院生效裁判文书共享与核对机制；四是推动建立网络、数据安全一体化防护机制；五是强化检察机关内部数据治理。数据化是数字检察的根系，推进数字检察，必须做实数据的汇聚、整合、管理和应用。检察业务应用系统、网上信访信息系统、检察案例库、检察文书库等都汇聚了大量数据，要充分共享、深度挖掘，从中发现监督线索、发案趋势和办案规律。同时，要合理使用外部数据，加强与其他行政机关、执法司法机关协作，推动开放数据接口，实现共享共用。

推进数字检察深度应用。《规划》主要部署四个方面的改革举措：一是聚焦业务办案，完善司法办案辅助系统、大数据赋能系统，推进数字时代互联网检察办案工作；二是协同研究稳妥推行刑事案件在线审理机制，加强对在线审理案件的法律监督；三是推进检察管理和检察宣传的数字运用；四是整合检察机关互联网运用，增强检察公共服务供给，提升检察服务便捷性。其中，法律监督应用模型是数字检察的一个重要突破口，也是当前数字检察建设的一个重点方面。建立法律监督模型，重在发现问题线索，实现法律监督重大个案突破，进而唤醒和盘活检察数据、完善工作机

---

① 习近平：《论坚持全面依法治国》，中央文献出版社2020年版，第248页。

制，进行类案监督，推动诉源治理、系统治理。

为更好地推进落实，《规划》从加强组织领导、依法有序推进、凝聚改革共识、加强理论研究、强化督察考核等五个方面对规划纲要的落实提出要求。一是加强组织领导。要求各级检察院党组切实承担主体责任，主要负责同志履行第一责任，各职能部门密切配合、形成合力。省级检察院可以结合本地实际制定具体实施方案，分级分类抓好贯彻执行。要积极争取党委、人大、政府等各方面的领导、监督和支持，加强与监察机关、侦查机关、审判机关、司法行政机关等相关部门的沟通协调。二是依法有序推进。凡属重要改革事项，严格按规定向最高人民检察院报批报备，及时向同级党委及其政法委请示报告。改革举措已经成熟的，努力推动成果法治化。下级检察院每年向上一级检察院报告检察改革情况，涉及重大改革事项的，及时逐级请示报告。三是凝聚改革共识。要全面准确贯彻落实党中央决策部署和最高人民检察院的改革要求，及时准确权威解读改革政策，将正面宣传与澄清误解困惑结合起来，牢牢掌握宣传引导主动权。定期编制检察改革典型案例，及时发掘和推广好经验好做法，激发改革活力和创新动力。四是加强理论研究。要加强改革实践与理论研究的互动，大兴调查研究之风，特别是针对改革中遇到的疑难复杂问题，开展深入、系统的检察理论研究，推动中国特色社会主义检察制度更加成熟完善。五是强化督察考核。将检察改革成效与检察机关绩效考核相结合，充分运用科学考核激发改革内生动力。采取重点抽查、中期督察、专项检查等方式，加大改革督察和评估力度。最高人民检察院将开展中期检查和总结评估。

新时代新征程，检察机关要以习近平新时代中国特色社会主义思想为引领，深入贯彻落实党的二十大精神，全面落实《中共中央关于加强新时代检察机关法律监督工作的意见》，围绕二十大报告提出的“中国特色社会主义法治体系更加完善”“加强检察机关法律监督工作”“完善公益诉讼制度”的目标任务，改革创新，锐意进取，以检察工作现代化更好服务保障“在法治轨道上全面建设社会主义现代化国家”的时代重任。

涉案企业合规的刑事立法问题综述

侯思倩　张高媛*

涉案企业合规改革推行四年多以来，司法实践与司法理论不断互通互融、交互促进，合规立法已经成为完善司法理论、破除实践壁垒的迫切需要。改革实践为合规立法提供了源源不断的样本案例，专家学者对改革实践的抽象提炼为合规立法提供了充分的智慧支撑。本文按照刑事程序和实体两部分，对部分专家学者有关涉案企业合规的刑事立法问题相关观点进行了整理和汇总。其中，刑事程序法立法方案主要涉及立法模式选择、合规诉讼程序与认罪认罚从宽制度的关系、合规出罪的程序设置、涉案企业合规的全流程构建等问题；刑事实体法立法方案涉及总体立法思路和单位犯罪的概念重塑、构成要件重塑、刑罚体系重塑、合规激励、刑罚执行以及涉案企业刑事合规义务的相关规定等内容，供进一步研究参考。

一、涉案企业合规的刑事程序法立法方案

（一）立法模式选择

目前主要存在“分散式”“集中式”和“结合式”立法模式三种选择。

1. “分散式”立法模式

李玉华认为，应当以企业合规为契机对刑事诉讼法实现从以自然人为中心到以自然人和单位（企业）双中心的彻底改造；具体采用分散式立法对单位参加刑事诉讼予以规定，其中涉及企业合规刑事诉讼的基本问题一

* 本文由侯思倩、张高媛编辑整理。侯思倩，最高人民检察院法律政策研究室四级高级检察官助理；张高媛，最高人民检察院四级检察官助理。

并在刑事诉讼法中予以规定；涉及企业合规的具体操作层面的问题，可以采用司法解释、行政法规、规范性文件等方式予以规定。①

2. "集中式"立法模式

李奋飞认为，我国在进行单位刑事案件诉讼程序立法时，应当将先前已有的单位犯罪特别规定纳入，并在此基础上进行提炼和丰富，在"特别程序"一编中确立"单位刑事案件诉讼程序"作为第二章。②

杨宇冠认为，我国 2018 年修改的刑事诉讼法有五种类型的特别程序，共同特点是只适用于特定类型的案件。企业合规案件属于特定类型的案件，有必要增设"企业合规特别程序"，作为我国刑事诉讼法特别程序体系中的第六种类型，对企业合规的刑事诉讼程序作出原则性的规定。鉴于企业合规不完全是刑事诉讼问题，还涉及行政部门，建议制定单行的企业合规法律。③

陈卫东认为，企业合规的程序立法宜采用专章规定的模式。原因在于：首先，专章模式可以节约立法资源，减少立法成本；其次，专章模式能够避免合规诉讼程序与既有制度和条文之间产生冲突；最后，创设特别程序是包括中国在内世界主要国家的刑事司法程序回应社会治理、犯罪控制工作日益复杂、多元挑战所作出的必要调整。未来可以参照认罪认罚从宽制度的"刑诉法规定 + 司法解释 + 指导意见"实施模式，出台司法解释与指导意见来对刑事诉讼法中的相关规定进行完善和补充。④

王贞会认为，"专门机构或专人办理""社会调查""附条件不起诉""犯罪记录封存"等"未成年人刑事案件诉讼程序"中已经建立的制度可以为探索建立中国特色涉案企业合规司法制度提供助力。人民法院、人民检察院和公安机关办理企业合规刑事案件，应当由熟悉企业合规案件办理的审判人员、检察人员、侦查人员承办。公安机关、人民检察院、人民法院办理企业合规案件，根据情况可以对涉案企业的企业规模、内部架构、犯罪原因、社会价值等情况进行调查，作为办案和合规整改的参考。在附

---

① 李玉华：《企业合规与刑事诉讼立法》，载《政法论坛》2022 年第 5 期。

② 李奋飞：《"单位刑事案件诉讼程序"立法建议条文设计与论证》，载《中国刑事法杂志》2022 年第 2 期。

③ 杨宇冠：《企业合规与刑事诉讼法修改》，载《中国刑事法杂志》2021 年第 6 期。

④ 陈卫东：《刑事合规的程序法建构》，载《中国法律评论》2022 年第 6 期。

条件不起诉的考验期内，由人民检察院对被附条件不起诉的涉案企业进行监督考察。人民检察院经审查认为涉企犯罪案件符合涉案企业合规第三方监督评估机制适用条件的，第三方组织应当对涉案企业的合规承诺进行调查、评估、监督和考察，并在合规考察期内对履行情况进行检查和评估，配合人民检察院做好监督考察工作。对于涉案企业按照要求完成合规整改，人民检察院作出不起诉决定的，应当同时决定对涉案企业的不起诉有关记录予以封存。①

李勇认为，建议在现行刑事诉讼法第 182 条之后增加两个条款作为“第一百八十二条之一”和“第一百八十二条之二”。企业犯罪的附条件不起诉是认罪认罚从宽制度框架下的一种特别不起诉制度，第 182 条规定的恰恰是认罪认罚的特别不起诉制度，二者具有“同源性”。同时，从立法技术上来说，未来的刑事诉讼法修改不宜大修，也不宜采取 2018 年那样打乱全部条文顺序的方式，应当借鉴刑法修正的模式，采取“之一”的条款设计，能够最大限度地节约立法资源，最大限度保持刑事诉讼法典的稳定性。②

3.“结合式”立法模式

卞建林认为，一方面，在现行刑事诉讼法特别程序部分增设“企业刑事合规程序”，在吸收和借鉴域外成熟做法和本土试点经验的基础上，将司法实践中试点涉案企业合规整改的制度创新和有益做法在法律上加以确认，在程序上加以补充。这样做具有针对性，使修改法律主题明确、内容集中、效果突出，同时使立法的难度降低，可操作性增强，便于顺利启动和完成修改法律任务。另一方面，在增设专章特别程序的同时，仍需对刑事诉讼法其他相关条文进行必要的修改、调整和补充，以保持刑事诉讼法自身体系的完整性、一致性和协调性。③

周振杰认为，从企业合规试点实践中的难题出发，在第 177 条增设第 3 款规定附条件不起诉制度似乎是比较适宜的选择。同时，从提供程序保障、保护企业合法权益的角度出发，可考虑在刑事诉讼法第五编“特别程

---

① 王贞会：《涉案企业合规程序立法关系处理与制度框架》，载《国家检察官学院学报》2023 年第 4 期。

② 李勇：《企业附条件不起诉的立法建议》，载《中国刑事法杂志》2021 年第 2 期。

③ 卞建林：《企业刑事合规程序的立法思考》，载《政治与法律》2023 年第 6 期。

序”中增设第六章，规定“刑事合规监管程序”[①]。

（二）合规诉讼程序与认罪认罚从宽制度的关系

对于涉案企业合规与认罪认罚的关系，存在“认罪认罚从宽制度适用说”和“企业刑事合规独立说”两种观点。

1. 认罪认罚从宽制度适用说

李勇认为，试点涉案企业合规是适用认罪认罚从宽制度的产物，企业附条件不起诉其性质是认罪认罚从宽制度下的一种特别不起诉形式，与刑事诉讼法第 182 条规定的认罪认罚的特别不起诉制度具有“同源性”。[②]

2. 企业刑事合规独立说

陈瑞华认为，涉案企业合规考察与认罪认罚从宽制度具有完全不同的性质。认罪认罚从宽制度以效率为导向，强调节省资源、降低成本、快速处理案件，通过给予认罪认罚的犯罪嫌疑人、被告人较为宽大的处理，形成一种激励效应，使得更多的犯罪嫌疑人、被告人选择认罪认罚程序，实现刑事案件的快速办理。相比之下，合规考察制度则强调企业合规整改的有效性，要求设置足够长的合规考察期，委任专业的合规监管人，督促企业建立并实施有效的专项合规计划。合规考察的主要目的在于针对企业管理制度的漏洞和隐患，提出整改方案，逐步促使企业改变固有的经营方式和商业模式，消除企业的犯罪基因。[③]

李玉华认为，认罪认罚从宽与合规从轻是两种不同的制度，刑事诉讼立法修改对合规问题进行回应时，对两种制度的不同点和相同点都要考虑到。首先，从总的方面来说，合规从轻与认罪认罚从宽在“认罪认罚上具有一致性”，而且，贯穿刑事诉讼的整个过程，故在刑事诉讼法第一编总则第二章任务和基本原则第 15 条增加一款合规从轻的原则规定比较适宜。其次，在程序和形式上，适用认罪认罚从宽要求被追诉者签订“认罪认罚具结书”；企业适用合规从宽则需要签订“合规承诺书”。再次，在从轻激

① 周振杰：《刑事合规的实践难题、成因与立法思路——以企业合规改革试点典型案例为视点》，载《政法论丛》2022 年第 1 期。

② 李勇：《企业附条件不起诉的立法建议》，载《中国刑事法杂志》2021 年第 2 期。

③ 陈瑞华：《企业合规不起诉改革的八大争议问题》，载《中国法律评论》2021 年第 4 期。

励的措施和幅度上要有区分。即已经进行了合规建设或合规整改合格的要享受比单纯认罪认罚更多的优惠激励。最后，体现在立法上，建议在刑事诉讼法第 15 条增加一款作为第 2 款，即“企业承认指控的犯罪事实，愿意接受处罚的，可以依法从宽处理”。[①]

王贞会认为，涉案企业合规与认罪认罚从宽的制度价值与目标存在根本差异。哪怕涉案企业或个人不认罪，检察机关要求企业去整改，实现合规经营，以营造市场化、法治化、国际化营商环境，也具备必要性。[②]

（三）合规出罪的程序设置

卞建林认为，应当在修改法律增设企业刑事合规特别程序时确立企业合规不起诉制度，并在适用条件和程序上与现有三种裁量不起诉制度有效衔接。一是完善酌定不起诉制度。首先在适用范围问题上，根据我国轻罪案件已成为刑事司法治理主要对象的客观现实，可考虑将酌定不起诉适用范围扩展至可能判处最高法定刑为 3 年有期徒刑以下刑罚、被追究人认罪认罚（或涉案单位承认被指控事实）的案件。其次是通过修改刑事诉讼法时在第 177 条增加一款规定，明确单位可以适用酌定不起诉或是在司法解释或有关规范性文件中对单位适用酌定不起诉予以明确。最后是确定“酌定不起诉 + 合规检察建议”的方式，加强检察建议的约束效力。二是改革附条件不起诉制度。附条件不起诉适用的对象主要是大中型企业，这些企业有较完备的治理结构和管理体系，具备搭建合规治理体系的基础条件。附条件不起诉适用的涉罪案件范围可以不受轻微犯罪案件的限制。立法者应当对涉案企业适用附条件不起诉设置一定的条件，例如，承认被指控的违法犯罪事实；承诺对企业治理结构进行合规整改；采取补救措施修复被侵害的法益；对被害人履行赔偿责任；配合司法机关调查；服从相关部门监管；等等。在审查起诉阶段进行控辩协商，达成一个附条件的案件处理协议，也就是企业合规整改协议。三是激活核准不起诉制度。对于那些大型企业、上市公司、跨国集团所实施的与其经营活动相关的重大单位犯罪案件，对国家经济活动产生重大影响的，如果涉案企业自愿如实承认

---

① 李玉华：《企业合规与刑事诉讼立法》，载《政法论坛》2022 年第 5 期。

② 王贞会：《涉案企业合规程序立法关系处理与制度框架》，载《国家检察官学院学报》2023 年第 4 期。

被指控事实，愿意进行合规整改，愿意接受巨额罚款，愿意接受有关监管考察，可以考虑启用核准不起诉制度。[①]

李奋飞认为，未来刑事诉讼法修改时，可以同时规定企业附条件不起诉制度与合规撤回起诉制度，尽可能为企业提供“出罪”的机会，最大限度解除企业生存的后顾之忧。[②]

李玉华认为，应将附条件不起诉的适用范围扩大到企业。在刑事诉讼法第二编立案、侦查和起诉第三章提起公诉第177条之后增加“附条件不起诉”的条款，明确合规不起诉的地位。范式考察期限规定为2—5年比较合适。合规附条件不起诉的适用范围和条件。合规附条件不起诉仅适用于企业，而不适用于个人。合规附条件不起诉不适用于轻微犯罪。对于造成严重后果、严重损害公共利益的，不宜适用合规不起诉，可以根据案件情况考虑适用。适用的条件：涉案企业认罪认罚；涉案企业能够正常生产经营，承诺建立或者完善企业合规制度，具备启动第三方机制的基本条件；涉案企业自愿适用第三方机制。不适用的条件：个人为进行违法犯罪活动而设立公司、企业的；公司、企业设立后以实施犯罪为主要活动的；公司、企业人员盗用单位名义实施犯罪的；涉嫌危害国家安全犯罪、恐怖活动犯罪的；其他不宜适用的情形。涉及企业合规附条件不起诉的条文宜增加规定在刑事诉讼法第177条之后，增加一条“附条件不起诉”作为第178条。具体分3款，内容包括“范围、条件、考察期、第三方组织”。[③]

李本灿认为，刑事合规程序立法的核心条款可表述如下：“对于直接负责的主管人员和其他直接责任人员可能判处三年以下有期徒刑的单位犯罪案件或单位关键人员实施的可能判处三年以下有期徒刑的涉单位犯罪案件，人民检察院可以作出附条件不起诉决定。对于涉及国家重大利益的特殊案件，经最高人民检察院核准，也可以在附加条件的前提下适用特殊不起诉。为执行所附加条件而花费的时间不计入刑事诉讼办案期限。”[④] 在不起诉案件中，法院可以通过参加听证会的方式参与轻罪不起诉程序，使听

---

① 卞建林：《企业刑事合规程序的立法思考》，载《政治与法律》2023年第6期。

② 李奋飞：《论涉案企业合规的全流程从宽》，载《中国法学》2023年第4期。

③ 李玉华：《企业合规与刑事诉讼立法》，载《政法论坛》2022年第5期。

④ 李本灿：《实体与程序互动视野下的刑事合规立法》，载《中国法学》2023年第5期。

证程序更为科学合理；在重罪不诉的问题上，无论是当前的司法，还是未来的立法，都应当慎行，即使要确立重罪不诉制度，也应当同时引入司法审查机制，以约束可能滥用的诉权。[①]

李伟认为，我们的附条件不起诉制度的制度设计，不同于美国的缓起诉制度，不需要检察机关将案件起诉到法院再暂缓起诉，也没有法院进一步审查的空间，所以，对于经企业合规整改作出不起诉的案件，我国法院没有参与的途径。[②]

杨宇冠认为，根据现行法律，附条件不起诉只适用未成年人犯罪案件；而不起诉决定标志着已经结案，检察机关不能够重新起诉，从而缺乏对企业合规计划进行监管的重要条件，而且这两种不起诉都缺乏审判部门的参与。采用撤回起诉的办法可以解决这些问题，即检察机关将涉嫌犯罪的企业及负责人起诉到法院，同时责令企业制定合规计划，并与相关方面一起监管，如果企业能够完成合规计划，经法院同意，检察机关可以撤回起诉。[③]

赵恒认为，所谓改造现有不起诉制度的方案，是指有针对性地采取以完善附条件不起诉制度为原则、以健全酌定不起诉制度与特别不起诉制度为补充的策略，赋予检察机关与涉案企业进行协商沟通并签署整改协议的裁量权力，经过一段时间的考察期，由检察机关主导监督、审核，对企业履诺情况进行综合评价，并最终作出是否提起公诉的决定，满足涉案企业认罪答辩、建立或者完善风险防控体系的实际需要。[④]

（四）涉案企业合规的全流程构建

李奋飞认为，应以侦查引导推动合规准备，侦检协同启动合规考察，未来刑事诉讼法修改时应当明确规定，涉案企业及其辩护律师可以在侦查阶段提出合规考察的申请。对于涉案企业及其辩护律师提出的申请，侦查机关应当附卷。检察机关提前介入侦查的，涉案企业及其辩护律师也可以

---

① 李本灿：《法院参与合规案件的路径》，载《法学论坛》2023 年第 5 期。

② 李伟：《企业刑事合规中的法院参与》，载《华东政法大学学报》2022 年第 6 期。

③ 杨宇冠：《企业合规案件撤回起诉和监管问题研究》，载《甘肃社会科学》2021 年第 5 期。

④ 赵恒：《认罪答辩视域下的刑事合规计划》，载《法学论坛》2020 年第 4 期。

向检察机关提出合规考察申请。[①] 审判阶段，建议最高人民法院和最高人民检察院及时出台协同推进涉案企业合规改革的指导意见，尤其要重点解决好合规考察程序启动、合规监管和验收、合规从宽处理中的“检法协同”方式等问题。[②] “惩罚和改造并重”推动合规纳入刑罚执行，进行合规社区矫正试验，在充分吸纳域外成功经验和本土改革成果的基础上，确立合规缓刑制度和合规减刑假释制度。[③]

刘品新认为，现行法律存在以“审理中止”方式开展涉案企业的制度基础，蕴含着“提起公诉、建议审理中止→监督合规整改”模型的适用空间。面向未来，我国还应当拓展出囊括“审查起诉中止→监督合规整改”“（补充）侦查中止→监督合规整改”在内的完全方案，并借助修法契机打造高级版的合规缓诉。[④]

王贞会认为，公安机关有权决定启动涉案企业合规程序或者商请检察机关、有关行政机关等单位共同开展对涉案企业的合规整改。对于涉案企业在侦查阶段进行合规整改的，公安机关在将案件移送检察机关审查起诉时，可以向检察机关提出从宽处理的建议。法院可以参与到对涉案企业合规案件的认罪认罚自愿性和检察机关量刑建议的审查中来，对于在审查起诉阶段没有进行合规整改的企业犯罪案件，如果法院在审判阶段经过审查认为涉案企业符合进行合规整改的条件并且涉案企业自身也有进行合规整改的意愿的，可以启动合规程序，并将涉案企业开展合规整改的成效作为法院作出司法裁判的参考依据。[⑤]

马明亮认为，根据不同的诉讼阶段，企业合规的司法化机制可以有四种：其一，刑事立案之前的“附条件的刑事立案制度”。其二，侦查阶段的“附条件的刑事撤案制度”。其三，审查起诉阶段扩容“附条件不起诉制度”。其四，审判阶段的合规计划，包括“合规计划的撤回起诉制度”

---

① 李奋飞：《论涉案企业合规的全流程从宽》，载《中国法学》2023 年第 4 期。

② 李奋飞：《涉案企业合规纳入刑事审判的三种模式》，载《中国刑事法杂志》2023 年第 4 期。

③ 李奋飞：《论涉案企业合规的全流程从宽》，载《中国法学》2023 年第 4 期。

④ 刘品新：《论合规缓诉》，载《政法论坛》2024 年第 1 期。

⑤ 王贞会：《涉案企业合规程序立法关系处理与制度框架》，载《国家检察官学院学报》2023 年第 4 期。

和“合规计划的企业缓刑制度”。[①]

二、涉案企业合规的刑事实体法立法方案

（一）总体立法思路

孙国祥认为，推进企业合规制度刑法化应当遵循的基本理念包括罪刑法定原则、体系性思维、本土性理念、合理性要求。[②]

周振杰认为，针对企业合规，在刑法立法上需要体现宽严相济政策：通过将企业刑事责任客观化、适用推定原则以及扩大单位刑事责任范围体现“严”；通过将合规计划的有效实施规定为定罪量刑情节、增设单位缓刑等方式实现“宽”。[③]

熊亚文认为，可以采取从程序法到实体法、从刑罚论到犯罪论、由点及面选择重点领域推进的谨慎推进思路，分别从企业合规的刑事诉讼激励、刑罚激励以及重要领域立法构罪的刑法强制三个侧面，逐步有序建构起符合我国国情并且契合现行刑事法治实践的刑事合规制度。[④] 丁胜明、张阳的文章指出，在宏观方法论上，要坚持事前合规激励与事后合规激励相结合、实体法和程序法相协调相区分。[⑤]

（二）单位犯罪的概念重塑

陈瑞华认为，单位一旦成立，就在本质上具有独立的法律人格，独立享有权利、履行义务，并承担法律责任，应当接受民法上关于法人和非法人组织的概念，将单位视为具有独立行为和独立主观意志的法律主体。[⑥]

刘艳红认为，应当明确单位犯罪的概念并不是单位实施的危害社会的行为，而是由单位成员实施并可归责于单位的危害社会的行为。这样一

① 马明亮：《作为犯罪治理方式的企业合规》，载《政法论坛》2020 年第 3 期。

② 孙国祥：《涉案企业合规改革与刑法修正》，载《中国刑事法杂志》2022 年第 3 期。

③ 周振杰：《企业合规的刑法立法问题研究》，载《中国刑事法杂志》2021 年第 5 期。

④ 熊亚文：《理性建构刑事合规的中国路径》，载《比较法研究》2022 年第 3 期。

⑤ 丁胜明、张阳：《合作治理视域下企业合规的刑法立法研究》，载《学海》2022 年第 6 期。

⑥ 陈瑞华：《合规视野下的企业刑事责任问题》，载《环球法律评论》2020 年第 1 期。

来，单位能够摆脱行为主体的角色而成为单纯的责任主体，单位犯罪也成为包含单位成员违法行为和单位责任承担的特殊聚合形态。[①]

赵赤认为，我国现行刑法及相关司法解释未能体现出单位犯罪内涵构造的预防转型这一旨趣，这并不符合企业刑事合规的基本原理及本质要求。为顺应刑事合规的国际化趋势，我国刑法亟待实现单位犯罪及刑事责任基本内涵的预防性规制：一方面，在刑法总则中就预防导向的单位犯罪及刑事责任内涵构造予以原则性、纲领性规定；另一方面，就单位与单位员工之间刑事责任的合理分割予以原则性规定，尤其是应当使得有效企业合规计划成为阻却或减轻单位刑事责任的重要依据。

周振杰认为，要扩大单位犯罪的范围至刑法分则所有罪名。理由在于，第一，这一限制性规定对扩大涉案企业合规的适用范围构成了潜在障碍，不利于充分发挥其功能。第二，企业责任是政策选择的产物，在逻辑上企业可以实施任何犯罪。第三，立法的扩张其实已经废除了这一限制性规定。[②] 蔡仙认为，从我国的立法现状来看，刑法对企业犯罪（尤其是过失犯罪）的处罚力度有限，譬如在诸如“重大劳动安全事故罪”等罪名中，对企业犯罪的规制存在一定空白，只规定了对自然人予以处罚。从有效预防企业犯罪的现实需求出发，确实可以考虑在未来扩大对企业的处罚范围。[③] 谢治东建议修改现行刑法第30条，肯定责任人在单位犯罪中的独立主体资格，明确单位犯罪的成立条件。同时，删除刑法分则对单位犯罪成立范围的限制性规定，只要一种行为符合总则有关单位犯罪成立条件，原则都可认定为单位犯罪，对单位追究整体刑事责任，从而使单位犯罪适用分则中全部罪名。[④] 陈珊珊反对通过建立单位犯罪严格责任模式，扩大单位犯罪认定范围，从而激励企业建立合规计划的路径方向，她认为这样设计周期长，从逻辑上系以外国法为标准来评判国内法，有削足适履、本

---

① 刘艳红：《企业合规责任论之提倡——兼论刑事一体化的合规出罪机制》，载《法律科学（西北政法大学学报）》2023年第3期。

② 周振杰：《涉案企业合规刑法立法建议与论证》，载《中国刑事法杂志》2022年第3期。

③ 蔡仙：《论企业合规的刑法激励制度》，载《法律科学（西北政法大学学报）》2021年第5期。

④ 谢治东：《企业合规视域下单位犯罪的刑事责任根据、形态结构及立法修正》，载《贵州大学学报（社会科学版）》2023年第3期。

末倒置之嫌。[①]

（三）单位犯罪的构成要件重塑

1. 单位犯罪意志的认定

丁胜明、张阳指出，确立合规计划为单位刑事责任归结的核心要素，并强调单位进行有效合规管理的，可以不负刑事责任。对事前未进行合规管理的企业，发生犯罪行为时，推定其具备犯罪意志。对此可以在刑法第30条基础上，通过司法解释规定：单位犯罪意志认定应当依照单位治理结构、内部管理规章以及行为规范等合规管理机制进行认定。单位未进行事前合规治理的，则推定单位具有犯罪故意。[②]

周振杰提出具体修改刑法条文的意见：（1）建议在刑法第14条中增加一款作为第2款，规定“单位未进行有效合规治理的，以单位故意犯罪论处”。这一建议的主要目的，在于分离单位责任与个人责任，贯彻二元化思路，并确立推定原则。需要说明的是，判断企业的合规治理有效性应根据检察机关或者司法机关制定的标准，判断企业是否已经充分、合理地进行了合规治理，达到了“有效”的程度。推定企业存在犯罪故意，可以从以下四种情形来看：①在危险或者违法行为发生之前，企业不但不制订、实施合规计划进行预防，反而对之予以鼓励或者变相鼓励；②企业明知存在发生违法行为的危险，但是不制订、实施合规计划；③企业虽然制订并实施了合规计划，但在明显可能或者已经发生违法行为的情况下不采取任何措施；④企业不采取措施充分履行法律义务。前三种情况是鼓励、纵容以及默许违法行为，可据之推定企业存在犯罪故意。（2）建议在刑法第15条中增加一款作为第2款，规定“单位未适当履行预防义务而导致危害社会的结果发生的，以单位过失犯罪论处”。在企业合规的视野下，企业过失犯罪的核心是违反结果避免义务，而企业合规的精髓就在于“用合理的事前计算来避免违法行为的发生”，即通过履行风险预防义务避免危害结果。在判断企业是否“适当履行了合规义务”之时，可以围绕“是否充分履行了法定义务”，从三个方面进行判断：第一，企业是否全面梳

① 陈珊珊：《刑事合规试点模式之检视与更新》，载《法学评论》2022年第1期。

② 丁胜明、张阳：《合作治理视域下企业合规的刑法立法研究》，载《学海》2022年第6期。

理了其所承担的与危害结果相关的法定义务，并就履行这些义务对员工进行了指导与培训；第二，是否在资源许可的范围内合理地履行了法定义务；第三，是否实施了规避法定义务的行为。[①]

2. “为了单位利益”要素

万方认为，需要明确规定实施犯罪行为的主观目的是为了单位的利益这一主观要素。明确规定单位犯罪构成要素中的“职权范围内”要素。也即，“单位犯罪”是单位及单位的员工和代理人，为了单位的利益而在职权范围内实施的犯罪行为。即使单位并未从员工和代理人实施的犯罪行为中实际获利，且犯罪行为发生时单位并不知晓员工和代理人的行为，单位仍然可以构成犯罪，承担相应的刑事责任。通过上述规定，能够在一定程度上强化单位监管其单位内部员工和单位代理人行为、避免其实施犯罪行为的注意义务。[②]

孙国祥认为，不宜将“为单位谋取非法利益”直接作为单位犯罪的构成要素，但可以将“为谋取个人利益”作为成立单位犯罪的排除性条件，即个人以单位名义实施犯罪而违法所得归个人所有的情况不认定为单位犯罪。[③]

（四）单位犯罪的刑罚体系重塑

李本灿认为，我国目前单位犯罪的刑罚量的供给明显不足，需要通过加大刑罚力度预防企业犯罪，但这也并非一种纯粹的重刑主义思想，而是需纳入刑事合规的因素。刑罚只是一种手段，目的在于促进企业自我管理或者共同管理，如果企业能够建立有效的刑事合规制度，那么即使发生违法犯罪行为，也会基于对责任主义原则的维护而减轻刑罚甚至实现行为的正当化。

孙国祥认为，要建构多元化的单位犯罪刑罚体系。特别是在单位犯罪适用范围日益扩大的背景下，过于单一的制裁方式愈加显得难堪重任。可以增设“根据犯罪情况，禁止单位从事特定活动”的从业禁止性规定，而

---

① 周振杰：《涉案企业合规刑法立法建议与论证》，载《中国刑事法杂志》2022年第3期。

② 万方：《企业合规刑事化的发展及启示》，载《中国刑事法杂志》2019年第2期。

③ 孙国祥：《涉案企业合规改革与刑法修正》，载《中国刑事法杂志》2022年第3期。

至于警告、通报批评、司法监督、禁止参与招投标、业务禁止、责令停产停业等纯粹带有行政管理性质的措施，也不宜都纳入单位犯罪的刑罚体系中，否则就过于淡化了刑罚的严厉性。[①] 周振杰也认为应该增设单位从业禁止制度。

万方认为，应提升单位犯罪的罚金数额，并将是否存在有效的合规计划作为罚金刑法定量刑参考因素。罚金刑兼具威胁功能和预防功能，既是责任刑，又属于预防刑的范畴。提升单位罚金的数额可以较好地发挥刑法的行为指引功能，有效引导和管控企业行为。[②] 刘艳红建议，确定单位罚金数额需考虑犯罪情节和合规计划有效性两个因素。[③]

同时，由于单位确实存在着反复犯罪的情况，从合规治理的角度看，单位重新犯罪说明犯罪以后并没有进行有效的合规治理。因此，有学者建议要建立单位累犯制度，刑罚执行完毕后在一定期限内再犯罪的，都应作为累犯而从重处罚。例如刘艳红认为，增设合规特别累犯制度，目的在于通过从重处罚再犯，提高刑罚威慑效果，防止“纸面合规”。

（五）单位犯罪的合规激励

陈瑞华认为，由于在行政监管领域和刑事法领域缺乏基本的合规激励机制，使得企业即便建立合规计划也难以受到较为宽大的行政处理和刑事处理，因此，企业在建立合规管理体系方面缺乏实质的动力。在刑法上，引入严格责任制度，对犯罪单位确立较之行政处罚更为严厉的刑事处罚，并在此基础上将企业合规确立为企业无罪抗辩事由和法定的减轻处罚情节，由此在定罪量刑环节将合规激励机制予以激活。[④]

蔡仙认为，只有在法理上明确合规计划影响企业及其管理者、合规负责人等主体的刑事责任认定，企业合规才可能真正发挥激励作用，成为最优的企业犯罪预防方法。为此，应首先厘清上述主体的刑事处罚根据。在不法判断上，企业合规会影响上述主体之犯罪故意、过失犯中注意义务违

① 孙国祥：《涉案企业合规改革与刑法修正》，载《中国刑事法杂志》2022 年第 3 期。

② 万方：《企业合规刑事化的发展及启示》，载《中国刑事法杂志》2019 年第 2 期。

③ 刘艳红：《刑事实体法的合规激励立法研究》，载《法学》2023 年第 1 期。

④ 陈瑞华：《论企业合规的中国化问题》，载《法律科学（西北政法大学学报）》2020 年第 3 期。

反等要素的认定；在责任评价上，事前有效的合规计划体现行为人可谴责性大小，而事后合规计划涉及行为人特殊预防必要性大小，二者分别影响责任刑和预防刑的裁量。[①]

1. 量刑激励

有学者认为，从刑事立法上看，我国刑法尽管没有将刑事合规作为减轻处罚的量刑情节予以规定，但将其作为涉案企业减轻处罚的依据并不存在立法上的障碍。[②] 但也有学者认为，酌定的量刑情节是开放的，如果将企业合规作为一个酌定量刑情节，当然不会有太多的争议。但是，酌定情节的从宽幅度一般只能是酌情从轻处罚，其激励的力度不大而没有太多的吸引力。而减轻和免除处罚通常只有在法律明文规定的情况下才能适用。因此通过刑法修正将企业合规作为一个法定的量刑情节具有必要性。[③]

有学者建议，在刑法总则第四章刑罚的具体应用中，可以将刑事合规作为一个独立的量刑制度。[④] 也有学者建议，将刑法第 31 条修改为，“单位犯罪的，对单位判处罚金。单位进行有效合规治理的，可以从轻、减轻或者免除处罚”。[⑤]

刘艳红区分事前和事后合规的不同，并且对单位和责任人的处罚原则进行分离。一是建议在刑法第 31 条增设一款，作为第 2 款，“单位履行合规管理义务的，可以从轻、减轻或者免除处罚。依照本款规定对单位的处罚，不影响直接负责的主管人员和其他直接责任人员的单位犯罪刑事责任。本法和其他法律另有规定的，依照规定”。其中“免除处罚”适用于单位事后进行合规管理并完成有效合规整改，建立了有效合规计划。二是建议刑法第 67 条增设合规整改从宽处罚，“单位犯罪以后立即采取补救措施，配合开展合规整改的，可以从轻或者减轻处罚；建立有效预防犯罪的合规管理体系的，可以减轻或者免除处罚。单位犯罪的直接负责的主管人

---

① 蔡仙：《论企业合规的刑法激励制度》，载《法律科学（西北政法大学学报）》2021 年第 5 期。

② 李会彬：《刑事合规制度与我国刑法的衔接问题研究》，载《北方法学》2022 年第 1 期。

③ 孙国祥：《涉案企业合规改革与刑法修正》，载《中国刑事法杂志》2022 年第 3 期。

④ 韩铁：《我国刑事合规规范化的刑事立法更新思路》，载《法治日报》2022 年 1 月 5 日。

⑤ 周振杰：《企业合规的刑法立法问题研究》，载《中国刑事法杂志》2021 年第 5 期。

员和其他直接责任人员认罪悔罪，在合规整改中所起作用较大的，可以从轻或者减轻处罚。其中，犯罪较轻的，可以免除处罚”。[①]

2. 出罪激励

刘艳红建议在刑法第 30 条增设 1 款，作为第 2 款，“依照前款规定，单位对预防犯罪发生进行有效合规管理的，单位不负刑事责任。依照本款规定不构成单位犯罪的，直接负责的主管人员和其他直接责任人员的刑事责任依照自然人犯罪处理”。她解释道“依照前款规定”是指存在形式上符合单位犯罪构成要件的危害社会行为。“单位对预防犯罪发生进行有效合规管理的，单位不负刑事责任”是单位犯罪的实质判断标准，即事前已经建立有效合规管理体系的，表明单位已经尽到合规管理的刑事义务，完成了与高管或员工实施的危害社会行为的切割，因此阻断了单位刑事归责。本款后半段为提示性规定。“依照本款规定不构成单位犯罪的”，意味着单位基于合规责任原则阻断刑事归责，不构成单位犯罪，此时，单位犯罪从整体上被否定，进而转为自然人犯罪，应当在自然人犯罪的体系下对责任人员的行为进行评价。[②]

（六）单位犯罪的刑罚执行

有学者认为，可以在刑事立法中引入企业缓刑制度。因为有些涉案企业，对其合规整改的情况短时间内无法考察到位，或者根据其犯罪情节并不适合不起诉，判处实刑又可能对企业的负面影响太大，缓刑就成为介于两者之间的选择。万方提出，具体可以在我国刑法第 72 条后增设一款规定：“法院可以对承诺积极实施内部治理改革，构建实施企业合规的企业判处缓刑。”通过立法规定增设企业缓刑制度，对符合要求的企业适用缓刑，不仅可以避免刑事处罚对犯罪企业的永久损害，同时，还为犯罪企业提供了内部改革的契机，从企业内部消除了犯罪的根源。[③]

---

① 刘艳红：《刑事实体法的合规激励立法研究》，载《法学》2023 年第 1 期。

② 刘艳红：《刑事实体法的合规激励立法研究》，载《法学》2023 年第 1 期。

③ 万方：《企业合规刑事化的发展及启示》，载《中国刑事法杂志》2019 年第 2 期。

（七）涉案企业刑事合规义务的相关规定

1. 一般性刑事合规义务

万方认为，在刑法层面，确立企业及高管的刑事违法义务，针对公司、企业及高管增设不制定合规计划或者不履行合规管理的不作为犯罪。[①]孙国祥起初主张，宜将刑事合规作为所有企业管理的刑事义务设定，增设企业管理过失的犯罪，在企业懈怠刑事风险防范而导致企业刑事案件发生的场合，对企业及其主管人员追究刑事责任，以强化企业刑事合规管理的动力。[②] 不过，随后他又改变了其主张，认为不应将企业的合规治理作为企业的强制性刑事义务，只要企业没有直接实施犯罪，就不须因自己没有制定和实施合规计划而承担刑事责任。孙国祥还主张在刑法中增设相关的规定作为合规激励措施，企业事前有效的合规管理作为证明单位缺乏犯罪意志的消极抗辩事由，可以在刑法中作出提示性规定；事后合规则应提升为刑法中的法定量刑情节。

熊亚文对诸如主张设立普通业务监督过失罪的兜底式立法明确表示反对，认为这是刑法万能主义和重刑主义的体现，实际上是想通过简单而严厉的刑罚威慑达到强制企业合规的治理效果，果真如此，将显著加剧企业及相关责任人的刑事风险，背离刑事合规的制度初衷。现阶段应将企业合规定位为单纯的量刑激励，而不宜规定对未构建有效合规计划的企业及负责人加重处罚，更不能设定强制性合规管理义务。[③] 李本灿也认为应该慎重设立单位新型刑事合规义务，理由在于，一是不构建合规计划距离危险发生相对遥远；二是前置法尚未明确要求普遍性合规；三是合规标准缺失导致犯罪认定的不确定性。[④]

郭华则认为可以确立企业合规在行政法上的合规管理义务。由于企业犯罪多属于行政犯，行政法规将监管的部分责任配置于企业，有利于预防

---

① 万方：《企业合规刑事化的发展及启示》，载《中国刑事法杂志》2019 年第 2 期。

② 孙国祥：《刑事合规的理念、机能和中国的构建》，载《中国刑事法杂志》2019 年第 2 期。

③ 熊亚文：《理性建构刑事合规的中国路径》，载《比较法研究》2022 年第 3 期。

④ 李本灿：《刑事合规立法的实体法方案》，载《政治与法律》2022 年第 7 期。

企业犯罪的发生，并将其作为协助政府承担社会责任的基础。[①]

2. 特定领域的刑事合规义务

熊亚文虽然反对为企业设定一般性合规管理刑法义务，但是认为在特定领域可以有选择性施加合规义务，如规定上市公司及其董监高的监管过失犯罪、对金融企业设定合规刑事义务、设定企业反腐败合规刑法义务。[②]

刘艳红建议增设合规管理人员失职罪、合规管理人员滥用职权罪，明确合规管理人员的保证人责任，即对于在公司组织体系内所发生的违规危险具有阻止义务，不履行该义务而导致公司利益受到损害的，应当承担相应责任。另外，她建议，增设单位预防行贿失职罪，单位逃税合规整改出罪事由，安全责任事故类犯罪单位从业禁止，以及拒不履行重要数据安全保护义务罪。[③]

---

① 郭华:《刑事合规的立法争议及范式选择》，载《法学论坛》2023 年第 2 期。

② 熊亚文:《理性建构刑事合规的中国路径》，载《比较法研究》2022 年第 3 期。

③ 刘艳红:《刑事实体法的合规激励立法研究》，载《法学》2023 年第 1 期。

新时期知识产权刑事保护的检视与完善*

郭　箐　张庆立**

新时期，加强知识产权保护工作已经成为社会发展的整体共识，而刑事保护无疑是知识产权保护工作的重要内容。当前，知识产权刑事保护的现状究竟如何，还存在哪些不尽如人意之处，又当如何完善，这理当成为检察工作实现高质量发展必须思考的命题。尤其是在国际科技竞争日益激烈的当下，思考这一问题更具实践意义。

一、新时期知识产权刑事保护的实践现状

针对新时期知识产权犯罪呈现的新特点，公安司法机关重拳出击，依法严厉惩治侵害知识产权类犯罪，取得了较好的效果。从全国的情况看，2022 年 1 月至 2023 年 3 月，全国检察机关共起诉侵犯知识产权犯罪 7300 余件 15000 余人。[①] 从地方的情况看，以经济条件较好的广东和上海为例，据统计，2022 年，广东省检察机关共批捕涉知识产权犯罪案件 474 件 698 人，起诉 1178 件 2092 人。[②] 2023 年，上海市检察机关共受理侵犯知识产

* 本文系 2023 年度最高人民检察院检察理论研究课题“惩治专利恶意诉讼检察监督机制研究”（课题编号：GJ2023D36）、国家检察官学院 2023 年度科研基金资助项目“检察公益诉讼立法相关问题研究”（课题编号：GJY2023D21）的阶段性研究成果。

** 郭箐，上海市松江区人民检察院党组书记、检察长、二级高级检察官；张庆立，上海市松江区人民检察院第六检察部副主任、四级高级检察官、上海青年法学法律人才。

① 参见张昊：《最高检通报 2022 年度全国知识产权检察工作情况：2022 年 1 月至今年 3 月起诉侵犯知识产权犯罪 1.5 万余人》，载《法治日报》2023 年 4 月 27 日。

② 参见孟健：《广东检察机关公布去年知识产权司法保护情况：起诉侵犯知识产权犯罪 1178 件》，载《南方日报》2023 年 4 月 27 日。

权犯罪案件1369件2810人，包括审查逮捕425件738人，案件数及人数同比上升144.3%和123%；审查起诉案件944件2072人，案件数及人数同比上升53.2%和49.9%；已获生效有罪判决中，判处不满3年轻刑率达56.1%，决定不起诉153件337人、占整个审查起诉案件数的16.2%、整个审查起诉人数的16.3%。[①] 从刑事司法保护的角度而言，呈现的特点大致如下：

一是两法衔接机制发挥了一定作用。从《上海知识产权检察白皮书(2023)》发布的情况看，2023年，上海检察机关依托两法衔接机制督促行政机关及时移送犯罪线索，共建议行政执法部门移送案件线索52件，行政执法部门向公安机关移送50件，均被公安机关立案侦查，成功导入刑事诉讼程序。

二是公安机关诉前终结案件占一定比例。以福建为例，2020年，全省公安机关共立案调查各类侵权假冒犯罪案件2539起、破案2331起，抓获犯罪嫌疑人3407名，捣毁各类窝点1945个，破获部省督办大要案件173起，但全省检察机关批捕侵犯知识产权犯罪案件却仅有70件119人，提起公诉也不过263件427人。[②] 即使考虑到宽严相济刑事政策的落实、疫情、移送审查起诉时限、不批准逮捕、不起诉等因素，犯罪侦破数与纳入刑事诉讼程序处理之间仍有一定差距，说明有相当部分案件没有流转到后续诉讼环节。

三是不批准逮捕、不起诉案件占有一定比例。以青岛为例，2021年，市区两级检察机关共受理侵犯知识产权犯罪审查逮捕案件52件86人，批准逮捕34件41人，不批准逮捕17件42人，不批准逮捕人员占已有审查逮捕结论人员的比率为48.8%。受理侵犯知识产权审查起诉案件82件258人，提起公诉54件119人，不起诉5件31人，不起诉人员占已有审查起诉结论人员的比例为20.7%。[③]

四是刑罚适用总体偏轻。如前所述，据上海市检察机关的统计，除决

---

① 参见《上海知识产权检察白皮书（2023）》。

② 参见福建省市场监督管理局（知识产权局）：《2020年福建省知识产权发展与保护状况白皮书发布》。

③ 参见青岛市知识产权工作领导小组办公室：《2021年青岛市知识产权保护状况白皮书》，载《青岛日报》2022年4月26日。

定不起诉占整个审查起诉人数的比率达16.3%以外，在已获生效有罪裁判的案件中，判处不满3年有期徒刑的轻刑率也达56.1%，超过了已获有罪判决总数的一半。无独有偶，2021年，广东全省法院共判刑2615人，但被判处有期徒刑3年以上的仅有324人，判处3年以下刑罚的比率更是高达87.6%。[①] 可见此类案件中刑罚的总体适用状况偏轻。

五是日益重视对知识产权综合履职。从《上海知识产权检察白皮书(2023)》发布的情况看，2023年，上海市检察机关共办理综合履职案件129件，其中，不起诉后反向衔接案件115件、提起刑事附带民事诉讼11件、支持民事起诉2件、提出行政公益诉讼2件。其中，知识产权案件综合履职类型多样，既有刑事和行政综合履职，也有刑事和民事综合履职，还有刑事和公益综合履职，当然，以行刑反向衔接为主。

二、新时期知识产权刑事保护存在的问题

（一）刑事立法方面的问题

就刑事立法而言，目前，存在的问题包括：一是罪名有限，难以涵盖种类繁杂的知识产权侵权类型，知识产权刑事保护广度不足。[②] 一方面，新型网络知识产权犯罪行为模式没有纳入犯罪范畴；另一方面，植物新品种、集成电路设计布图、地理标志等传统知识产权类型未纳入刑法的保护范围。[③] 二是侵犯著作权罪和销售侵权复制品罪中要求“以营利为目的”，不当缩小了打击范围。[④] 三是现行知识产权犯罪以“情节严重”“违法所得数额较大或有其他严重情节”等抽象要件作为入罪标准，不能划定清晰

① 参见杜玮淦、孟健、吁青、陈中山：《广东高院发布2021年知识产权司法保护状况白皮书：新收知产案件19.6万件约占全国三分之一》，载《南方日报》2022年4月26日。

② 参见赵翔宇：《网络知识产权犯罪研究》，载《辽宁警察学院学报》2019年第1期。

③ 参见龚义年：《论知识产权犯罪网络化及其刑法回应》，载《河南科技大学学报(社会科学版)》2018年第1期。

④ 参见龚义年：《网络知识产权犯罪对传统刑事法之挑战及应对》，载《科技与法律》2017年第6期。

的刑民、刑行界限。[①]

（二）司法实践方面的问题

在具体刑事执法办案过程中，存在的问题包括：一是确定管辖难。网络知识产权犯罪往往是线上线下交互、跨区跨境特征明显，犯罪地认定难，尽管现行司法解释对网络犯罪管辖做了较为宽泛的规定，但实践中由于涉及不同地区、不同级别的公安司法机关，协作办案不顺畅、取证量大且专业性强，管辖争议的问题仍然存在，而指定管辖又往往耗时费力，不利于提高诉讼效率。[②] 二是取证存证难。尤其是网络知识产权犯罪，在无法追踪买家、假冒商品没有查扣、销售记录被及时删除的情况下，难以认定数额或数量，而且多数案件往往需要异地侦查取证，电子化收集固定证据。[③] 同时，外挂软件、附属信息证据、基础环境证据等电子证据固定也存在技术难题。三是犯罪数额认定难。多数案件中，嫌疑人均采用多种方式、多个账号收款，到案后往往存在各种辩解，特别是刷单交易的辩解，无法核实。[④]

（三）工作机制层面的问题

工作机制层面，主要的问题是两法衔接机制落实不到位，导致行政执法与刑事司法之间在证据标准、鉴定标准等方面存在差距，致使部分已经构成犯罪的行政案件不能顺利移送，以罚代刑的问题仍时有发生。[⑤] 两法衔接是最高人民检察院一直以来推进的重点项目，主要目标是建立各行政机关同司法机关之间的信息共享、联网查询、线索移送、监督查办等工作机制。然而，从部分地方的办案实践看，两法衔接机制还不够顺畅，突出

① 参见梁莉、王华：《网络知识产权犯罪的司法认定与法律规制》，载《湖北民族学院学报（哲学社会科学版）》2017 年第 5 期。

② 参见任惠华、李晨阳：《侵犯知识产权犯罪的侦查策略体系构建》，载《山东警察学院学报》2021 年第 1 期。

③ 参见刘锋：《惩防并举遏制“网络”侵犯知识产权犯罪》，载《检察日报》2019 年 3 月 18 日。

④ 参见逄政、付红梅：《涉知识产权犯罪办案现状及对策分析——以浦东新区检察院工作情况为例》，载《中国检察官》2021 年第 11 期。

⑤ 参见李楠：《加大医药知识产权犯罪规制力度》，载《人民检察》2018 年第 22 期。

表现为不同职能部门之间联动共享机制在常态化运行上仍有不足。[①]

三、新时代知识产权刑事保护的完善建议

（一）回应时代需求改进刑事立法

1. 扩大知识产权刑法保护的范围

针对知识产权违法犯罪领域由著作权、专利权、商标权、商业秘密等传统范围向网络域名、数据库、计算机软件等新领域扩散、犯罪的社会危害性不断加重、作案手段日益高科技化、智能化、专业化和网络化、犯罪主体更加组织化、跨国化的实际，刑法应当跟上时代的步伐，为信息时代背景下的知识产权提供足量的刑法保护。[②] 建议秉持严而不厉、协调保护的刑事立法政策，[③]将相对成熟的动植物新品种、集成电路布图设计、地理标志、网络环境下的域名权等知识产权类型纳入刑法保护的范围，增设相应的兜底性罪名，如可参照生产、销售伪劣产品罪的规定，增设侵害知识产权罪。具体规定“侵犯他人知识产权，情节严重的，处三年以下有期徒刑，并处或单处罚金；情节特别严重的，处三年以上十年以下有期徒刑，并处罚金”。这样的法定刑设置既与侵犯商标类犯罪、侵犯著作权罪、侵犯商业秘密罪的法定刑设置相一致，也与司法实践中通常的刑罚适用幅度相协调，具有相对的合理性。

2. 取消侵犯著作权罪和销售侵权复制品罪中要求“以营利为目的”的要件

知识产权犯罪属于行政犯、二次违法型犯罪，知识产权法属于前置法，刑法属于保障法，知识产权侵权行为与知识产权犯罪行为之间往往只是存在社会危害性程度上的差别，这就意味着刑法应当对违反知识产权法

---

① 参见张仕东、徐汪群：《网络知识产权犯罪的时代挑战与策略应对——以深圳市C区人民检察院近三年办理的案件为样本》，载《广西警察学院学报》2021年第4期。

② 参见陈骁：《论我国知识产权犯罪刑事立法保护范围》，载《广西政法管理干部学院学报》2018年第3期。

③ 参见王宗光：《我国知识产权犯罪刑事政策论》，载《河北法学》2016年第1期。

且具有严重社会危害性的行为进行评价。[①] 而侵犯著作权和销售侵权复制品的行为，即使不以营利为目的，只要达到情节严重的条件，仍然具有动用刑法的必要性。如实践中存在为博取或保持一定的社会知名度，未经权利人许可，复制他人作品的，或者为吸引一定的流量，未经权利人许可，通过信息网络向公众传播他人作品的，上述行为即使没有以营利为目的，但其造成的权利人损害是客观的，从这个意义上讲，对行为人施加刑罚并非不可接受。

3. 在刑法总则中明确“情节严重”或“情节恶劣”的情节要素

情节犯立法既是我国刑事立法之特色，也是我国刑事立法之趋势，不仅不会取消，反而有日益扩张之势，然而，在没有司法解释明确规定的前提下，刑法中何为情节严重或情节恶劣确实难以判断，为了实现法律适用的统一性，确实需要在一定程度上给予明确。对此，完全可以从刑法体系的角度出发，对刑法中情节严重和情节恶劣的司法解释进行系统考察。通过对现有司法解释的梳理，发现刑法中的“情节严重”或“情节恶劣”往往被解释为“数额、手段、后果、对象、次数、损失、再犯、主观、伤害、影响、拒不改正、时间、主体、自伤、用途、人/起/次、条件、危险、地点、其他”等共 20 个要素。[②] 建议将上述 20 个要素在刑法总则部分进行列举说明，从而为分则中情节严重和情节恶劣的判断指明方向。

（二）提升刑事案件办案质效

1. 持续推进检察机关“四检合一”机制建设

探索成立专门知识产权办案团队，整合知识产权刑事、民事、行政、公益诉讼检察职能，实现对知识产权专业性、综合性、多层次司法保护。在刑事层面，充分发挥侦查监督协作办公室的职能优势，开展提前介入工作，引导公安机关及时开展侦查取证工作，以及做好案件管辖等程序性工作。

2. 加大办案力度，从严打击犯罪

始终保持惩治侵犯知识产权犯罪的高压态势，持续推进实施最严格的

① 参见张浩泽：《论知识产权法与刑法的衔接——以犯罪圈的划定为路径》，载《荆楚学刊》2019 年第 6 期。

② 参见张庆立：《刺破面纱：论我国刑法中情节犯之特征与要素》，载《河南警察学院学报》2022 年第 1 期。

知识产权司法保护。认真贯彻落实最高人民检察院《关于全面加强新时代知识产权检察工作的意见》、最高人民检察院、公安部《关于修改侵犯商业秘密刑事案件立案追诉标准的决定》、最新修订的《公安机关管辖的刑事案件立案追诉标准的规定（二）》的有关规定，严格执法，公正司法。加大对侵犯商业秘密犯罪打击力度，加强新业态、新领域和涉外知识产权保护，促进知识产权平等保护。

3. 完善证据规则，从取证、存证、质证、认证的四个环节构建知识产权犯罪证据规则体系

建立健全知识产权技术调查官制度，创新技术取证方法，开展区块链存证技术应用，增强电子证据的可靠性，充分发挥专家辅助人制度，确保证据质证成效，构建相互印证的印证规则，实现案件事实的准确认证。从而丰富证据获取手段，加大取证程序保障力度，严格执行行政执法中的专利、商标侵权判断标准和计算机软件著作权侵权案件的货值认定标准，坚持科学的证据印证规则，在条件成熟的情况下，还可以适时制定侵犯知识产权案件办案指引，提升案件办理专业化、规范化水平。

4. 明确刷单辩解的认定规则

最高人民法院第 87 号指导性案例（郭明升、郭明锋、孙淑标假冒注册商标案）的裁判要旨中曾言明，被告人对刷单的辩解无证据证实的，不予采纳。可见，对刷单的辩解，被告人至少负有提出线索的举证责任，对于无法证实真伪的辩解，法院完全可以不予采信。既然如此，对于实践中常见的刷单辩解，完全可以适用刑事诉讼理论中幽灵抗辩的规则，即被告人无法提供可核查的线索的，不予采信，从而既没有一概排除该辩解，也没有盲从该辩解，不失为一种妥当的处理方案。

5. 加强对知识产权权利人的保护

支持和引导知识产权权利人开展刑事自诉，为刑事自诉案件立案和取证提供便利，破解刑事自诉难的实践障碍；[①] 落实权利人诉讼权利义务告知制度，确保权利人有序参与刑事诉讼；在知识产权犯罪中推进刑事诉讼附带民事诉讼工作，减轻权利人诉累；贯彻宽严相济和恢复性司法理念，加强释法说理，对接专业知识产权纠纷调解机构，探索刑事诉讼环节的检

---

① 参见高通：《知识产权犯罪自诉制度研究——基于相关数据的实证分析》，载《知识产权》2017 年第 6 期。

调对接，对达成和解的，依法从宽处理，确保权利人合法权益得到及时维护。[①]

6. 将知识产权刑事保护与检察重点工作相结合

推进侵犯知识产权刑事案件不起诉公开听证，邀请人民监督员有序参与检察执法办案工作；将知识产权犯罪案件办理纳入企业合规改革试点，督促涉案企业开展合规整改，积极帮助高新科技企业开展企业知识产权刑事合规建设。[②]

7. 依托典型案例培育和大数据检察工作，充分发挥检察职能，融入社会治理大局

在严格依法办案的基础上，拓展办案思维，延伸办案触角，扎实开展典型案例培育；[③] 依托检察大数据建设，有针对性地汇总知识产权犯罪中的一类问题，通过制发检察建议的方式，推进制度完善；[④] 加强知识产权法治宣传工作，助推和支持企业开展国际知识产权竞争与合作，提升企业知识产权国际布局能力和维权能力。

（三）构建协作共赢工作机制

1. 加强公检法三机关之间的办案协同

考虑到知识产权犯罪的专业性、复杂性等问题，公检法三机关可就知识产权刑事案件证据标准、羁押必要性、轻缓刑适用等问题形成具体意见，在加强知识产权保护力度、加大对知识产权刑事案件的惩治力度等方面形成共识。

2. 深入推进行政执法与刑事司法衔接工作

通过两法衔接机制平台，就执法司法信息共享、知识产权犯罪案件移送标准、行政证据在刑事诉讼中的运用、具体移送的法律文书和证据材料

---

① 参见王宗光：《我国知识产权犯罪刑事司法政策论》，载《东方法学》2016 年第 6 期。

② 参见孟健、粤检宣：《广东检察机关发布去年知识产权司法保护情况——起诉侵犯知识产权犯罪 2508 人》，载《南方日报》2022 年 4 月 27 日。

③ 参见上官文复：《全市检察机关强力保护知识产权——去年共批捕侵犯知识产权犯罪案件 191 件 297 人》，载《深圳特区报》2022 年 4 月 30 日。

④ 参见聂洪涛、韩欣悦：《大数据侦查技术在知识产权犯罪中的应用分析》，载《科技与法律》2020 年第 4 期。

等形成一致意见，推进知识产权犯罪案件应移尽移，防止以罚代刑。[①] 发挥立案监督优势，监督公安机关对行政执法机关移送的案件依法及时立案。[②] 同时，检察机关也要加强对反不正当竞争、反垄断以及打击商标恶意抢注行为等行政执法问题的关注，对办案中发现的有关违法线索，以及检察机关作出不起诉的案件，及时向执法部门移送，促进规范市场秩序，保护公平竞争。

3. 搭建跨部门知识产权保护协作机制

在公检法三机关办案协调、行政执法与刑事司法衔接机制之外，从更广范围内，推进与涉知识产权人民团体、服务平台、管理园区、高新企业等单位的合作，共同打造“一体化”知识产权保护维权服务平台，为企业提供全面的、多层次的、专业的知识产权法律服务，进一步提升企业知识产权法律保护意识和能力。[③]

综上所述，在当前激烈的国际竞争形势下，尽管知识产权刑事保护工作意义重大，但保护效果却并不尽如人意，突出表现为两法衔接成效不彰、侦查阶段终结为数不少、不批捕和不起诉有一定比例、刑罚宣告整体偏轻等多个方面。究其原因，既有知识产权犯罪治理范围过窄等立法因素，也有侦查取证困难等司法因素，还有两法衔接效果欠佳等机制因素。从服务保障中心大局工作、服务保障中国式现代化的高度来看，检察机关需要从改进刑事立法、提升办案质效、推进协作共赢等多方面，推进知识产权刑事保护工作进一步在基层走深走实。

---

① 参见喻玉：《贵阳市检察机关立足检察职能严打侵犯知识产权犯罪》，载《法制生活报》2022 年 5 月 11 日。

② 参见魏晓蓓：《知识产权犯罪追诉的相关制度完善》，载《山东警察学院学报》2017 年第 1 期。

③ 参见甘晓辉、曾志雄：《深圳检察机关发布知识产权刑事法律保护工作白皮书：侵犯知识产权犯罪呈五大特点》，载《检察日报》2021 年 11 月 16 日。

检察机关知识产权综合履职的职能衔接路径探究

——以浙江省模式为样本

张孟春　索亚囡*

一、知识产权综合履职职能衔接问题的提出

检察机构知识产权综合履职，是对传统起诉、监督能力的考验，也是对四大检察融合发力、拓展检察履职方式的考验，更是对诉源治理，与行政机关同防共治、协同保护能力的考验。综合履职以来，知识产权保护效果显著提高，同时也出现一些新问题值得研究总结，尤其内外职能衔接影响了综合履职的深度、广度，需进一步提升。

（一）四大检察融合不力

刑事办案领域，侵犯知识产权类案件共涉及8个罪名，2020年至2023年全国检察机关起诉侵犯知识产权犯罪人数分别为1.2万人、1.4万人、1.2万人、1.7万人，其中侵犯注册商标类刑事案件①起诉总数占绝对优势，占比均超90%，总体案件类型单一。假冒专利、著作权、商业秘密等案件占比少，但实践中该类侵权、违法犯罪行为并不少，而是由于专业性要求高；传统商标类案件相较而言侦办经验更为丰富、优势尤为突出。近

* 张孟春，浙江省杭州市拱墅区人民检察院党组成员、副检察长；索亚囡，浙江省杭州市拱墅区人民检察院第二检察部副主任。

① 刑事案件主要涉及假冒注册商标罪、销售假冒注册商标的商品罪两项罪以及非法制造、销售非法制造的注册商标标识三项罪名。

年来直播电商、人工智能、大数据等新业态新领域知识产权侵权犯罪呈逐渐上升趋势，案件类型的复杂化、多样化与传统案件的单一性不相匹配，也反映出知识产权犯罪作案专业水平高，给办案机关从取证、鉴定到复杂的技术事实认定、管辖权等方面都带来很大的挑战。

从近年最高人民检察院及各省检察机关发布的知识产权典型案例来看，由于四大检察履职方式、办案范围及深度有所不同，各省能够实现对知识产权联动保护、综合履职的案件样本仍然较少。四大检察在办案中仍是独立分散的方式，民事生效裁判监督、行政执法监督案件量虽有增多，但与刑事检察联动保护、一体履职的案件样本也寥寥无几，协调衔接薄弱，履职边界不清。2023 年发布的典型案例更加注重四大检察综合履职的办案导向，制约综合履职的人员、组织架构、考核等隐性阻碍，亟须解决。

（二）检察监督线索匮乏

在民事监督领域，根据《知识产权检察工作白皮书》（2021—2023 年），2021 年至 2023 年全国检察机关受理知识产权民事检察案件分别为 439 件、733 件、2293 件。证明开展检察一体履职以来，民事监督力度增强，但与法院审结的知识产权案件数量相比，总体占比仍较小，民事检察监督比例明显失调。以增幅最大的民事生效裁判监督为例，2023 年受理案件为 1397 件，同比上升 2.3 倍，而根据《最高人民法院工作报告（2023）》，全国法院审结知识产权案件 49 万件，生效裁判监督比例仍不足千分之三。

在行政执法领域，根据市场监督总局和国家知识产权局公布的数据，2020 年至 2023 年，全国市场监督部门共查办商标、专利领域违法案件从 3.8 万件上升至 4.4 万余件，主动向司法机关移送涉嫌犯罪案件占比在 2% 至 3%，2023 年为 1376 件，移送线索占比小、增幅并不明显。而类比全国公安机关侦破知识产权案件，4 年间从 2.1 万余件上升至 4 万余件。即在严厉打击知识产权犯罪的背景下，行政机关移送线索数量与知识产权现实治理需求的差距越来越大，二者职能衔接不畅。

刑事监督方面，在纠正侵犯知识产权犯罪领域存在有案不移、有案不立、立案不当、以罚代刑等问题。如 2021 年，检察机关监督公安机关撤立案 424 件，经检察机关建议，行政机关移送案件 280 件，但与同期公安机关2.1万余件、行政机关4万余件的执法总量相比，检察机关监督线索匮乏，尚未形成持续性监督闭环，开展行政监督依然存在偶然性。究其原因既有理念的滞后、机制的不足，也有监督方式向数字化转变过程中存在诸多屏障的阻滞问题。

二、知识产权综合履职职能衔接产生问题的原因

追根溯源，深入分析，检察机关在知识产权综合履职方面存在的困境，主要是检察机关内部职能衔接的隐性阻碍和检察机关与外部行政机关、公安、法院职能衔接的显性屏障，衔接不畅。

（一）内部职能衔接的隐性阻碍

第一，理念滞后，检察系统的知识产权综合履职改革起步较晚，至今也不过2年有余，经验不足、理念的转变滞后，“重惩治犯罪、轻向前治理”“公诉优先”“重刑轻民”“重诉讼、轻监督”[①] 的传统检察理念难以扭转，民事、行政监督与刑事办案各司其职，综合履职囿于就案办案的传统模式之中，势能不足，缺乏走出去的理念与动力，存在被动等待的普遍情况。长此以往，知识产权倡导的融合保护观念难以贯彻。

第二，组织定位不明确，知识产权综合履职试点目前主要采取设立新的内部机构和设立外派办公室两种方式，[②] 两种方式都普遍存在省市区三级院缺乏明确的组织定位、管理体系，综合履职部门与其他职能部门、上下级检察部门之间、与其他行政机关的职能衔接过程中出现机构关系不明、对接不畅、职能重叠、衔接漏洞等问题。[③] 实践中，由于刑事案件体量大，综合履职的牵头部门主要仍集中在刑检线，民事与行政部门有些只是指派几名检察官以“兼职”方式共同组建办案组、办公室，综合履职容易走向“纸上融合”。

---

① 张春艳、艾新平：《我国知识产权刑事案件诉讼监督的困境与出路》，载《知识产权》2020年第6期。

② 董学华、胡春健、张卫东：《知识产权检察职能集中统一履行的实践与完善》，载《犯罪研究》2022年第2期。

③ 谭玉姣：《知识产权检察机构研究》，湘潭大学2018年硕士学位论文。

第三，人员储备不足，四大检察业务形成时间不长，既深耕检察业务又熟悉民事、行政、公益诉讼监督部门工作方式的复合型人才较少，刑民交叉案件本身法律争议较大，而复杂程度更高、专业性更强的植物新品种、计算机软件等新型知识产权案件，检察人员在短时间内掌握各个领域的细分知识并加以监督难以实现，为打破专业化知识屏障，检察系统采取了建立专家咨询库和引入技术调查官方式，但省市县层级的人员自由流动制度不够灵活，极大程度地影响疑难案件的高质量办理以及四大检察融合发力。

（二）外部衔接的显性屏障

第一，常态化衔接机制不健全。2022 年 4 月，最高人民检察院、国家知识产权局联合出台了《关于强化知识产权协同保护的意见》，但在数据共享、线索移送、证据标准、程序衔接、人员培养等具体措施方面仍需要进一步细化落实，公检法对于执法司法尺度、罪名适用、事实认定、证据标准等问题亟须建立常态化联席会议机制及时形成共识。为及时解决群众反映强烈、社会舆论关注的前沿问题，需要检察机关建立深入走访、驻点、反馈、“回头看”的一贯式工作机制，目前以罚代刑、有案不移等问题仍然存在，需要建立行之有效的监督机制。① 未来面对日益复杂的知识产权犯罪升级，职能衔接机制的落地才能保障知识产权融合保护及时解决现实问题，否则检察监督存在偶然性，知识产权保护仍难以走向集约化、专业化。

第二，数据衔接不畅。外部检察监督线索匮乏的原因在于外部数据共享的制约，行政机关是否有案不移、以罚代刑，公安机关是否有案不立，民事判决是否有类案积弊，检察监督均缺乏完善的数据基础。行政监督目前大部分靠人工筛选，既不全面也不及时，民事监督主要依靠当事人申请，以个案调取数据的方式，沟通协调成本高，检察机关也难以发挥主动性。检察机关内部，在人员仍分散于刑事、民事各个条线的情况下，案件数据由谁牵头汇总、梳理、排查，各个院并不统一，有些在刑检线，有些在民行线，给省市院的数据统计、情况掌握等也造成一定困扰。基层院存

① 傅建飞：《知识产权检察综合履职模式的探索与优化》，载《中国检察官》2022 年第 11 期。

在对数据仅仅是汇总、上报，缺乏深入分析、研判，也难以充分发挥大数据的集成作用。

第三，线索来源不明。行政机关是否及时移送涉案线索缺乏强有力的监督方式。从行政机关立场出发，移送线索未纳入行政机关考核，行政执法的快速高效又容易出现证据收集固定不规范等问题，线索移送存在使执法瑕疵被放大的可能，导致行政机关主动移送犯罪线索存在隐性屏障[①]。因知识产权保护领域行政权与侦查权分属于行政机关和公安机关两个不同执法机构，在我国二元立法的背景下是典型的“二元二主体”衔接模式，检察机关既要监督行政机关线索移送与否又要监督公安机关立案情况，而线索又来源于二者，检察监督后劲不足。

三、知识产权综合履职的衔接方式探究——以浙江经验为样本

（一）理念纠偏，从衔接问题破局知识产权综合履职

首先，要明确知识产权综合履职势在必行，检察保护必须走专业化道路。若仍以传统观念从刑事、民事、行政、公益部门划分各司其职，以刑检为首的知识产权综合履职方式难以应对日趋复杂的知识产权犯罪升级。只有从系统审查的理念出发，以综合履职为基点，刑事、民事、行政多角度审查，进行职能整合、人员配备，才能真正解决案件背后的权益纠纷，解决知识产权检察履职储备不足、应对乏力的困境。如何将顺势而为、系统审查的理念落地，2023 年浙江省委提出“共建创造最活、保护最严、生态最优的知识产权强省”，浙江检察机关把加强知识产权检察工作与服务保障营商环境优化提升“一号改革工程”、贯彻实施《浙江省优化营商环境条例》、深入开展“检察护企”专项行动有机结合起来，从办案思维转变为履职思维，主动融入我省知识产权全链条保护集成改革，推动知识产权检察办案数量、质量、效率、效果的同步提升。

其次，从知识产权综合履职的现实短板出发，将衔接问题作为知识产权综合履职的破局关键，主要围绕线索衔接、数据衔接、人员衔接三个方

① 袁帅：《知识产权“行刑衔接”检察监督的困境及路径选择》，载《中国检察官》2022 年第 3 期。

面。改革措施围绕畅通程序衔接发力，打通综合履职司法实践落地的屏障，才能使知识产权保护以案件为发力点流转起来，既能挖掘上下游违法犯罪，又能辐射同省市甚至全国同类案件，实现“办理一个案件、解决一类问题、治理一片领域”的办案效果。浙江检察紧密结合浙江知识产权司法保护现状，聚焦刑事民事、执法司法、促进治理“三个协同”，补齐衔接短板，创新推出知识产权刑事案件“调诉结合”工作机制，与省版权局建立净化版权长效合作机制，与上海、江苏、安徽检察机关协同开展数字经济知识产权领域涉案企业合规案件办理，同时综合运用检察建议、合规指引等方式，优化增值式检察服务，深入源头治理。

最后，检察机关对知识产权综合履职的部署，不仅是应对新案件、新挑战、完成检察院内部的改革，更是完善我国知识产权法治建设、保护科技创新、突破他国知识产权封锁的重要措施，故针对知识产权综合履职的部署政治站位要高。浙江省一开始就将知识产权综合履职融入检察机关参与诉源治理、重塑知识产权检察工作格局、打造协同保护高地的大局之中。省检察院作为统领，将打破壁垒、理顺衔接作为关键，完善组织架构，制发相关机制，推动基层创新。2022 年 3 月，浙江省人民检察院印发《关于进一步加强知识产权检察工作的意见》，详细阐明全省知识产权综合履职的指导思想、工作目标、重点举措。协同公安机关、市场监管管理机关等开展诉源治理，与保护营商环境、新阶段推动经济社会高质量发展、提升国家治理效能紧密结合。

（二）探索检察机关组织机构的完善路径

一方面，从省级层面强化检察机关综合履职的顶层构建。2020 年，浙江省检察院和杭州、宁波、温州三级市院及 10 个基层院成立知识产权检察办公室或组建专门办案组。2022 年浙江省调整知识产权案件管辖，将 11 个市的重大疑难复杂案件归属至温州、杭州、宁波[①]三个市级检察院，是目前机构改革整合程度的最高上限，有利于弱化知识产权案件的地方保护主义、统一法律适用。至 2023 年，全省已有 55 家检察院设立专门办案

① 温州市院管辖温州市、丽水市、金华市辖区的疑难复杂重大知识产权案件，杭州市院管辖杭州市、湖州市、衢州市辖区上述案件，宁波市管辖宁波市、嘉兴市、绍兴市、台州市、舟山市辖区上述案件。

机构，三级院上下一体、协同联动的组织架构初步形成。另一方面，各试点院将知识产权检察办公室要作为总抓手，以案件、企业、焦点问题为切入口，结合区域、行业特色不断突破创新，将检察监督真正走出去。如义乌市检察院围绕服务发展小商品市场，成立涉企案件治理检察办公室，开发线上“商城义检通”，线下线上全方位拓宽民营经济线索反馈渠道。温州多地立足本地营商环境发达，中小企业遍布的区域特色，在标杆企业设立知识产权检察服务工作室，方便拓展线索渠道、咨询公司专业技术人员。杭州市院以知识产权检察服务保障亚运会为立足点，设立驻亚运村检察官办公室，提升快速惩处能力，构建亚运会知识产权全方位立体化保护。

总结浙江经验，笔者认为，知识产权检察办公室作为固定的内设机构，应在三级检察机关形成统一，强化一案三查协同机制，全程参与、总领整个辖区知识产权保护工作；常设性派出机构延伸检察机关知识产权综合履职的边界，结合区域特色、重点领域，在履职方向上更加灵活，二者相互配合。在职能定位上，要注重结合各地特色产业及区域优势，探索打造出具有区域高辨识度的专业化、品牌化知识产权综合履职方案，形成集群效应，作为突破衔接瓶颈、拓展综合履职空间的前沿阵地，以快速、及时的方式突破衔接难点，形成保护合力。

（三）加强机制建设，为行刑衔接畅通线索渠道

为解决线索来源难题、做好行刑衔接，浙江省采用省检察院着力于构建顶层设计，基层检察院在构建行刑共治大格局方面探索可行性机制方案模式，实现提速增效。首先，浙江检察机关在机制建设方面注重加强顶层设计，从省级层面打通行刑共治桥梁，提升与外部单位的协助层次。2022年9月，省检察院与省市场监督管理局联合召开强化知识产权协同保护工作推进会，共同签署《关于强化知识产权协同保护的实施意见》，加强横向协助，强化知识产权保护合力，织密法网。其次，各地检察机关为解决线索来源难题，围绕抄告检察官制度积极探索创新。如乐清市院与市场监督管理局构建移送案件同步备案审查机制，解决线索来源难题，并成功对

吴某某假冒注册商标案立案监督，[①] 该案作为知识产权协同保护典型案例，对案件线索流转的探索具有借鉴意义。最后，要不断完善常态化机制。2019 年以来浙江省公检法三家的知识产权刑事司法保护联席会议机制已较为成熟。2022 年以来，联席会议邀请省知识产权行政主管部门共同探讨案件查处、统一管辖、协调衔接等问题，以问答方式制定下发文件，统一执法司法尺度，加强刑事司法与行政执法的联动协调，进一步提升了常态化机制的内涵。

总结浙江省经验，在省级层面通过发布相关机制文件、开展联席会议、召开新闻发布会等方式形成检察机关与其他单位联动保护局面，打破外部壁垒，降低基层协作难度，在刑事案件认定、民刑交叉疑难、行政争议的实质性化解等共性问题上形成统一，指导基层解决实务问题。在地方层面，各检察机关立足办案，注重个案办理到类案预防，及时出台回应人民群众热切需求的相关机制，形成反哺，为知识产权保护相关制度的完善奠定实践基础。

（四）搭建知识产权“智库”，扩充专业化办案团队

配备专业人才是检察机关知识产权职能延伸的坚实土壤。浙江省的专业化人才机制，可总结为三个导向。一是问题导向，贯彻长期人才培养方案。对内通过挂职锻炼、技术学习、专业型复合人才的遴选等方式搭建人才梯队，发挥全省打击知识产权犯罪专业指导组作用；对外与市场监督管理局等行政机关、法院、政法委等单位加强业务协助，建立双向人才交流、同堂培训机制，丰富人才库的储备。二是结果导向，解决短期人才短缺困局。为尽快解决案件办理中遇到的专业化人才紧缺问题，保证办案质量、提高办案效果，浙江省不断完善专家咨询库和技术调查官人才库，金华等多地聘任行政机关专业人员兼任检察官助理，协助出庭办案，深化检察工作与行政执法的协作配合。三是改革导向，广泛开拓人才储备渠道。通过行政机关、企业、高校、平台多方位丰富人才储备，通过加强检校合作平台建设及与科研院所、专业团队的交流合作，实现专业化领域的调研讨论、提高认识水平；利用民事诉讼监督案件互联网资讯平台，广泛咨询

---

① 浙江省市场监督管理局知识产权协同保护典型案例三，浙江省人民检察院 2022 年发布。

专家意见；利用外派型检察服务室及时咨询企业、行业专业人员，开展检企合作。如温州瓯海区检察院，通过发布“招贤令”、与高校开展学术研究合作、对外贸易商标侵权等课题定向调研，量身定制涉外贸集约化“智库”平台。

在人才储备方面，通过问题导向、改革导向、结果导向，开展检企合作、检校合作、人才双向交流，聘请行业专家，解决知识产权检察机关综合履职中短期亟待解决的人才应对不足局面以及应对长期人才培养要求。

（五）以数字检察为法治监督模式变革新引擎，助力知识产权综合履职成为浙江新名片

习近平总书记高度重视数字化改革工作。深化数字化改革，是全面深化改革的总抓手，是塑造变革的核心载体和量化闭环的核心工具，浙江省在数字监督方向有巨大优势。总结浙江数字检察的先发经验，能否成功的三个关键为平台、数据、技术。在知识产权综合履职实践方面，2021 年，浙江省率先上线了“浙江知识产权在线”数字化综合应用系统，围绕知识产权创造、运用、保护、管理、服务全链条，不断深化“知识产权保护一件事”改革和数字化转型，以平台汇总检察、市监、税务等行政机关关联数据，通过数字赋能，真正实现法律监督模式的变革。各地基层检察院充分发挥主观能动性，在省院平台上搭建数字模型，如义乌市检察院全力推动执法司法信息共享，打造“违法查处 + 行政处罚 + 构罪转化”数字办案模块，形成行刑衔接闭环管理，破解案件流转难题。[①] 绍兴市院在办理一起纺织花型系列著作权侵权纠纷虚假诉讼监督类案中，通过大数据分析审判文书、筛选同类案件，发现 1393 件由同一公司委托、同一家律所律师代理，由此挖掘出以专业虚假诉讼进行维权敛财的黑灰产业链，扩大监督优势，实现融合监督[②]。

浙江检察机关总体坚持四个理念，一是一次解决基础平台搭建，从省

① 《义务市院聚焦知识产权保护“小切口”全力推动执法司法信息共享》，载浙江省人民检察院官网，最后访问日期 2022 年 12 月 30 日。

② 参见《贾宇检察长在“强化知识产权协同保护推进会”上的讲话》，载浙江省人民检察院官网，最后访问日期 2023 年 4 月 15 日。

级层面实现场景共建、数据共享、信息协同，打通数据壁垒；二是各地检察机关不等不靠、积极创新、率先突围，以优势数字检察产品为依托，支持刑事司法与行政执法的双向线索碰撞；三是优秀成果积极转化，一院突破全省推广，避免重复建设；四是以案为基，数字检察要落地于办案成效，通过检察监督考核推动数字化办案改革。

知识产权案件检察监督机制完善路径探析

——以S省法院2018—2022年办理的知识产权案件为样本

杨海涛　姚　刚　李晓鸣*

习近平总书记多次强调“保护知识产权就是保护创新”①。在全面推进国家治理体系和治理能力现代化、全面依法治国的背景之下，党的二十大报告指出“加强知识产权法治保障”和“加强检察机关法律监督工作”；《知识产权强国建设纲要（2021—2035）》更是进一步明确“加强知识产权案件检察监督机制建设”，对检察机关的知识产权司法保护工作提出了更高要求。2022年3月，最高人民检察院发布《关于全面加强新时代知识产权检察工作的意见》，进一步明确了全面提升知识产权检察综合保护质效等要求。为响应最高人民检察院意见，提高知识产权案件办理水平，S省检察机关开展了知识产权案件试点工作。因此，本文在统计近五年S省法院受理知识产权案件的基础上，审视检察机关知识产权监督保护工作存在的不足，进而提出健全知识产权检察监督机制的具体路径。

一、S省法院办理的知识产权案件基本情况

自2018年以来，S省知识产权案件数量呈“井喷式”上升，新类型案件屡有出现，其中，涉及标准必要专利、新型作品著作权侵权、惩罚性

---

* 杨海涛，陕西省西安市新城区人民检察院第四检察部副主任；姚刚，陕西省高级人民法院刑二庭四级高级法官；李晓鸣，西安交通大学法学院教授，主要研究方向知识产权法学。

① 习近平：《全面加强知识产权保护工作　激发创新活力推动构建新发展格局》，载《求是》2021年第3期。

赔偿适用等案件引发舆论广泛关注。故选取近五年S省受理知识产权案件相关数据进行统计分析。

（一）案件概况

2018年至2022年，S省三级法院共受理各类知识产权案件26705件[①]（如图1所示），其中受理民事案件26344件，占比98.65%；受理刑事案件356件，占比1.33%；仅在2020年受理了行政案件5件，占比0.02%。可以看出，检察机关直接参与审理的知识产权刑事案件仅有不到2%，行政案件更是少之又少，民事案件占据了S省知识产权案件的绝对主力地位。

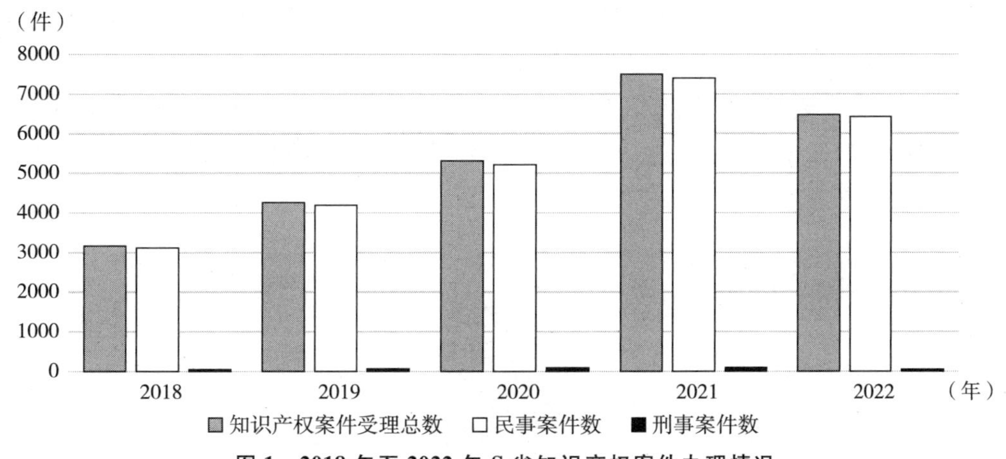

图1　2018年至2022年S省知识产权案件办理情况

最高人民法院公布的《中国知识产权司法保护状况（2021年）》显示[②]，2021年我国地方各级人民法院新收民事知识产权一审案件550263件，占比95.35%；新收知识产权刑事一审案件6276件，占比1.09%；新收知识产权行政一审案件20563件，占比3.56%。从中不难看出，在全国

---

① 注：S省2018年受理各类知识产权案件3167件，其中，民事案件3118件，刑事案件49件；2019年受理各类知识产权案件4257件，其中，民事案件4190件，刑事案件67件；2020年受理各类知识产权案件5308件，其中，民事案件5210件，刑事案件93件，行政案件5件；2021年受理各类知识产权案件7495件，其中，民事案件7398件，刑事案件97件；2022年受理各类知识产权案件6478件，其中，民事案件6428件，刑事案件50件（来自S省法院知识产权审判年度报告）。

② 2022年的全国数据在本文截稿之日（2023年3月15日）尚未公布。

范围内，民事案件都占据着知识产权案件的主力地位；但S省刑事案件的比例明显低于全国平均水平；同样，行政案件总体比例也低于全国平均水平。可见S省司法系统对知识产权刑事、行政保护手段的运用还不够充分。

（二）案件类型[①]

2018年至2022年的数据显示，在知识产权民事案件中，包括著作权、专利权和商标权等在内的权属纠纷案件收案23313件，占比88.49%，占有绝对比例；不正当竞争及垄断纠纷案件收案996件，占比3.78%；知识产权合同纠纷案件收案1643件，占比6.24%；其他案件392件，占比1.49%（如图2所示）。在知识产权刑事案件中[②]，销售假冒注册商标的商品案件收案252件，占比70.79%；假冒注册商标罪收案86件，占比24.16%；侵犯著作权罪收案10件，占比2.81%；侵犯商业秘密罪收案4件，占比1.12%；非法制造、销售非法制造的注册商标标识罪4件，占比1.12%（如图3所示）。

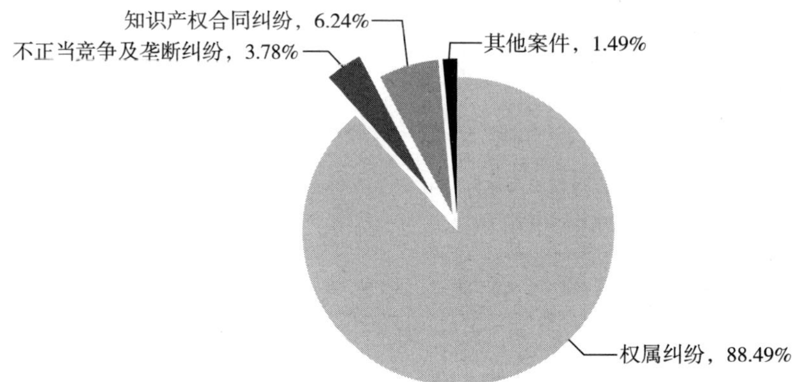

图2　2018年至2022年S省知识产权民事案件类型分布

---

① 案件数据来源于S省法院审管办信息系统查询。

② 注：涉知识产权刑事案件中，2018年侵犯知识产权罪49件；2019年假冒注册商标罪19件，销售假冒注册商标的商品罪46件，侵犯著作权罪2件；2020年侵犯知识产权犯罪共45件，其中假冒注册商标罪11件，销售假冒注册商标的商品罪31件，侵犯商业秘密罪1件，侵犯著作权罪2件；2021年侵犯知识产权犯罪共55件，其中假冒注册商标罪18件，销售假冒注册商标的商品罪36件，侵犯商业秘密罪1件；2022年侵犯知识产权犯罪共47件，其中假冒注册商标罪15件，销售假冒注册商标的商品罪29件，侵犯商业秘密罪2件，非法制造、销售非法制造的注册商标1件。

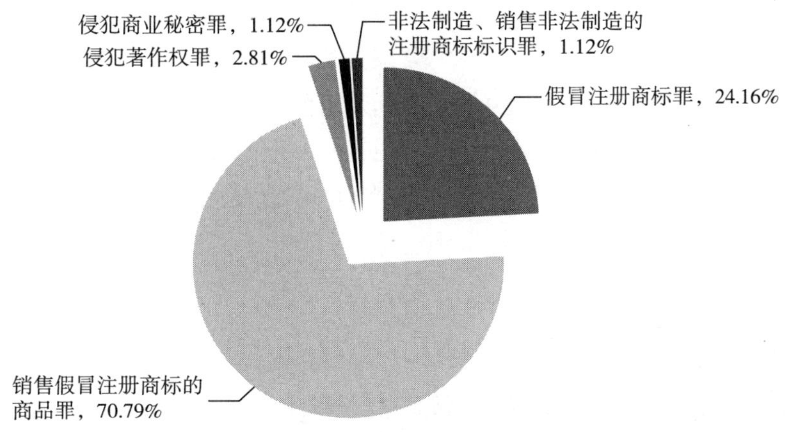

图 3　2018 年至 2022 年 S 省知识产权刑事案件类型分布

可见，民事、刑事案件集中于商标权和著作权类型犯罪，而缺少新类型案件，对于侵犯专利和商业秘密等技术类犯罪的打击不够。根据上述调研结果可知，有关知识产权的各类型纠纷已普遍存在；且由案件当事人的信息统计可见，同一原告、同一被侵权知识成果的批量案件屡有发生，这充分说明知识产权刑事犯罪行为的可能存在且未被法律追究的情形。

二、知识产权案件检察监督机制现存的不足

从上文知识产权案件的统计来看，S 省近五年知识产权刑事、行政案件的绝对数量与相对数量稀少。结合笔者对知识产权检察监督工作的实地调研可知，包括 S 省在内的全国知识产权案件检察监督机制的运行，都面临着一些难题。

（一）检察监督办案力量配置薄弱

S 省检察机关在省级院于 2020 年底、2021 年初分别设立了知识产权检察办公室与第十一检察部，专门负责知识产权检察工作，但由于尚在探索试点阶段，配置人数、知识结构与专业能力等方面还不能满足知识产权案件的要求。在知识产权刑事、民事、行政等方面检察监督工作暴露出明显的短板，影响了知识产权检察履职及成效。

从知识产权犯罪的特点来看，知识产权案件犯罪嫌疑人大多是相关领域的专业人士，采取的犯罪手段更是充分利用了互联网等新兴技术，具有

较高的专业性与技术性，这就需要办案人员具备法学以外的交叉学科知识背景和较强的学习能力。目前S省检察监督工作的配备力量对专业领域知识的理解运用不够透彻，缺乏精准判断的能力，对复杂的技术类知识产权案件难以准确法律定性，对于作品原创性认定、商业秘密侵权构成要件、专利确权授权与保护范围等知识产权实体问题及行政程序普遍比较陌生，而这恰恰是办案所需要的专业知识。新形势下，需要具备知识产权刑事、民事、行政与公益诉讼检察能力的复合型人才，才能实现检察监督应有的法治效果和社会效果。

（二）知识产权民事案件监督不充分

受制于“重刑轻民”的传统，检察机关对知识产权民事监督未予足够重视，配置力量相对薄弱，这与知识产权民事案件日益增长成为民商事案件的重要类型之一的地位极不相称。要发挥好知识产权案件检察监督作用，强化知识产权民事案件监督势在必行。虽然S省检察机关已深入开展知识产权案件“一案三查”“一案三评估”，然而同步审查是否涉及行政违法、刑事追诉、民事追诉等情形，能否开展知识产权案件刑事附带民事公益诉讼等，仍然在探索之中。总体来看，S省检察机关仍然将办理知识产权案件的重点集中在刑事案件上，而对于民事案件，则未能充分发挥监督作用。

（三）知识产权刑事案件办理类型单一

具体到检察机关擅长的刑事检察领域，在检察机关惩治打击的知识产权案件中，办理的绝大多数是侵犯商标权类犯罪案件。以2021年的数据为例，该年S省检察机关共受理审查逮捕侵犯知识产权犯罪案件84件145人。打击多为非技术类知识产权犯罪，缺乏对于技术类案件的研究和实践，如对在实践中屡有发生的侵犯商业秘密等涉及企业核心竞争力的知识产权案件，查办存在着许多难题。如何克服这些新难题，使刑事检察惩罚打击的广度、深度与实际侵害行为、被侵害结果相匹配，进而在知识产权技术类犯罪案件领域取得良好的整治效果，仍是检察机关必须要思考解决的难题。

（四）行政案件检察监督机制不健全

实践中刑事司法与行政执法之间信息共享不对称，检察机关尚未与知识产权局等行政职能部门形成有效的沟通交流机制和信息共享机制，造成了“有案不移”“以罚代刑”等问题，大量本应进入刑事司法环节的案件无法得到刑事追究，检察机关也无法进行有效监督。在知识产权保护领域，这一问题显得尤为突出。

知识产权作为一种无形资产，其保护力度和效率直接关系到创新环境的优劣及市场竞争力的强弱。实践中，由于刑事司法与行政执法之间信息共享的不对称，导致知识产权侵权案件在行政处理阶段与后续可能的刑事追责之间存在断层。具体而言，检察机关与知识产权局等负责知识产权行政管理的部门之间缺乏高效的信息交流和协调合作机制，使得许多严重的侵权行为仅停留在行政处罚层面，而未能适时转入刑事司法程序接受更严厉的法律制裁。

这种“有案不移”和“以罚代刑”的现象，不仅纵容了知识产权侵权行为，降低了违法成本，还严重挫伤了创新主体的积极性，影响了公平竞争的市场秩序。创新者和权利人因无法获得充分的法律救济而失去信心，进而可能减少研发投入，阻碍科技进步和社会发展。

（五）基层检察监督机制缺乏

S省检察机关虽已开展知识产权检察职能集中统一履行试点工作，但其他基层检察院仍采取经济犯罪、民事、行政、公益诉讼检察部门分别独立承担相关职能的模式。S省16个基层人民法院具有知识产权民事、行政案件管辖权，如何在相应的基层检察院落实知识产权检察职能集中统一，探索适合基层检察院的检察监督机制是一项亟待完成的任务。

三、知识产权案件检察监督机制运行路径的完善建议

为有效弥补知识产权检察监督机制的不足，需要进一步健全和完善知识产权检察监督机制的运行路径，全面协调充分履行检察职能，做好知识产权保护创新工作。

（一）提升检察监督主体能力

检察机关要提升办案质量，就必须加快进行相应的专业性建设。一是加强机构建设。要建立知识产权专门监督机构，在省级院、市级院有条件的检察机关内部，为知识产权案件设立独立的专门办事处理部门，探寻知识产权检察“四合一”办案模式。二是探索集中管辖。在经济相对发达、知识产权案件较多的基层人民检察院设立规模适当的知识产权办理机构，将划定区域内的案件交由此知识产权办理机构统一集中办理。S 省检察院已出台方案，确定 1 个市级检察院和 3 个基层检察院开展知识产权检察职能统一履行试点工作。应当及时总结相关经验，向省外推广。三是提升监督人员专业能力。有针对性地强化检察干警在知识产权领域知识的学习培训，了解知识产权案件专业的调查取证、证据分析等手段，并在精通刑法的同时提升民事、行政与公益诉讼方面的业务能力，培养多元化法律思维，形成复合型法律知识人才，有效提高办理知识产权案件的综合能力。

（二）强化知识产权民事案件监督

要发挥检察权在知识产权民事领域的监督保护作用。一是关注疑难知识产权民事案件。聚焦高新技术、关键核心技术领域以及事关企业生存和发展的知识产权民事案件，运用多种监督手段强化对于此类案件裁判的监督，及时纠正错误的裁判结果、审判违法行为以及违法执行活动，提升案件办理能力。二是把握对社会影响重大的知识产权民事案件。对社会舆论讨论较高的涉知识产权民事案件进行重点关注，尤其是有指导价值的典型案件，案件处理得好，对于所在地区与同类领域都能起到样板作用，达到“办理一案、治理一片”的效果。三是重点关注涉企案件，加强与省发改委、省工商联等部门的沟通联系，充分发挥检察机关法律监督能动性，积极优化营商环境，进而提高检察机关在知识产权全链条保护的社会影响力。

（三）拓展知识产权刑事案件监督

要强化“保护知识产权就是保护创新理念”，发挥检察机关在知识产权刑事领域监督保护作用。一是研究新型案件。知识产权刑事案件近年来复杂多变，出现了许多紧贴科技前沿的涉嫌犯罪行为，而且基于知识产权创新性强的特点，法律的滞后性越发凸显。对于知识产权新型刑事案件，要大胆探索，提前介入能动履职，通过检察监督加强涉案企业检察保护，确保案件办理公平公正。二是吸纳专业人才。拓宽专业人才流通渠道，招录一批具有知识产权专业背景、拥有丰富办案经验的专业人员进入检察机关，如具有知识产权审判经验的法官或知识产权专业机构鉴定人、专利代理人等，为知识产权办案部门提供解决专业难题的有生力量。三是建立专家辅助人团队。要坚持“智慧借助理念”，充分利用高等学校、知识产权机构专业人才的力量，引入专家辅助人制度，帮助检察机关在知识产权检察监督中解决相应的专业性难题，并明确专家辅助人的工作职责和模式。

（四）推进知识产权公益诉讼

要充分发挥检察机关的公益诉讼职能，依托公益诉讼法定领域，积极稳妥拓展知识产权公益保护。一方面，加强知识产权民事检察公益诉讼。在办案过程当中，重点加强涉及消费者权益、食品药品安全、环境保护等领域的知识产权公益诉讼，聚焦权利滥用的垄断活动。另外，在地理标志等涉及公共利益的知识产权领域展开公益诉讼。另一方面，推动知识产权行政检察公益诉讼。对于行政部门违法行使职权或不积极履行职责导致知识产权公益受损的及时发出检察建议进行督促，在督促之后行政部门仍然没有采取有效措施的，检察机关可直接提起行政公益诉讼，从而形成对公权力的有效制约，堵塞行政管理漏洞，促进知识产权行政保护。

（五）完善知识产权检察监督配套工作体系

要制定相应的配套工作，确保知识产权检察职能集中履行，案件集中管辖。一是拓宽案件线索来源渠道。通过积极展开调研走访，主动从百姓生活中捕捉有关知识产权的案件线索。同时，通过大数据技术搭建的线索管理平台来增强线上线索发现与对接水平，也可经由新媒体等方式获得案件线索，如通过微信平台小程序，同网络监管、市场监督管理等部门构建信息共享、问题共商、难题共解的良性协调配合以及干部派驻交流工作，多方搜集线索，完善知识产权检察监督机制。二是建立信息共享平台。应积极推动建立知识产权执法、司法信息共享平台，实现涉及知识产权案件相关部门之间的信息跨部门共享与流转，建立衔接流畅、反馈及时的制度体系，明确案件审查和法律适用的统一标准，实现知识产权检察保护的综合协调工作，使检察机关在办好刑事案件的同时，也能处理好民事、行政、公益诉讼类型案件的监督保护工作。三是健全案件移送途径。进一步完善行政执法与刑事司法之间的衔接工作，充分利用“两法衔接”平台，实现检察机关与行政机关之间的信息共享，从而掌握行政执法的处理进程，对于行政机关故意不移送案件或案件信息录入有误等情况，可以及时采取检察监督措施，摆脱检察机关在知识产权行政执法案件中的被动地位，保证对“以罚代刑”“有案不移”等情况及时发现、监督与追责。四是设立自侦权运用标准。对当事人举报知识产权检察监督中承办人的案件重点关注，当事人提供违纪违法线索的，检察机关应利用其对司法人员的职务犯罪自侦权，在一个案件中同时办理知识产权监督与案件承办人员违法违纪监督审查，确保司法程序的正当性，进一步落实检察机关知识产权保护的职责。

知识产权检察综合履职路径探析

——以南通通州湾检察院知识产权检察集中统一履行实践为视角

曹卫星　杨赛南*

知识产权是建设创新型国家的重要支撑，保护知识产权就是保护创新。党的十八大以来，以习近平同志为核心的党中央高度重视知识产权工作，作出了一系列重要部署。党的二十大报告强调，要加强知识产权法治保障。最高人民检察院于2020年11月组建知识产权检察办公室，并在江苏等八个省市开展知识产权检察职能集中统一履行试点，2022年和2023年又陆续发布了《关于全面加强新时代知识产权检察工作的意见》《关于强化知识产权协同保护的意见》《人民检察院办理知识产权案件工作指引》等文件，顶层设计日臻完善，知识产权检察综合履职正在进入全新发展阶段。本文拟结合试点单位之一的江苏省南通通州湾江海联动开发示范区人民检察院（以下简称通州湾检察院）的履职实践，深入分析知识产权检察综合履职面临的现实困境，并提出优化完善的路径。

一、知识产权检察综合履职面临的主要问题

随着新一轮科技革命和产业变革，知识产权在促进社会发展方面的作用日益凸显。由于知识产权具有公益与私益交织、民刑交叉、民行交叉、行刑交叉等突出特点，迫切需要检察机关运用系统思维，统筹履行好刑事、民事、行政、公益诉讼等检察职能，以实现知识产权全方位综合性司

* 曹卫星，江苏省南通通州湾江海联动开发示范区人民检察院分党组书记、检察长；杨赛南，江苏省南通通州湾江海联动开发示范区人民检察院检察综合管理部副主任。

法保护。但实践中，知识产权检察综合履职仍然存在诸多问题，如案件类型不均衡、协作机制不完善、专业素能不够强等，影响综合履职效能的发挥。

（一）检察履职不均衡

知识产权检察综合履职，目的是消除案件办理中刑事、民事、行政方面的壁垒，促使检察权行使一体化，实施全链条监督。[①] 实践中，检察机关办理知识产权刑事案件多，办理民事、行政、公益诉讼检察案件少，“重刑轻民行公”的现象在各地都较为普遍。一方面，从内部数据来看，最高人民检察院发布的知识产权检察工作白皮书显示，2021 年至 2023 年，全国检察机关受理侵犯知识产权犯罪审查逮捕案件 18071 件，审查起诉案件 30222 件，而同期受理的民事检察、行政检察案件分别为 3465 件、524 件，2023 年受理的知识产权领域公益诉讼线索案件为 950 件。知识产权民事、行政、公益诉讼检察的办案规模与刑事检察相去甚远，互相之间也存在不均衡现象。另一方面，从与法院办案数据对比来看，每年法院审理的知识产权民事、行政案件数量庞大，而与之相对应的检察监督案件却不多。以通州湾检察院为例，近年来，辖区法院共审理了知识产权民事、行政案件 8000 余件，而检察机关仅办理了 3 件民事裁判或民事执行监督案件。

（二）协作机制不健全

从内部来看，不同内设机构分别行使知识产权“四大检察”职能的传统办案模式占据多数。由于不同内设机构独立运行、各行其是，检察官在办案中挖掘其他业务条线法律监督线索的积极性不高、主动性不够，移送的监督线索不多。即便是实行了知识产权检察集中履职，由于不同业务内容要求相差甚远，而学习培训普遍是分条线进行，也容易出现“信息孤岛”，导致知产团队对不同业务的工作开展情况、上级条线要求、工作重点难点、法律法规等掌握不及时、不充分，不利于通盘考虑并综合运用各

---

① 参见徐林付、杨玉晓：《知识产权检察综合履职模式的优化》，载《中国检察官》2023 年第 7 期。

项职能。[①]

从外部来看，跨部门信息壁垒较为突出，行刑衔接机制还不够健全。由于不同单位之间工作性质不一、立场不一，在信息共享、协作配合等方面仍存在诸多问题，跨部门、跨系统、跨区域统筹协调难度较大，难以形成整体工作合力。比如，在开展不起诉案件行刑反向衔接过程中，部分外地行政主管机关对检察机关提出的没收违法所得或予以行政处罚的意见存在消极抵触的心理。虽然“两法衔接”机制及平台建立已久，但实践中该机制未能得到完全落实，一些地方工作平台基本处于停滞状态。对此，虽然通州湾检察院探索设立了知识产权保护行刑衔接办公室，由专人负责数据对接、汇总，但由于缺乏信息化手段支撑，数据的完整性、及时性难以保证，依然存在监督真空或监督滞后。此外，信息壁垒在一定程度上还阻碍了数字化转型的进程。如通州湾检察院针对恶意诉讼专门开发了“智创戟”法律监督模型，但前期获取数据过程较为艰难，已获取到的数据在阅读权限方面也有所受限，不利于后续法律监督的有效开展。

（三）专业化办案能力不足

知识产权案件普遍专业性较强，具有多学科融合、法律关系复杂等特点，行政管理和司法审判都有集中统一办理的趋势。与法院“三审合一”改革相比，知识产权检察保护的专业化改革偏慢，集中统一履行试点起步较晚，检察人员的专业化办案能力尚不能完全满足知识产权综合履职的需求。具体表现在：

1. 人员配置不平衡

长期以来，检察机关的公诉职能一直备受重视，基层检察院为满足大量的刑事案件办理需求，多将精干力量配置给刑事检察部门，而民事、行政和公益诉讼检察不管是在部门设置还是人员配置上都普遍偏少、偏弱。“刑强民弱”的格局在知识产权检察办案中也一样存在，刑事检察人才多而民事、行政、公益诉讼检察人才少，不利于知识产权综合履职。以通州湾检察院为例，在成立之初抽调的 14 名检察官和检察官助理中，只有 1 名检察官具有民事、行政检察方面的工作经验。

① 参见俞波涛：《加强全省知识产权检察保护》，载《唯实》2022 年第 7 期。

2. 处理知识产权复杂法律问题经验不足

知识产权案件民刑交叉、行刑交叉等问题较多，如在侵犯商标权案件中，相似商标仅构成民事侵权，相同商标才构成刑事犯罪，但不同主体对相同情形可能存在不同认识，导致处理结果不一。在传统办案模式下，检察官多专注于办理本业务条线案件，多学科法律知识储备不够，处理复杂法律关系经验不足，极易导致综合履职线索特别是深层次法律监督线索发现难，有时对选择何种手段来保护知识产权把握不准，影响履职成效。

3. 知识产权专业技术知识有所欠缺

当前，知识产权刑事犯罪中，前沿性、新类型问题层出不穷，技术化、智能化、组织化等趋势明显，[①] 而检察队伍中同时兼具法学及理工科专业背景的复合型人才凤毛麟角，对知识产权检察办案也是一个巨大的挑战。比如在商业秘密案件办理中，除了需要检察人员熟知法律知识，还需要具备一些技术方面的基础知识，否则办案时有可能会过度依赖鉴定意见，难以开展实质审查，影响案件办理的公正性。

二、知识产权检察综合履职的实践和探索

基于知识产权保护需要，江苏省南通市检察机关在2009年探索由一个基层检察院集中管辖全市知识产权刑事案件，但出于与侦查工作衔接的考虑，审查逮捕工作仍由侦查机关对应的基层检察院负责。2020年底，根据最高人民检察院要求，江苏在南京、南通、盐城三个市检察院及其所辖六个基层检察院开展知识产权检察职能集中统一履行试点工作。通州湾检察院于2021年7月正式挂牌，作为南通市知识产权检察集中履职院，设置了专门机构集中办理知识产权“四大检察”案件，并在此基础上探索构建了“4+2”综合履职模式，取得良好成效。

（一）建立“4+2”同步审查机制

所谓“4+2”同步审查机制，即在办理知识产权案件时，同步审查是否存在民事侵权、行政违法、刑事追诉、公益诉讼以及企业合规、社会治

---

① 参见刘惠：《优化知识产权检察综合保护服务保障创新型国家建设》，载《中国检察官》2023年第3期。

理等情形，推动各项检察职能积极履行、深度融合。

1. 建立互研共判制度

考虑到单个检察官可能对跨条线的检察业务不熟悉、对上级要求掌握不全面，通州湾检察院建立了知识产权案件互研共判制度。对可能存在综合履职线索的案件，由承办检察官提出申请，分管院领导组织开展跨部门案件会商或检察官联席会议，通过吸纳不同部门检察官共同参与案件审查，全面挖掘监督线索。如在办理一起假冒注册商标案时，由于被告单位在刑事审判阶段恶意注销导致审判活动难以顺利开展，通过跨部门案件会商集思广益，检察官最终决定跨省监督 H 省某市行政审批局依法撤销被告单位注销登记并予以行政处罚，确保刑事责任、行政责任一体承担。同时，考虑到企业涉诉信息共享不畅，通州湾检察院还创设了企业涉案情况函告机制，在受理案件时，同步告知企业登记地行政机关涉案情况，有效堵塞恶意注销漏洞。

2. 完善权利人权益保障机制

实践中，知识产权权利人维权周期长、成本高，维权难问题突出。对此，通州湾检察院在办理刑事案件过程中，通过认罪认罚从宽制度积极促进赔偿和解。不仅全面告知知识产权权利人诉讼权利义务，许可查阅、摘抄、复制案卷材料，还对有和解意愿的当事人，搭建沟通平台，引入专家、律师等参与和解。如在办理一起假冒印花布案件时，在咨询业内专家和律师后，检察官提出“一次性赔偿 + 限期限价销售”方案，成功促成 6 名被告人在审查起诉阶段赔偿权利人 76 万元。又如，在办理一起商业秘密案件时，经过多轮协商，检察官成功促成被告人及其他涉民事纠纷的共同侵权人赔偿被害企业 111 万元。同时，与法院建立民事支持起诉协作机制，明确对知识产权案件中诉讼能力较弱的群体，或者侵权现象较为广泛和突出的典型案件予以支持起诉。

3. 推进防范惩治虚假诉讼

针对著作权、商标权维权等重点领域滥用诉权或“碰瓷式维权”，通州湾检察院联合法院、公安、司法行政机关建立联动防治虚假诉讼的机制，强调加强数据共享和协作，运用大数据防范惩治虚假诉讼。例如，聚焦纺织品花型著作权侵权纠纷，开发了“智创戟”法律监督模型，通过对裁判文书进行筛查、比对，发现多起虚假诉讼线索，在开展民事裁判监督的同时，主动将相关犯罪线索移送公安机关立案侦查。同时，鉴于知识产权虚假诉讼受害人普遍法律意识较为薄弱、缺乏诉讼经验，明确要求各有关部门为其收集证据、请求赔偿等提供便利条件。

（二）探索完善协作联动机制

1. 探索集中履职下的侦协配合新机制

在南通市院知识产权检察办公室指导下，通州湾检察院与市县两级公安机关建立立案报备、分类管理、数据共享、办案辅助等 9 项协作机制，以破解公安分散侦办、检察集中办理中面临的信息不畅、理念不一等困境。如各地公安机关应在立案后 7 日内、移送起诉 7 日前向通州湾检察院报备；检察机关可以通过开放端口及时、精准获取相关数据和案件信息；通过定期联合印发《知产侦协工作情况专刊》，通报办案情况、发现的问题以及发布典型案例；以“菜单式取证、目录式移送、流程式办案”为目标，联合研发办案辅助系统，从案件管辖、取证要求、数量认定、金额计算、文书制作等方面，提供办案操作指引。

2. 建立“1 + 8 + N”知识产权检察保护联盟

基于集中履职背景下，集中履职院与各地行政机关存在沟通不顺畅、协作不深入等问题，借助检察一体化优势，通州湾检察院与全市其他 8 家基层检察院及相关行政机关建立“1 + 8 + N”知识产权检察保护联盟。如在南通开发区成立了知识产权检察综合保护工作站，在如皋市成立了检护“雉”慧知识产权工作站。与烟草专卖局等单位建立了烟草制品打假协作机制，通过制发检察建议，推动多部门联合开展建筑工地无证售卖假烟集中治理专项行动，排查大小建筑工地 492 个，推动立案查处 6 件。

3. 设立知识产权保护行刑衔接办公室

以提升行刑衔接工作质效为导向，通州湾检察院推动设立知识产权保护行刑衔接办公室，接收汇总全市各县区市场监管、烟草、文广旅等部门的立案信息、移送刑事案件线索信息、反向移送行政处罚信息和结案信息等，同时负责检察机关之间的线索移送、信息共享。其中行政机关向当地公安机关移送刑事案件线索的同时，需要向当地检察机关及该院同步报备。该院在依法开展行刑反向衔接时，检察意见书也需同步抄送给当地检察机关，便于共同推动行政处罚落实到位。

（三）加强办案专业化建设

1. 设置专门机构

鉴于一般刑事案件的大轮案模式容易导致检察官接触知识产权案件机会少，不利于办案经验的积累，通州湾检察院专设一个部门集中履行知识产权“四大检察”职能，确保专门机构、专门人员从事专门工作。在人员配备上，除了吸纳各条线的业务人才，还通过公开招录、挂职交流等方式吸收知识产权专门人才，团队从最初的4人逐步扩大至10人，其中2人分别是全国、全省首批知识产权检察人才库成员。

2. 统一办案标准

针对集中管辖后知产案件数量增多、案件质量良莠不齐、类案问题集中显现等情况，通州湾检察院研究制定《知识产权案件介入侦查工作细则》《侵犯商标权犯罪案件证据审查指引》《知识产权行刑衔接机制》等办案规范性文件，明确各流程、各环节工作标准。

3. 借力专家智库

通州湾检察院与高校合作共建“知识产权检察保护理论与实务研究基地”，通过业务培训、个别咨询、专题研讨等方式，邀请专家学者提供智力支持。如在办理涉证明商标、服务商标等特殊商标案时，针对法律适用、数额认定等司法实践中的难点问题，邀请专家学者以及上海、南通等地执法司法部门业务骨干，开展研讨交流，统一执法司法认识。落实专业技术人员辅助办案机制，从南通市文化市场综合执法支队、市场监督管理局、知识产权保护中心等单位选聘多名特邀检察官助理参与案件审查。如在开展著作权民行衔接专项工作中，邀请检察官助理就盗版书籍查处流程、行政处罚立案和处罚标准等提供专业指导，有效提升法律监督专业性。

三、深化知识产权检察综合履职的对策建议

（一）持续完善办案机制，推动“四大检察”深度融合

建议在前期试点的基础上，在全国范围内因地制宜地推广知识产权检察职能集中统一履行。从通州湾检察院的试点情况来看，在公安机关分散

侦办、法院集中管辖的背景下，该院专设知识产权办案部门，以专门团队集中履行“四大检察”职能，具有一定的办案优势。在办案模式上，建议各地区可以根据案件量的多少，合理确定某一个或某几个院作为集中履职检察院。集中履职检察院应当加强力量配备，指定专门团队集中办理知识产权案件，有条件的可以专设办案机构，在专门办理的基础上还可以探索建立跨部门案件会商审查机制，真正实现多维度审查、全方位保护。要紧扣“四大检察”履职特点，有重点地推进综合履职。刑事检察要持续深化，通过强化实质化提前介入、制定类案证据审查指引等，提升办案质效，保持对知识产权犯罪的威慑力。民事、行政检察要突出精准，重点关注知识产权领域的执行、审判人员违法、恶意诉讼、虚假诉讼案件以及商标恶意抢注等，通过畅通线上线下投诉举报渠道、强化执法司法信息、政务信息共享等，拓宽监督线索来源。公益诉讼检察要依托法定领域积极稳妥开展，重点结合食品药品安全、未成年人保护等，加强相关商标权、著作权的公益保护。具体到个案，还要具体问题具体分析，协调推进全方位保护。如有的案件以刑事打击为主、行政处理为辅，有的案件则反之，还有的案件要以公益保护为主等。[①]

（二）健全完善协同保护机制，融入大保护工作格局

在知识产权“司法＋行政”的双重保护模式下，检察机关应全面加强与有关部门的沟通、交流和协作，积极融入并推动构建大保护工作格局。要主动加强与法院、公安、市场监管、版权、文化等部门的联系，通过建立信息共享平台，健全线索双向移送机制，完善纠纷多元化解机制，联合开展业务研讨和同堂培训等，推进协同办案。[②] 同时，检察机关还要牢固树立数据思维，既要充分发挥检察一体化制度优势，上下一体联动突破跨地域、跨部门数据壁垒，积极获取行政机关、司法机关相关数据，还要利用好本地政府大数据平台、政法协作平台、社会开源数据库等，统筹做好数据资源整合和开发利用，构建可复制可推广的大数据法律监督模型，通

① 参见徐林付、杨玉晓：《知识产权检察综合履职模式的优化》，载《中国检察官》2023 年第 7 期。

② 参见马一德、刘太宗、郭晓冬、姜昕：《知识产权保护与检察履职模式的探索与前瞻》，载《人民检察》2023 年第 5 期。

过数据关联分析、碰撞比对，全面挖掘监督线索，努力实现数据价值最大化，提升综合保护成效。

（三）大力加强专业人才队伍建设，提升综合履职水平

综合履职不平衡的更深层次原因在于办案能力不足，而知识产权案件类型多样、专业性强，对办案人员的专业素能提出了极高的要求。为适应知识产权检察综合履职的新形势、新要求，检察机关应从内外两方面着手，全面提升队伍专业化办案能力。对内，要加强人才培养储备。通过招录选拔，引入一批具备扎实知产专业知识或者丰富知产工作经验的专家人才。通过同堂培训、实战练兵、轮岗锻炼等形式，强化团队成员各领域专业知识学习，有计划地培养一批知识产权的专才和“四大检察”的通才，搭建知识产权检察业务专家、办案能手等人才梯队，激发队伍活力。对外，要进一步做好专家智库建设，用好“外脑”弥补检察人员专业知识的不足。可以积极引入技术调查官、特邀检察官助理来辅助办理疑难复杂的技术类案件。针对基层检察院专业资源有限的情况，建议由省级以上检察机关在全省或者全国范围组建专业技术人才库，再根据各地实际办案需要予以统筹调配，切实为知识产权检察保护提供有力的技术支撑。

ChatGPT 与检察工作融合发展的进路探讨*

夏　涛　虞纯纯**

《中华人民共和国国民经济和社会发展第十四个五年规划和 2035 年远景目标纲要（草案）》提出，迎接数字时代，加快建设数字经济、数字社会、数字政府，以数字化转型整体驱动生产方式、生活方式和治理方式变革。应勇检察长强调，要深入实施数字检察战略，赋能新时代法律监督，促进和维护公平正义，以检察工作现代化更好服务中国式现代化。ChatGPT 作为一项具有通用型技术潜力的软件技术正风靡全网，[①] 并引爆新一轮人工智能应用，为数字赋能检察工作开辟广阔发展前景。作为生成式人工智能技术的代表，ChatGPT 以其强大的创造性能力、智能化特征及通用型技术潜力，正开启应用型人工智能新纪元。深度融合 ChatGPT 技术和检察工作，有利于提升检察工作的质效，更好推动检察工作高质量发展。

一、ChatGPT 概述及在检察工作方面的应用场景

（一）ChatGPT 的内涵及特点

ChatGPT 的全称是 Chat Generative Pre-trained Transformer，是使用基于 GPT－3.5 架构的大型语言模型，在对大量文本数据集进行训练后，ChatG-

---

* 本文系 2023 年浙江省人民检察院专题调研重点课题“关于数字检察战略实施”的阶段性调研成果（课题编号：zjdy202372）。

** 夏涛，浙江省杭州市滨江区人民检察院党组书记、检察长；虞纯纯，浙江省杭州市滨江区人民检察院第二检察部副主任。

① 参见王冰姿：《频上热搜！ChatGPT 是啥？上线两个月活跃用户超一亿》，载《齐鲁晚报》，https：//baijiahao. baidu. com/s？ id = 1757168357433718633&wfr = spider&for = pc，最后访问日期 2024 年 2 月 8 日。

PT 可以生成类人般的作品[①]。其具有以下几方面的特征：

一是智能化程度高。ChatGPT 不需要专业的 AI 研究人员“翻译”，就可以识别文本意图，模拟人类的语言表达方式，用自然语言与人交流。通过预训练，人类反馈改进，ChatGPT 可提供出色的交互能力，在文本生成、自动问答、情感分析、信息获取、阅读理解、编写和调试计算机程序等场景中优势突出。

二是学习能力强。ChatGPT 使用近端策略优化（Proximal Policy Optimization 算法）进行强化学习，实现迭代更替。ChatGPT 具备数字内容孪生能力、数字编辑能力和数字创作能力，其根据用户的输入及扫描庞大的互联网信息更新知识库和语言模型，实现自我学习和自我进化，拓宽处理问题的边界，从而更好地理解用户意图，提供更为准确的回答。

三是应用前景广。当前，ChatGPT 已应用于教育、医疗、金融等领域。随着 ChatGPT 的应用程序接口（API）的开放，其应用领域将进一步拓宽。这意味着 ChatGPT 与其他应用之间可实现流畅通信。企业或个人开发者无需再自行研究开发类 ChatGPT，就能直接使用现有的 ChatGPT 模型做二次应用和开发。

（二）ChatGPT 技术在检察工作方面的应用场景

ChatGPT 作为革命性互联网新技术产品，可以给检察工作带来新的发展契机。在法律文书写作、辅助审查办理案件、与当事人沟通对话、加强类案分析治理等检察工作场景中的应用潜力巨大。

1. 法律文书的自动生成

检察文书是检察机关履职的重要载体，具有规范化、格式化的特点。根据制作形式的不同，可分为填充式文书和叙述式文书。前者格式相对简单，只需填写相应的事项及法条即可。后者说理性较强，需要检察人员进行事实阐述及法律适用分析。因填充式法律文书与 ChatGPT 的底层架构、模型、算法等具有较高的适配性，可代替检察人员完成生成该类文书。就叙述式检察文书而言，ChatGPT 具备逻辑推理能力，经过训练后也能辅助检察人员撰写该类文书。

---

① 参见 C. Stokel - Walker. AI bot ChatGPT writes smart essays - Should professors worry? Nature，2022 Dec 9. doi：10.1038/d41586 - 022 - 04397 - 7，最后访问日期 2024 年 2 月 8 日。

2. 辅助审查办理案件

新时代，刑事、民事、行政、公益诉讼成为检察工作新格局。四大业务涉及的法律法规浩如烟海，加之行政、公益诉讼检察等业务的工作人员大多为新人，知识结构单一，难以在短时间内查找到具体的法律条款。而精准适用法律是检察工作的重中之重。ChatGPT 是大数据、大模型、大算力的集大成者，能够实现“模糊搜索”到“精准推送”的跨越。ChatGPT 可根据检察人员意图，智能匹配主动推送法律法规及典型案例，有效节约检索时间。加之 ChatGPT 会基于既有的学习资料进行分析学习，提供较为完整的方案。其可为检察人员分析案件事实，作出应当考虑的法律认定因素，提供案件审理参考意见。

3. 与当事人沟通对话

ChatGPT 使用了注意机制（Attention Mechanism）技术，可在用户发起对话时产生自然的回应。ChatGPT 的开发公司 OpenAI 介绍，“ChatGPT 可以通过对话的方式交流，可以连续回答问题，承认自己的错误，挑战不正确的前提，以及拒绝不合理的要求”。ChatGPT 的智能对话功能在检察工作中具有较强的应用价值。如在案情简单，犯罪嫌疑人认罪认罚的刑事案件，ChatGPT 可代替检察人员讯问犯罪嫌疑人。在控告申诉案件中，ChatGPT 与当事人就案件是否符合受理条件进行对话，为其提供咨询服务。

4. 加强类案分析治理

最高人民检察院要求检察机关加强类案监督，深入推进检察大数据战略，推进办案模式从“个案为主、数量驱动”向“类案为主，数据赋能”。类案监督是检察机关提升监督质效、参与社会治理的重要履职方式。类案监督建立在个案办理规模上，可以说，数字是类案监督的基础。ChatGPT 可主动对个案进行识别检索、归纳共性问题，对监督成案可能性进行分析，为检察工作人员提供类案监督的有效线索，助力检察人员拓展检察监督范围、扩大检察监督效果，提升检察监督公信力。

二、ChatGPT 在检察领域的优势和现实意义

（一）ChatGPT 高智能办案系统的应用优势

当前，各地检察机关为提升司法供给能力、加强信息化建设，提升司

法公信等方面做了诸多努力，并取得了一定的成效。不可否认的是，检察机关在信息化建设、增强工作质效方面仍存在提升的空间。ChatGPT 技术可深度融合检察工作，推动检察工作实现飞速跃进。

1. 增强司法供给能力，提升数字检务的智能水平

长期以来，案多人少是检察机关难以克服的问题。尤其是在新的司法形势下，检察机关全面实行员额制，难以寄希望于通过增加编制人员等方法提升司法供给能力，应该将目光延伸到检察机关外部的其他领域。人工智能成为提供司法供给能力的有效切入点。当前检察机关运用的全国检察业务应用系统 2.0（以下简称 2.0 系统）在案卡建立、数据填录、文书盖章等方面需要人工作业，部分办公信息化平台与传统人力办案模式相比，并没有让检察人员明显感受便捷与高效。ChatGPT 的高智能化特征，可最大限度减少人工作用，极大提高生产力，缓解办案矛盾，满足检察机关的内在需求。

2. 促进数字建设集约发展，加强信息平台的实用性

检察业务多、专业性强、分类细。现有的数字检务平台往往是针对某一类检察业务进行，导致应用平台多，多头开发问题突出。此外，全国各地检察信息化水平发展不一。即使同一业务，各地开发的智能化办案系统亦不一致。绿色集约发展是新时代重要的发展理念和发展方式，是节约型社会的内在要求。ChatGPT 可以接入任一系统使用，这意味着其不必另起炉灶再行建设新型办案平台，通过统筹现有办案平台，有效实现节约建设发展信息化平台。对于现有使用率较高的办案系统，可接入 ChatGPT，提升系统效能，对现有使用率不高的项目，可考虑接入 ChatGPT 进一步改造，对于意义不大的项目可及时停止，减少不必要的浪费。最终，逐步实现平台的集约转型发展。

3. 集中检察办案数据统一办案标准，提升司法公信力

同案同办是公平正义原则的内在要求，也是提升司法公信力的重要抓手。长期以来，由于案情复杂性和法律理解偏差，导致检察机关在案件受理、审查结果等方面存在“同案不同判”的现象。ChatGPT 技术为同案同判理想的实现带来了曙光。ChatGPT 以强大的算力和数据为支撑，其接入检察机关 2.0 系统后，可促进司法办案数据资源横连纵合，互联互通互享。ChatGPT 可自动对比同类案例，主动审查判断同类案件证据，分析同类案件审查结果。在检察人员办案过程中，ChatGPT 一旦发现证据未达到

基本标准，或审理结果与同类案件相差甚远，可及时向办案检察官发出预警提示，标注出错之处，进而统一办案标准，实现“同案同判”。

（二）ChatGPT 高智能办案系统的现实意义

1. 高智能办案系统符合法治政府建设的需要

《法治政府建设实施纲要（2021—2025 年）》明确提出建设数字政府的任务，突出法治政府“智能高效”的基本特征。这就需要统筹推进数字政府与法治政府深度融合，以数字化赋能法治政府建设，以法治化赋值数字政府建设。将数字造就的技术优势与法治引领的制度优势结合起来，推进国家治理体系和治理能力现代化进程。当前，检察工作已经进入数字时代。ChatGPT 技术融入检察业务，可增强检察机关的数字智能化建设，实现自主完成事务性、基础性工作，解决执法司法资源有限的问题，最大限度解放司法生产力，使检察履职更加便捷、专业、高效。

2. 高智能化办案模式符合人民群众新期待新需求

“依法治国”连续两年成为两会的十大热词。这折射出人民群众对法治有了更高的期待和更高的要求。随着法治政府建设的推动，当事人不服行政决定、法院裁判事件增多，但司法程序跨度长、程序繁杂等问题依然存在。实践中，当事人主动申请检察监督占比不高，同时，检察机关在日常履职中存在线索发现难，调查难，化解难等问题。传统办案模式难以充分满足人民群众的需求。高智能化办案模式可优化履职方式，及时获取监督线索，精准研判监督焦点，提高监督效率，实现乘数效应。

3. 高智能化办案模式符合时代发展的必然趋势

党的二十大报告指出，必须坚持科技是第一生产力、创新是第一动力，要开辟发展新领域新赛道，不断塑造发展新动能新优势。国家信息中心信息化和产业发展部主任单志广在 2022 年移动互联网蓝皮书发布会上表示，未来互联网发展将从“互联网 +”转向“智慧 +”。国家“十四五”规划和 2035 年远景目标中指出，“分级分类推进新型智慧城市建设”“建设智慧城市和数字乡村”。“智慧 +”是时代发展的趋势。当今世界，信息化社会的发展日益广阔，从智慧工地到智慧行业、从智慧城市到智慧国家，从智慧国家到智慧世界，无不显示智能化、数字化是时代发展的风向标。各行各业都在转型升级，检察机关也应顺应时代发展的趋势，打造智慧化办案模式，最大限度解放生产力。

三、ChatGPT 技术在检察领域应用的潜在风险

技术的极度狂欢会转而陷入数字化"旋涡"。ChatGPT 作为颠覆性的技术变革，将以意想不到的方式变革现有工作模式，但该项技术尚在开发应用初期，在应用于检察工作时，应全面洞察 ChatGPT 给检察工作带来的冲击，尽可能避免该项技术发展成一种异己力量。

（一）检察工作特性与 ChatGPT 技术原理的冲突

1. 检察工作秘密性与 ChatGPT 数据公开性的冲突

扫描互联网信息，进行自我学习、内容输出是 ChatGPT 的工作原理之一。ChatGPT 打通"网络堵点"和"信息孤岛"，其数据向所有互联网用户开放。检察法律文书中蕴含了大量的案件审理信息及个人信息。在数据公开的情况下，这些信息存在泄露、传播、下载、复制等风险。在我国，违法行为人或公司专职通过网络收集公开的个人信息进行贩卖谋利的案件以及利用案件信息制造舆情的事件并不鲜见，这说明数据公开蕴含着巨大的风险。如何避免个人信息被非法存储和使用，避免别有用心人士利用司法信息煽动网民情绪，避免上级机关或上级领导掌握案件信息后进行不正当干预等风险，是 ChatGPT 在检察工作应用中必须慎重面对的问题。

2. 检察工作客观性与算法暗箱的冲突

客观性是检察工作的本质特征，是新时代人民群众对法治期许的内在要求，需要"客观地或不偏不倚地适用这些规范原则和作出裁决"。因算法和法律属于不同的系统，加之 ChatGPT 运用的人工智能算法是原创技术，由国外公司掌握。因技术上的不确定性和漏洞，可能被恶意攻击或利用。即使国内研发同类技术，仍无法避免司法规则与算法规则的冲突。因算法模型多由技术人员研发，检察业务人员参与度有限。技术人员囿于知识结构及对检察工作认知的偏差，在设计之初就使系统带有先天的偏见和知识盲点，丧失客观性。检察人员因限于专业知识未能深入了解 ChatGPT 系统的运行程序和原理，难以对输出结果进行说理和解释，造成司法公信力的信任危机。

3. 法律思维与技术范式的冲突

司法不是自动贩卖机，不是从一端输入案件事实，另一端就会根据预

定好的法律法规产生出司法判决。一方面，法律性思维是检察人员分析解决法律问题的思维方式、思维手段和思维工具，是检察人员必备的职业技艺和职业技能。这不仅需要法律知识，还需要具备工作经验以及基本伦理道德观为基础。另一方面，法律用语具有模糊性多义性，同一词语在不同法条中的含义可能不同。这就造成 ChatGPT 即使通过自学亦难以准确表达法律用语。同时，法律用语的内涵与外延也会随着时代变迁、社情变动而有所改变，而数据难以适应这种变化。ChatGPT 能否在高效司法的前提下，适应司法公正性的要求，应当经历实践的长期检验。

（二）检察人员履职能力退化的风险

当人工智能技术对包括生物人脑在内的众多领域呈现超越态势时，检察人员可能偏离原有的轨道，对技术产生过度依赖，导致检察人员智识的退化、行为的惰化，与人民群众产生距离隔阂。

1. 检察人员的知识储备风险

ChatGPT 办案系统的精准输出容易消弭检察人员的自主能动性。一方面，ChatGPT 对法律问题的回答是专题性质的，即问什么回答什么。长期面对法律知识碎片，检察人员难以建构起法律知识间的关联，在法律知识运用的全面性和系统性方面产生障碍。另一方面，因检察人员可即时从系统中获取所需的法律法规及典型案例。即使在法律知识储备不足的情况下，仍可运用 ChatGPT 完成文书写作、案件审理等工作。技术的精准投喂可能导致检察人员疏于学习、不愿学习，法律知识储备减少。

2. 检察人员的思维能力风险

ChatGPT 系统会降低自由裁量权，将检察决策工作信息结构化、要素化，如此，检察决策工作将逐步僵化，丧失灵活性和多样性。检察人员在与 ChatGPT 办案系统互动时，会受其暗示、建议和限制。因质疑和推翻智能系统的决策建议需要提供理由，面临审查和批评，增加案件办理的程序。为追求效率等原因，检察人员会支持 ChatGPT 办案系统的决策。同时，当技术水平、数据和自动化决策成为检察实务运行的主要手段，检察人员滑向技术依赖只在一线之间。久而久之，检察人员易形成一种“只用眼睛，不用头脑”的工作习惯。

3. 与人民群众亲疏风险

“走出去”是检察机关在新时代工作方式的创新之一。通过“走出去”开展深入调查核实工作，强化与人大代表的联络工作，向群众普及法律知识等，优化检察履职。ChatGPT的发展可能导致检察人员对高精准的数字技术过度依赖，忽视与人民群众沟通获取第一手信息，依赖高智能化办案系统解决工作中的疑惑、获取所需的信息。长此而往，检察人员与人民群众渐行渐远。

四、ChatGPT在检察领域应用的前景展望

（一）加强主动研发，构建独立网络系统

1. 加强自主研发，完善智能技术建设

在ChatGPT席卷全球的背景下，不能将智能司法建设寄希望于国外科技发展。目前，百度、京东、阿里、网易等企业均在研发大型类项目，并取得了初步成效。司法机关要加强与互联网科技公司的协作，研发司法领域ChatGPT同源技术。因法律术语具有特定的含义和适用范围，检察人员应参与智能办案系统的开发应用，提升智能系统与司法工作的适配性。同时，智能系统应可自动记录所有运算轨迹，确保智能系统的算法行为透明，可解释。

2. 完善顶层设计，构建数据管理制度

建立有效的数据管理制度是构建安全有效的数字化检察生态的前提。目前，我国出台的网络安全法、数据安全法等规定均旨在保障网络安全与数据安全。但人工智能引发的数据安全问题应如何管控，属立法真空。针对ChatGPT可能引发的数据安全问题，应加强顶层设计。一方面，加强网络风险抵御能力。检察机关建有专门的网络线路，将智能办案系统嵌入至使用专网的办案平台。对于使用公开网络的办案平台，应禁止使用智能办案系统或加强安全防护措施，避免数据泄露。另一方面，制定数据分类分级标准，落实数据安全保护规定。定期对检察数据进行安全风险评估。加强对数据收集、存储、使用、加工、传输等处理过程的保护，提升数据安全防护能力。

3. 确立辅助原则，明确智能技术定位

有学者提出，法律条文的规定不是僵化的，完全以过去的案件数据也

无法对法律条文做出非常全面的诠释。[①] 虽然 ChatGPT 技术先进，功能强大，但机器不具备人类的情感、不产生灵感顿悟，算法也无法与人的思维方式等同。不同的人因成长环境、生活经历、学识认知不同，分析问题的出发点及思维方式均会有所不同。在检察工作中，除审查判断外，还要综合考虑社会效果、政治效果，作出价值判断，这些内容难以利用算法得出。故为充分发挥智能技术在检察工作中的作用，抑制算法鲁莽性，故应将 ChatGPT 在检察工作中运用的基本原则确定为辅助性原则。辅助性原则强调 ChatGPT 在检察工作中的工具属性。这里强调的是 ChatGPT 系统只能起到辅助作用，决策判断需要检察人员审查后决定。

（二）重新定义检察人员的工作内容和职责

1. 检察人员应当树立正确的技术使用观

检察人员是 ChatGPT 的使用者，将成为新一代人工智能的重要参与主体。检察人员应认识到新一代人工智能的发展趋势，及时了解新一代人工智能技术产品，抓住新技术对工作、学习及生活的影响，勇于接受新一代人工智能技术及产品。秉持“当用则用，操纵适宜”的原则，明晰哪些检察工作可以使用 ChatGPT 提高工作效率，哪些工作完全禁止使用 ChatGPT。例如，关于非法证据的排除与认定、排除合理怀疑的证明标准等，需要运用各种法律方法进行逻辑判断等场景。技术的效率不能以牺牲个案正义来获得。

2. 检察人员要增强数字胜任力

智能时代的到来对检察人员的知识结构提出了新的要求，给检察人员带来了前所未有的挑战。检察人员应加强知识储备、提升认知能力，以谨慎的态度应对新一代人工智能技术带来的未知冲击与风险，提升趋利避害的能力。“人是目的而不是手段。”检察人员应深刻认识到技术不是取代检察人员办案，而是最大限度辅助办案。在人机交互的过程中，应在发挥人类智能的同时，充分释放人工智能的潜能。检察人员在尊重技术的同时，应积极推进技术朝着更符合发展需求的方向发展。

3. 检察人员要强化法律监督能力

我国宪法把人民检察院确定为国家的法律监督机关。新时代检察官既

① 白文静：《刑事诉讼人工智能化转型研究》，载《学术探索》2022 年第 3 期。

是犯罪的追诉者，也是无辜的保护者，要努力成为中国特色社会主义法治进步的引领者。在人机互动的高智能办案模式下，检察人力得到最大限度的释放，有更为充裕的时间延伸监督触角，助推国家治理体系和治理能力现代化，提高社会治理法治化水平。例如，在刑事检察工作方面，深入推进涉案企业合规改革等工作，营造良好的营商环境，履行好在认罪认罚从宽制度中的主导作用。在未检工作方面，督促落实家庭教育指导、强制报告、检察官担任法治副校长等举措，全力维护未成年人合法权益。在公益诉讼检察方面，积极、稳妥拓展案件范围。在民事检察方面，融通法理情，依法能动服务保障人民群众根本利益。在行政检察方面，全力化解信访，推进行政争议实质性化解，做到既解“法结”又结“心结”。

宽严相济刑事政策下的缓刑适用研究

——以检察机关精准量刑建议为视角

赵丽萍　吴成俊*

当前，随着经济社会的不断发展，我国的刑事犯罪形态也呈现结构性变化，社会治安状况明显好转，犯罪手段和方式也发生改变，重大恶性犯罪案件占比持续下降，轻罪案件不断增多。同时，随着宽严相济刑事政策的有效落实特别是认罪认罚从宽制度全面实施，缓刑作为非羁押刑罚手段，其适用具有更加广阔的空间。丰富和完善缓刑适用条件，有效加大缓刑适用，对减少社会对抗、促进社会稳定、完善社会治理具有重要作用，也是全面贯彻宽严相济刑事政策，落实以人民为中心发展思想，推进国家治理体系和治理能力现代化的必然要求。

本文结合基层检察机关办案实践，选取部分已办理案件数据为样本，分析归纳现阶段缓刑适用存在的问题，探究优化缓刑适用的具体路径，促进缓刑制度合理规范适用，进一步发挥检察机关在刑事诉讼中的作用，提升司法办案效果。

一、宽严相济刑事政策下缓刑适用的检察实践

（一）宽严相济刑事政策指导缓刑适用

缓刑的适用与刑事司法政策关系密切，一方面，刑事政策指导缓刑的司法适用；另一方面，缓刑的司法适用可以保证刑事政策的有效贯彻落

* 赵丽萍，浙江省丽水市庆元县人民检察院党组副书记、副检察长；吴成俊，浙江省丽水市庆元县人民检察院第一检察部三级检察官。

实。现阶段缓刑制度的现实运行，包含检察机关根据认罪认罚从宽制度提出适用缓刑的量刑建议，审判机关按照法定条件和程序作出宣告缓刑判决，缓刑执行机关按照社区矫正的相关要求对缓刑对象的管理，以及有权机关对缓刑执行监督和违反法定条件的撤销缓刑等活动。可见，宽严相济刑事政策的贯彻，以及认罪认罚从宽制度的有效运行，积极影响且深刻推动对缓刑的司法适用，并关系到缓刑司法适用的准确性。

（二）检察机关通过量刑建议权等推动缓刑适用

在确定缓刑司法适用的初始阶段过程中，主要涉及缓刑适用依据、缓刑适用主体的权限和缓刑司法程序。在提出量刑建议时，对刑罚裁量及执行方式即能否适用缓刑具有主体责任，检察机关可以提出明确的意见。在审查起诉环节，适用认罪认罚从宽制度的案件，检察机关也需对是否适用缓刑予以考量，提前委托属地司法行政机关社区矫正部门对犯罪嫌疑人开展审前社会调查，并在量刑建议中提出是否适用缓刑的明确建议。例如，最高人民检察院印发《人民检察院办理认罪认罚案件开展量刑建议工作的指导意见》第12条第5款规定："建议适用缓刑的，应当明确提出。"由于认罪认罚从宽制度的量刑建议权具备一定的刚性，审判机关大多予以采纳。检察机关行使法律监督职能，通过羁押必要性审查及抗诉等具体制度，对侦查、审查起诉以及审判等阶段的羁押必要性开展监督与建议，并可对是否正确适用缓刑的最终裁判结果进行抗诉纠正，从而对缓刑适用的具体结果产生影响。在宽严相济刑事政策主导下，检察机关成为缓刑制度适用的"提议者"和"践行者"。据此，检察机关根据案件具体情况，通过精准量刑建议，提出能否适用缓刑的明确建议，成为缓刑司法适用的重要推动力量。

（三）缓刑适用率逐年上升

由于宽严相济刑事政策的落实，以及认罪认罚从宽制度的推行，缓刑适用基础条件适当放宽，缓刑适用率有了大幅度的提升。缓刑适用的罪名类别也逐步扩大，尤其是对常见的交通肇事罪等过失犯罪，帮助信息网络犯罪活动罪、危险驾驶罪等轻罪，以及未成年人犯罪案件等，缓刑适用更为普遍。以某基层检察院为例，经对生效判决案件数据统计分析，2020年审结起诉并判决案件的缓刑适用率为35.8%，2021年审结起诉并判决案件的缓刑适用率上升到了42.8%，2022年审结起诉并判决案件的缓刑适用率上升到了44.3%，缓刑的适用率有了明显上升；同时，户籍归属地因素对能否适用缓刑的影响显著降低，2020年非户籍地被告人获判缓刑的比例为21.9%，2021年非户籍地被告人获判缓刑的比例上升到了42%，2022年非户籍地被告人获判缓刑的比例上升到了51%，户籍地因素对缓刑适用的影响几乎消除，有效改变了以往适用缓刑的被告人绝大多数户籍在本地，非本地户籍的较难获得缓刑这一法律适用不公平现象。

二、当前缓刑适用存在的问题

《中共中央关于加强新时代检察机关法律监督工作的意见》（以下简称《意见》）明确提出，要“根据犯罪情况和治安形势变化，准确把握宽严相济刑事政策，落实认罪认罚从宽制度，严格依法适用逮捕羁押措施，促进社会和谐稳定。”《意见》进一步重申宽严相济刑事政策，慎用逮捕强制措施，给缓刑适用提供了政策指导。认罪认罚从宽制度改革和社区矫正法的全面实施等因素也对缓刑制度广泛适用带来了积极变化。特别是检察机关通过认罪认罚从宽制度介入缓刑量刑建议和适用过程，增加了控方的求刑权，使缓刑适用制度形成了司法上的制衡。与此同时，在缓刑适用具体司法实践中还存在一些问题。一方面，在缓刑适用的实体标准方面，存在适用条件不统一、主观性强，非户籍地被告人适用存在更高难度；另一方面，在缓刑适用的具体程序方面，存在司法机关配合不足、衔接不畅，以及逮捕强制措施后排斥适用缓刑等不利因素。此外，在缓刑适用的具体内容上，也存在限制及激励手段较为机械，内容单一和灵活性不足，以及禁止令等配套刑罚措施缺位的问题。

（一）缓刑适用考量因素较为主观

根据刑法条文表述，犯罪情节较轻及有悔罪表现，可由案件承办人参照案件具体情况予以判断，无再犯罪危险以及对所居住社区无重大不良影响是对被告人具体的考量因素，该标准可由办案人依照案件性质及相关情节，结合社区矫正机关审前社会调查结论确定。实践中，检察机关在开展量刑前，对能否确定适用缓刑有一个动态考量的过程，判定认罪悔罪及再犯罪危险，即使对于承办案件的检察工作人员和负责执行缓刑的社区矫正工作人员，也是一项较为主观的判断，缺乏对应的参照依据。因缺乏相对客观的标准，由此可能出现相同案件情况，对能否适用缓刑而言，不同的人会作出不同的判断，造成一定程度的司法不公。此外，部分法院在审判实践中，变相将罚金缴纳完毕作为缓刑适用的前置条件，给经济基础相对薄弱的被告人造成困扰。缴纳罚金作为经济惩罚，对被告人经济上造成负担，某些类型案件甚至是巨大负担，若因此不能适用缓刑，有失公平。还有部分法院将退赔违法所得及赔偿被害人损失作为适用缓刑的前提，就可能出现同一案件中有经济偿付能力的被告人处罚较轻并适用缓刑，而家庭比较困难的被告人则被处以实刑，造成法律适用不公，甚至会出现部分经济条件较差的侵财类犯罪的被告人因为暂时无法退赔损失及缴纳罚金，导致该类犯罪缓刑适用率极低的情形。

（二）属地社区矫正机构不配合

由于判处缓刑后需要进行社区矫正，具体执行需要属地司法行政社区矫正管理部门的监管，外省籍被告人若想要获得缓刑，需要更高的基础条件，且需属地司法行政社区矫正管理部门配合。且因尚未建立全国性的统一执法信息交流平台，审前社会调查依赖于办案人与当地司法行政机关社区矫正部门的工作自觉性，有时候会出现不配合的情况。例如，某起刑事案件中曾出现检察机关向某外省属地司法行政机关社区矫正部门发送审前社会调查委托函，当地的司法行政机关社区矫正部门以检察机关不属于社区矫正法规定的审前社会调查主体为由，拒绝向检察机关出具审前社会调查报告。另外，检察机关在作缓刑适用量刑建议时，由于全国各地司法行政机关社区矫正部门工作水平存在差异，部分审前社会调查报告内容简单，仅有一个结论性的认定，对审前社会调查结论的真实性与可靠性无法完整判断，在一定程度上影响缓刑有效适用。

（三）强制措施的羁押影响缓刑适用

审前是否羁押直接影响缓刑的适用，被告人起诉前是否被采取取保候审或逮捕强制措施直接对最后能否适用缓刑产生重要影响。同时，由于不捕率、诉前羁押率等的考核要求，该类指标不断降低，更多的被告人获取了适用缓刑的有利条件。以某基层检察院为例，由于将捕后轻缓刑的比例作为一项业务数据来考核，被采取过逮捕强制措施的被告人，若再适用缓刑的，会影响到该项考核指标的数值，也影响到逮捕质量的考核。对那些被采取逮捕强制措施的被告人而言，即使在后期退赔违法所得、积极缴纳罚金，因为司法机关内部考核指标的影响，其获得缓刑的难度也相对更高。反之，一直处于取保候审状态的被告人则更多可能获得缓刑的量刑建议。实践中，应尽可能地减少强制措施羁押与否的影响，换言之，取保候审不等于缓刑，逮捕不等于实刑，还需考虑案件事实、证据、认罪认罚、赔偿谅解等情况，动态灵活考量缓刑适用与否。

（四）缓刑考验期不能动态调整

一方面，缓刑考验期限确定后无法折减，前期长期羁押的时间无法折抵缓刑考验期，有失公平适用。例如，在共同犯罪案件中的两名被告人，考虑情节、作用等相似，均被判处有期徒刑 3 年，缓刑 4 年，但其中一个曾经长期羁押 1 年有余，另一个则在侦查阶段就取保候审，最后均被判处缓刑。对该两人而言，之前的羁押期限并不会在量刑时予以考量，实际的缓刑执行期限长度是一样的，对长期羁押的人来说，由于之前的羁押期限无法折抵缓刑考验期，只在撤销缓刑执行原判刑罚时才能实行，经过缓刑考验期后，对曾经长期羁押的被告人而言，其所受刑罚科处显然更重，存在一定程度上的适用不公平，这样的案例在各地司法实践中均有存在。另一方面，在社区矫正执行过程中，没有对应的减轻缓刑考验期的激励手段。按照现行的缓刑考验制度，仅在重大立功情形下可以减刑的同时减考验期，即使缓刑对象日常表现优秀，其缓刑考验期并不能折减，有些被判处 4 年甚至是 5 年缓刑考验期的对象，由于没有减少缓刑考验期的机会，导致执行过程中无有效激励手段，在后期配合社区矫正积极性减弱，影响社区矫正执行效果。

（五）缓刑适用的实体内容和配套措施缺乏灵活性

缓刑的刑罚惩罚功能主要体现在对被宣告缓刑人员的自由限制与行为强制上。[①] 现行刑法将缓刑规定为“原判刑罚附条件不执行的一种刑罚制度”，即缓刑不是刑罚的执行，但是，在缓刑的适用与执行中，仍可通过附加一定的自由限制与行为强制，体现出其刑罚惩罚与预防功能。通过附

① 翟中东:《缓刑刑种化问题的思考》，载《天津法学》2021 年第 3 期。

加要求缓刑对象禁止实施特定行为、进入特定场所、接触特定的人，以及从业禁止等进行限制，此外，离开居住的县市需要经过审批，还可以责令社区劳动。一方面，禁止令等作为配套措施较少适用。2011 年，最高人民法院、最高人民检察院、公安部、司法部就出台过关于缓刑等犯罪分子适用禁止令的司法解释[①]，包括一些危害食品药品及经济类犯罪，相应的司法解释也都规定了从业禁止等，责令社区劳动作为有效的惩罚手段，亦需要在判决中加以科处，但是在实际判决中适用较少，具体惩罚效果和预防功能未发挥。另一方面，对居住区域的离开限制又显得十分严格，限制了职业需求及个人发展。例如，对特殊身份的诸如货运从业人员、市场推广业务员等类型或是在异地具有居住需求的缓刑对象，想要离开居住的县区，就需要经过严格审批，困难重重，对个人生计造成影响，还有探亲及就医等现实需求也受到限制。

三、宽严相济刑事政策下缓刑适用的优化路径

（一）细化缓刑适用标准

公检法机关作为侦查、起诉、审判的三个环节，在缓刑司法适用上需要有相对统一的考量标准，将无再犯罪危险及对居住社区无重大不良影响的考察标准细化为有固定居所、有相对固定收入、有稳定社会关系等考量因素。统一审前社会调查的内容要素，制作标准化的调查表格，将调查情况具体化，并加以量化以保证再犯预测的准确性。对被告人的家庭情况、社会关系、经济状况、身体情况、就业状况等进行调查评估，由属地社区矫正机构出具专门性的评估意见，供检察机关及审判机关等综合考虑。

（二）完善缓刑适用的具体操作程序

检察机关作为缓刑司法适用的重要主体，现阶段仅有《关于适用认罪认罚从宽制度的指导意见》作了概括性规定，法律层级不高，现行社区矫正法中并未将检察机关作为相应主体，亟须出台专门的司法解释，对缓刑适用中各司法机关主体的职责、权限以及适用程序作出明确规定，强化各

① 参见《关于对判处管制、宣告缓刑的犯罪分子适用禁止令有关问题的规定（试行）》。

司法机关的配合与协同。贯彻落实宽严相济刑事政策及有效实施认罪认罚从宽制度的双重背景下，可赋予检察机关在缓刑适用中的主导权，在侦查阶段前置考量缓刑适用标准，在审查逮捕时便可做好违法所得追缴、及时启动与属地司法行政机关沟通等基础工作。检察机关还可通过羁押必要性审查制度的有效适用，进一步加强对侦查环节和审判环节的覆盖，实现强制措施的精准适用。同时，在司法机关内部更新司法办案理念，完善配套制度，应明确审判机关不得将缴纳罚金作为缓刑适用的前置条件，给经济基础较弱的被告人相应的适用空间；检察机关内部也不应将逮捕强制措施后再适用缓刑作为逮捕质量不高的否定性指标进行考核。

（三）依托信息化技术手段开展审前社会调查

借助信息技术的高效发展，利用信息交互电子化，在全国层面构建一体化的政法系统执法信息交互平台，使检察机关、审判机关能与司法行政机关社区矫正主管部门信息互通。将审前社会调查的委托以及调查评估后的结果反馈，通过该交互平台进行，全程留痕且规范送达。同时，对社区矫正机构后期对宣告缓刑对象的具体执行情况，公、检、法等司法机关也可以通过该平台实现实时掌握，形成案件办理全流程的一体化信息交互平台，提升缓刑适用标准考量判断效率，有效规范缓刑司法适用。此类执法司法信息一体化交互平台在笔者所在的省份已经成熟运行，信息交互的便捷与高效为司法办案带来了效的提升与质的飞跃，在全国层面构建在技术上应无障碍，更有赖于各司法职能部门的配合协作推进。

（四）丰富缓刑适用内容

在宣告缓刑判决时，考虑前期羁押期限，对羁押期限较长的被告人在量刑时适当确定更低的考验期限，同时适时探索羁押期限适度折抵缓刑考验期制度等。在缓刑考验期的具体执行过程中，由社区矫正部门根据缓刑对象的具体表现，实施缓刑考验期的减期制度，可参照有期徒刑减刑制度的运作模式，由属地社区矫正部门上报减期材料，具体可由区县一级的法院刑事审判部门予以裁定，有效激励缓刑对象，提升执行效果。同时，进一步优化和丰富缓刑适用内容。扩大特殊行业类犯罪被判处缓刑对象的从业禁止适用，并对进入特定场所、会见特定人等出台相关司法解释予以细化；完善责令社区劳动的具体时限和内容，由社区矫正部门与属地政府管理部门加强合作，在交通引导、公共清洁、志愿服务等领域责令缓刑对象完成相应的劳动时限，并作为考察表现的重要方面。

（五）规范社区矫正执行

适当放宽社区矫正离开居住地审批，可由司法部统一出台简化和放宽版的缓刑人员外出批准登记制度，对务工、出差、旅游等外出申请原则上都应当批准，并且可以网络申请、远程申请，也没有期限限制，只需符合缓刑考察要求即可。另外，检察机关作为缓刑执行活动的监督机关，应持续跟踪缓刑对象社区矫正执行情况，对情节严重的撤销缓刑情形予以实时关注，并提供检察意见。检察机关作用与职能的发挥较大程度上影响着缓刑制度适用的准确性与缓刑执行的规范性，尤其是在贯彻落实宽严相济刑事政策及有效实施认罪认罚从宽制度的双重背景下，缓刑适用对象及范围逐步扩大，检察机关在前端精准量刑与后端执行监督双重作用持续发挥，实现缓刑制度适用与监督闭环连接。一方面，让检察机关在办理具体案件时熟悉了解缓刑对象社区矫正执行时应遵守的规章制度及具体执行程序，合理发挥缓刑制度应具有的教化和改造功能；另一方面，强化对缓刑对象社区矫正执行环节的规范监督，对失管失控情形以及撤销缓刑予以收监情形等覆盖监督，确保缓刑适用合理高效。

缓刑作为非监禁刑，以其特有的教化、改造和预防功能，在整个刑罚体系中发挥重要作用。在宽严相济刑事政策视野下，认罪认罚从宽制度不断完善，缓刑制度作为有效贯彻上述刑事政策的司法结果，必然获得更广泛适用。而检察机关因为具有量刑建议权，借助对缓刑适用与否的精准量刑，提前“启动”缓刑适用司法活动，同时又作为法律监督机关对缓刑执行开展监督，通过推动缓刑制度立法解释、司法适用和执行监督等方面系列改革和完善措施，对充分发挥缓刑制度的合理价值，促进缓刑制度的司法适用不仅具有可行性，更显得尤为迫切，以期更有效发挥检察机关在刑事诉讼中的主导作用，提升社会治理水平。

受贿案件中自洗钱犯罪“特别自首”的司法适用[*]

刘松茂　王　腾[**]

一、问题的提出

2021 年 3 月 1 日生效的《刑法修正案（十一）》，删除了洗钱罪中“明知”“协助”等属于从第三人角度表述的文字内容，自此，洗钱罪的犯罪主体不再限于他人，上游犯罪的本犯也可以成为洗钱罪的犯罪主体，“自洗钱”犯罪正式入罪。随着司法实践的深入，诸多争议问题随之而来。其中，最具争议的就是在受贿案件中，“自洗钱”被告人在因上游犯罪被动到案后如实供述洗钱行为的能否成立“特别自首”，也就是受贿案件中“自洗钱”犯罪是否存在“特别自首”的空间和可能，不同的司法机关态度并不一致。对此，有学者指出，因自洗钱行为与上游犯罪之间属于“在事实上有密切关联”，因此，上游犯罪本犯被动到案后对司法机关尚未掌握的自洗钱行为的如实供述，不应构成准自首。[①]自洗钱能否适用特别自首的规定，既关涉着自洗钱行为是否具有内在的独立性，也关涉着特别自首适用条件的范围廓清，在自洗钱逐步入罪的当下，无疑具有重要意义。

---

* 本文系 2022 年度国家社会科学基金青年项目“刑法中财产损失的真实性评价体系研究”（项目编号：22CFX072）的阶段性成果之一。

** 刘松茂，江苏省南京市玄武区人民检察院第六检察部副主任；王腾，南京航空航天大学人文与社会科学院助理教授、硕士生导师。

① 参见陈伟：《自洗钱犯罪能否成立“准自首”的规范判断》，载《人民法院报》2023 年 5 月 18 日。

二、“特别自首”的成立要件

刑法第 67 条第 2 款规定“被采取强制措施的犯罪嫌疑人、被告人和正在服刑的罪犯，如实供述司法机关还未掌握的本人其他罪行的，以自首论”。“以自首论”又称“特别自首”“准自首”“余罪自首”，从上述规定可以看出，要想成立“特别自首”必须同时具备两个条件：一是被采取强制措施的犯罪嫌疑人、被告人和正在服刑的罪犯；二是如实供述司法机关还未掌握的本人其他罪行。1998 年最高人民法院司法解释将“司法机关还未掌握的本人其他罪行”限缩解释为“与司法机关已掌握的或者判决确定的罪行属不同种罪行”[①]。为了规范实践中对自首的运用，贯彻落实好宽严相济的刑事政策，2010 年最高人民法院司法解释专门就“不同种罪行”再次进行了解释，将“其他罪行”进一步限缩为“非选择性罪名或者在法律、事实上密切关联的罪行”的“不同种罪名”。[②]

（一）被采取强制措施的犯罪嫌疑人、被告人和正在服刑的罪犯

构成“特别自首”的主体必须是被采取强制措施的犯罪嫌疑人、被告人，或者正在服刑的罪犯。刑事诉讼法中的强制措施包括拘传、拘留、取保候审、监视居住和逮捕。除此之外，2018 年监察法出台后，强制措施还应当包括监察机关采取的留置措施。[③] 监察法中规定了 12 项调查措施[④]，只有留置措施对人身自由的限制是稳定的、持续的，符合强制措施是对人的一种强制控制的本质。[⑤] 其余 11 项调查措施，要么是对物的强制，要么没有达到对人的稳定的、持续的强制，因此均无法被认定为“被采取强制

---

① 参见 1998 年最高人民法院《关于处理自首和立功具体应用法律若干问题的解释》第 2 条。

② 参见 2010 年 12 月 22 日最高人民法院《关于处理自首和立功若干具体问题的意见》第三部分。

③ 参见张明楷：《刑法学》（上册），法律出版社 2021 年版，第 736 页。

④ 2018 年《中华人民共和国监察法》规定监察机关的调查措施包括谈话、讯问、询问、查询、冻结、调取、查封、扣押、搜查、勘验检查、鉴定、留置等 12 项。

⑤ 参见蔡荣：《〈监察法〉与自首制度的规范错位及衔接协调》，载《公安学刊（浙江警察学院学报）》2021 年第 1 期。

措施”。正在服刑的罪犯的范围争议主要在于，其是否应受到“被采取强制措施的”限定。一种观点认为根据法条的表述来说，“正在服刑的罪犯”应当受到“被采取强制措施的”限制，因此主要是指正在执行死刑缓期执行、无期徒刑、有期徒刑和拘役等刑罚的罪犯。[①] 另一种观点则认为“正在服刑的罪犯”不应当受到“被采取强制措施的”限制，因此也包括以及正在执行管制刑、正在执行剥夺政治权利等附加刑，正处于假释考验期、缓刑考验期、监外执行期的罪犯。[②] 第二种观点存在明显不合理之处，例如在被剥夺政治权利期间，其人身自由并未受到任何限制，如果不需具备自动投案，仅仅因如实供述便能够被认定为自首，显然并不妥当，既不会被社会一般观念所接受，对于其他因没有主动投案而不构成自首的犯罪人来说也会产生事实的不公平。

（二）如实供述司法机关还未掌握的本人其他罪行，该罪行属于不同罪名，且非选择性罪名或者在法律、事实上密切关联

该规定又可以分为行为人如实供述本人其他罪行和司法机关尚未掌握两个方面。“司法机关尚未掌握”的内涵在相关司法解释中有着比较详细的规定。[③] 对此，基本不存在争议。需要深入研究的是“本人其他罪行”。首先，该罪行应与司法机关掌握的罪行属于不同罪名。《关于执行〈中华人民共和国刑法〉确定罪名的规定》（已被修改）以及后续的补充规定，详细确定了不同犯罪行为的罪名，这里比较容易区分。其次，也不能属于选择性罪名。选择性罪名也较为容易理解，如走私贩卖运输制造毒品罪，如果司法机关掌握了走私毒品的事实，又主动供述了制造运输毒品的事实，就属于选择性罪名。最后，司法解释制定者为了法律工作者便于理解“在法律、事实上密切关联”，司法解释进行了举例说明，“如因受贿被采取强制措施后，又交代因受贿为他人谋取利益行为，构成滥用职权罪的，应认定为同种罪行”。该例证表明，即使犯罪人如实供述的罪行与司法机关已经掌握的罪行属于刑法规范中的不同罪名，但如果如实供述的罪行在

---

① 参见韩忠谟：《刑法原理》，中国政法大学出版社 2022 年版，第 301 页。

② 参见苏惠渔主编：《犯罪与刑法理论专题研究》，法律出版社 2000 年版，第 414 页。

③ 参见 2010 年 12 月 22 日最高人民法院《关于处理自首和立功若干具体问题的意见》第 3 条。

法律或者事实上与司法机关已掌握的罪行事实具有密切的联系，也不能被认定为自首。然而，“在法律上、事实上密切联系”仍然缺乏具体性和可操作性，理论界与实务界未达成一致意见。笔者认为，设置特别自首主要是为了“被采取强制措施的犯罪嫌疑人、被告人和正在服刑的罪犯”能够及时如实地交代自己的犯罪事实，以利于尽快破案，达到节约司法资源的目的，从该制度的设立目的来看，对于“在法律、事实上密切关联”的认定从严掌握更为适宜。法律上密切关联应当从犯罪的构成要件来甄别，看犯罪行为的构成要件是否存在包容、相似、交叉关系。事实上密切关联可以结合司法实践和日常经验，查看两种犯罪之间是否存在犯罪的时间、地点、方法（手段）、结果等密切联系，也只有两种犯罪的时间、地点、方法（手段）、结果等在通常情况下存在联系，在大概率是“有此便有彼，有彼便有此”的才可以称为具有密切关联。例如，盗窃赃物后进行销赃，其盗窃行为与销赃行为就属于法律、事实上密切关联，因为一般看来，盗窃后进行销赃是必然发生的行为。

三、受贿案件中自洗钱犯罪具备“特别自首”成立的要件

最高人民法院的司法解释，通过扩大“同种罪行”的范围，对“特别自首”作出了多次限缩，导致部分主动交代不同种罪行的犯罪嫌疑人、被告人和正在服刑的罪犯，不能成立自首。虽然这种在没有实质理由的情况下限缩解释有利于被告人的刑法规定的做法很难被认可，[①] 但即使是在这样苛刻的前置条件下，受贿案件中自洗钱犯罪仍有成立“特别自首”的可能与空间。

（一）被监察机关留置的被调查人属于被采取强制措施的犯罪嫌疑人

关于监察机关留置措施的法律属性，在理论界有较大的分歧，有“行刑双性说”“逮捕说”“独立性说”“政治权说”等分歧意见[②]。虽然从形式上看，监察机关被认定为政治机关，不属于司法机关的范畴；被调查人

① 参见张明楷：《刑法学》（上册），法律出版社 2021 年版，第 738 页。

② 参见丰叶：《留置措施与刑事强制措施衔接问题研究》，载《黑龙江社会科学》2020 年第 3 期。

在被检察机关采取强制措施之前也不能被称为犯罪嫌疑人或者被告人。但从实质上，监察机关采用的监察调查模式在实践形态上与刑事侦查具有相似性，其留置强制措施与拘留、逮捕这类剥夺人身自由的强制性具有相同的特征，监察法第44条中“对被调查人采取留置措施后，应当在二十四小时以内，通知被留置人员所在单位和家属”“留置一日折抵管制二日，折抵拘役、有期徒刑一日”也印证了这一点。将被监察机关采取留置措施的被调查人纳入“被采取强制措施的犯罪嫌疑人”符合立法原意。

（二）自洗钱犯罪系独立的犯罪

关于上游犯罪的行为人自洗钱能否进行独立定罪，在理论界争议已久。有学者认定自洗钱行为是一种缺乏期待可能性的有责阻却事由，不能够成立犯罪。[①] 有学者认为“派生洗钱罪之原生犯罪之行为人处理自己犯罪所得及其产生的收益的行为，为其先行犯罪行为所吸收，是一种不可罚的事后行为”。[②] 另有学者认为自洗钱行为无须独立成罪的原因在于上游犯罪的刑罚已经包含了自洗钱行为的刑罚，如果再对自洗钱以犯罪论处，则违反了“禁止双重评价”原则。[③] 2021年3月1日，《刑法修正案（十一)》正式生效，自洗钱行为从立法上正式脱离上游犯罪行为的“束缚”，单独成为一个独立的犯罪行为。虽然还存在一定的争议，但从教义学分析，其并无独立成罪的障碍。一是期待可能性在表面上由刑事立法所确认，深层次原因则在社会文化规范作为基础，赋予了上游犯罪本犯缺乏期待可能性的规范责任基础。[④] 社会在发展的过程中，对某一具体行为的期待可能性也会发生相反的变化，“自洗钱”犯罪的出现正是体现了这一转变。司法实践中，2022年全国检察机关受理各级监委移送职务犯罪20754人，起诉16693人，其中起诉受贿犯罪9083人、行贿犯罪2689人。[⑤] 对上

---

① 参见贾学胜：《事后不可罚行为研究》，载《现代法学》2011年第5期。

② 陈明华：《洗钱罪的认定及处罚》，载《法律科学》1997年第6期。

③ 参见姚兵：《我国自洗钱行为不独立成罪的原因分析》，载《河北法学》2012年第6期。

④ 参见陈山：《期待可能性视域中“自洗钱”入刑的教义学建构》，载《国家检察官学院学报》2023年第5期。

⑤ 参见《最高人民检察院工作报告》（2022年3月7日）。

游犯罪为贪污贿赂犯罪的洗钱罪提起公诉520件550人，同比均上升1.1倍。[①] 在2022年起诉的上游为贪污贿赂犯罪与贪污贿赂后洗钱犯罪之比大约是30:1，起诉的洗钱犯罪中还包括了“他洗钱”，可以判断上游为贪污贿赂犯罪与贪污贿赂后自洗钱犯罪之间的比例会更小。从这方面看，自洗钱行为并不普遍存在于贪污贿赂犯罪，而且只是占很小的比例，更多的贪污贿赂犯罪人并没有进行自洗钱行为，学者认为的“期待可能性”是否真正存在不无疑问。二是事后不可罚的行为要求前后两个行为侵害同一法益，后一行为不能扩大法益的侵害，扩大了法益损害的行为，不能被认定为事后不可罚的行为。[②] 当前洗钱犯罪已经从上游犯罪“母体”中“成人化”，早已不再仅仅是上游犯罪的附属品，其可以威胁到政治、经济、社会等多个领域，被国际社会公认为“冷战”后典型的“非传统安全之一”。[③] 洗钱犯罪所侵害的法益呈现出的新型特征并不能被上游犯罪所覆盖和评价，而且与上游犯罪的评价内容存在不同的地方。[④] 自洗钱犯罪已经脱离上游犯罪，具有独立的法益侵害内容。“禁止双重评价原则”适用的基础条件是“同一犯罪构成事实”。[⑤] 自洗钱行为是在上游犯罪之后，通过对犯罪所得及其收益进行掩饰、隐瞒，从而从根本上“断绝”与上游犯罪的联系。从这个方面说自洗钱行为已经不再是上游犯罪的自然延伸，而是为洗钱犯罪构成要件所独立涵摄的新的犯罪事实，与“禁止双重评价原则”中“同一犯罪构成事实”的适用前提，存在本质上的不同。

（三）自洗钱犯罪与受贿罪属于不同的罪名，且非选择性罪名或者在法律、事实上密切关联

第一，受贿罪与自洗钱犯罪属于不同的罪名。“自洗钱”是刑法理论和实务界为区别于“他洗钱”的一个概念，“自洗钱”和“他洗钱”都统

---

① 《2022年检察机关起诉上游犯罪为贪污贿赂犯罪的洗钱罪520件550人》，载https://www.spp.gov.cn//zdgz/202302/t20230213_601129.shtml，最后访问日期2023年8月30日。

② 参见贾学胜：《事后不可罚行为研究》，载《现代法学》2011年第5期。

③ 参见王新：《自洗钱入罪后的司法适用问题》，载《政治与法律》2021年第11期。

④ 参见王新：《〈刑法修正案（十一）〉对洗钱罪的立法发展和辐射影响》，载《中国刑事法杂志》2021年第2期。

⑤ 参见王新：《自洗钱入罪后的司法适用问题》，载《政治与法律》2021年第11期。

一于刑法第191条规定的“洗钱罪”这一罪名，与职务犯罪中的受贿罪属于不同的罪名。

第二，自洗钱犯罪与受贿罪之间并非系选择性罪名。刑法第191条洗钱罪在刑法第三章破坏社会主义市场秩序罪中第四节破坏金融管理秩序罪中，第191条有且仅有洗钱罪一个罪名。刑法第385条受贿罪在刑法第八章贪污贿赂罪中，第385条有且仅有受贿罪一个罪名。两者并非系选择性罪名。

第三，自洗钱犯罪与受贿罪不存在法律上、事实上的密切关联。施某某受贿、洗钱案和唐某受贿、洗钱案出现截然不同的判决，主要就是因为对待自洗钱犯罪与受贿罪是否存在事实上的密切关联有着两种截然不同的态度。一是法律竞合包括法条竞合和想象竞合，无论是法条竞合还是想象竞合均系一个行为，在自洗钱犯罪与受贿罪系两个犯罪行为时，两者不存在法条竞合或者想象竞合的可能。二是自洗钱犯罪与受贿罪位于刑法不同的章节，其触犯的法益存在根本上的不同，不存在兜底性犯罪和具体犯罪之间的联系。三是结合司法实践和日常经验来看，一方面，受贿犯罪后并不必然会有洗钱行为，犯罪分子可以通过多种方式继续占有、使用、处分其受贿财物，而洗钱行为已经超出了上游犯罪占有、使用、处分犯罪所得及其收益的必要手段，采用的方式也不属于与受贿所得财物属性紧密联系的财产转化方式。本犯的自洗钱行为已经完全不同于上游犯罪的行为特征，也远远超过了传统赃物罪的特征。[①]另一方面，在司法实践中，洗钱行为并没有作为受贿犯罪自然发展过程中的一个要素。在查办受贿犯罪中，如果受贿人供述了主要犯罪事实，即行贿人和受贿金额，便可以被认定为自首或者坦白，并没有将受贿后对受贿财物的处理作为受贿犯罪的主要犯罪事实，从这个方面也可以看出受贿后的洗钱行为与受贿犯罪的联系并不紧密。

（四）自洗钱犯罪成立“特别自首”符合自首的立法目的

自首制度适用于一切犯罪（包括故意犯罪和过失犯罪、自然人嫌疑犯罪与单位犯罪），旨在通过鼓励犯罪嫌疑人自动投案，一方面促使犯罪嫌

---

① 参见王新：《自洗钱入罪后的司法适用问题》，载《政治与法律》2021年第11期。

疑人悔过自新，不再继续作案；另一方面使案件及时侦破和审判。[①]洗钱犯罪的复杂程度往往需要侦查机关花费大量精力进行取证，最终取证效果总是不尽如人意，这也是以往侦查机关长期重上游犯罪、轻下游犯罪的原因之一。如果犯罪嫌疑人能够主动供述，配合侦查机关查明事实，在很大程度上能够降低取证成本、提升侦查效率，也可以促使犯罪嫌疑人在如实供述中悔过自新。反之将自洗钱犯罪作为与上游犯罪在法律上、事实上有密切关联的情形，则从根本上否定了自洗钱成立“特别自首”的可能，完全将自洗钱行为排除在“特别自首”之外，并不符合自首制度的创设目的，也不利于对自洗钱犯罪的打击。

四、受贿案件中自洗钱犯罪“特别自首”的认定

对于受贿案件中自洗钱犯罪是否构成“特别自首”，还应当结合案件实际情况进行具体分析。

（一）通过洗钱进行受贿

自洗钱成立犯罪后，也只意味着上游犯罪的本犯就上游犯罪与洗钱罪成立数罪，但并不必然要实施数罪并罚。[②]受贿案件中自洗钱犯罪要想成立“特别自首”，需要同时构成受贿罪和自洗钱犯罪两罪，如果自洗钱与上游受贿行为存在想象竞合的情况，则不能对自洗钱行为认定为“特别自首”。比如，从事道路工程建设的张某有求于在交通厅任职的李某，欲向李某行贿，李某认为收取人民币现金或者其他财物风险较大，遂让张某将欲行贿的人民币兑换成美元，并转入李某在国外的账户。在该案中，李某基于一个受贿的故意，实施了一个受贿的行为，但同时触犯了受贿罪和洗钱罪两个罪名，系典型的想象竞合犯，对于想象竞合犯，理论通说应当从一重罪处罚，而不是实施数罪并罚。如果李某因该笔受贿事实被留置，留置后如实供述了司法机关尚未掌握的其让张某将受贿钱款转入自己在国外账户的事实，即如实供述了其洗钱的事实。但因该案最终只能以受贿犯罪定罪处罚，不存在讨论自洗钱行为是否构成“特别自首”的空间。

---

① 张明楷：《刑法学》（上册），法律出版社 2021 年版，第 734 页。

② 张明楷：《自洗钱入罪后的争议问题》，载《比较法研究》2022 年第 5 期。

（二）受贿后进行自洗钱

犯罪嫌疑人在受贿行为完成后，积极掩饰、隐瞒受贿款物的行为，并切断受贿款物与受贿行为的联系，因犯罪嫌疑人实施的两个行为符合受贿罪和洗钱罪的两个犯罪构成要件，分别侵犯了国家职务廉洁性和金融安全两个法益，应当对两个行为分别以受贿罪和洗钱罪进行并罚。

关于主动到案后如实供述自己的受贿和洗钱犯罪事实的情形。实施了受贿和洗钱犯罪后，在被监察机关采取留置措施或者被公安机关采取刑事强制措施前主动投案，并如实供述自己的受贿和洗钱犯罪事实的，应当认定为普通意义上的自首。需要说明的是，被监察机关采取其他调查措施进行调查的，因不属于"特别自首"中"被采取刑事强制措施的"，在这个时候能够主动投案，并如实供述自己受贿和洗钱罪行的，应当对洗钱罪认定为普通自首。如果主动投案后，对自己洗钱的犯罪事实进行如实供述，但对于受贿事实不予供述，应当如何认定？因自洗钱犯罪成立的前提是上游犯罪成立，如果上游受贿犯罪无法得到证实，则自洗钱犯罪缺乏成立的根基。如果受贿犯罪可以认定，则可以仅对自洗钱犯罪认定为自首。

关于被动到案后如实供述自己的受贿和洗钱事实的情形。被动到案，即已被监察机关采取留置措施或者被司法机关采取拘传、拘留、取保候审、监视居住或者逮捕强制措施。在被动到案情况下，又可以分为三种情况。第一种情况是司法机关已掌握了受贿的犯罪事实，到案后如实供述自洗钱的犯罪事实，则自洗钱构成"特别自首"。第二种情况是司法机关已经掌握了自洗钱的犯罪事实，到案后如实供述了自己受贿的犯罪事实，则受贿构成"特别自首"。第三种情况是司法机关已经同时掌握了受贿和自洗钱的犯罪事实，到案后如实供述了自己受贿和自洗钱的犯罪事实，则只能构成受贿和自洗钱犯罪的坦白，其任何一个罪行都不能构成"特别自首"。

（三）受贿后实施事后不可罚的掩饰隐瞒行为

受贿犯罪后，并非受贿人所有对受贿所得及其收益进行掩饰、隐瞒的行为都构成自洗钱犯罪。如果受贿后，受贿人仅对受贿财物进行了物理上的掩饰、隐瞒、转移，没有切断其与受贿行为的联系，因没有侵害新的法益，也没有扩大因受贿行为导致的法益受损程度，客观上也不会对金融管理秩序产生危害，则该行为不构成自洗钱犯罪，属于真正意义上的事后不可罚行为，应当按照受贿罪一罪论处。[①] 例如，受贿人张某收受现金贿赂后，将现金存入自己的银行账户，或者将现金用于日常消费，因为该行为属于事后不可罚行为，在处断上不会将该行为认定为自洗钱罪。所以在受贿行为完成后，受贿人又实施了事后不可罚的对受贿款物进行物理上的处置行为，这种情况无须对自洗钱犯罪“特别自首”进行讨论。

五、结语

宽严相济是国家的基本刑事政策，自首制度是宽严相济刑事政策的具体体现之一。当前，为了适应洗钱犯罪的新动向和履行打击洗钱犯罪的国际义务，国家将自洗钱行为入罪。然而当前司法解释对有利于犯罪嫌疑人的“特别自首”进行了限缩解释，导致法律实务界对自洗钱犯罪是否存在有“特别自首”成立的空间产生争议。因“特别自首”是有利于犯罪嫌疑人的推定，应当准确把握“特别自首”的认定条件，对自洗钱犯罪“特别自首”予以认可，使“特别自首”的规定更加合理化，更好地处理和打击洗钱犯罪。

① 参见刘宪全、陆一敏：《自洗钱入罪司法适用的疑难解析》，载《检察日报》2021年5月12日。

非法聚合支付企业商户模式洗钱风险防治

尹　琳　陈永标　陈　沁*

近年来，受互联网快速发展影响，传统犯罪结构聚能异变形成了交叉复杂的网络黑灰产体系，危害国家安全和社会稳定，其中资金结算环节是至关重要一环。为整治网络黑灰产，打财断血是最有效最致命的治理手段，可达到釜底抽薪效果。但聚合支付、虚拟货币、数字人民币等新领域不断被不法分子钻空子，反洗钱工作任重道远。

一、当前反洗钱工作背景

2017 年《国务院办公厅关于完善反洗钱、反恐怖融资、反逃税监管体制机制的意见》提出，要发挥反洗钱在推进国家治理体系和治理能力现代化、维护经济社会安全稳定等方面的作用。2019 年国际反洗钱评估总体认可我国反洗钱工作进展，但也指出我国反洗钱监管有效性、金融机构反洗钱水平等与国际要求仍有一定差距，需要进一步完善反洗钱监管机制①。2022 年月 1 月 26 日，中国人民银行、最高人民检察院等十一家单位联合印发了《打击治理洗钱违法犯罪三年行动计划（2022—2024 年）》，决定 2022 年 1 月至 2024 年 12 月在全国范围内开展打击治理洗钱违法犯罪三年行动。

---

* 尹琳，福建省福州市人民检察院第二检察部主任、全国检察理论调研人才；陈永标，福建省福州市台江区人民检察院党组书记、检察长；陈沁，福建省福州市台江区人民检察院第二检察部主任。

① 参见《中国人民银行有关部门负责人就〈金融机构反洗钱和反恐怖融资监督管理办法〉答记者问》，载《金融会计》2021 年第 5 期。

二、聚合支付的定义和当前监管政策

聚合支付又称为“融合支付”，根据中国人民银行在2017年1月发布的《关于开展违规“聚合支付”服务清理整治工作的通知》（银支付〔2017〕14号），聚合技术服务商被定位为收单外包机构，不得从事受理协议签订、商户资质审核、收单业务交易处理、资金结算、风险监测等核心业务；不得以任何形式经手特约商户结算资金，从事或变相从事特约商户资金结算；不得采集、留存特约商户和消费者的敏感信息；不得伪造、隐匿或篡改交易信息①。中国支付清算协会于2020年8月27日发布了《收单外包服务机构备案管理办法（试行）》（中支协发〔2020〕119号），其中第7条规定“外包机构应在拟从事外包业务前或在从事外包业务起30个自然日内通过协会收单外包服务机构备案系统向协会直接提出备案申请”，对包含“聚合支付”的收单外包服务机构正式启动线上备案制，当真实性存疑时按比例人工抽检。根据2022年1月27日的中国支付清算协会发布的《收单外包服务机构自律规范（试行）》（中支协发〔2022〕12号）第48条规定，协会对违法违规经营或不配合自律管理的外包服务机构采取记分处理，年度记分达到24分的取消备案资格。由此可见，备案不是发牌照，主要对外包服务机构的相关资质和开展业务行为进行规范，外包机构的合规经营主要依赖企业自律，以及收单机构在主体责任倒逼下对外包服务机构的择优选择。

三、当前非法聚合支付的风险聚集点及治理难点

以企业商户收付款的聚合支付形式存在诸多风险隐患，值得进一步关注和研讨，尤其当前国内账户买卖形势正在悄然发生变化，关注聚合支付的企业商户模式更显得尤为必要和重要。

---

① 《2019年中国聚合支付行业研究报告》，载《艾瑞咨询系列研究报告》2019年第11期。

（一）洗钱风险转至企业对公账户

2020年10月全国开展“断卡行动”至今，高压打击出租、出借、出售银行卡的成果正在逐渐显现，国内个人贩卖“四套件”的价格不断飙升，可发展的存量人员日渐减少，由此，国内衍生出多起出卖企业对公账户“八件套”的案例。例如，T区检察院2022年4月提起公诉的张某某帮助信息网络犯罪活动案，张某某应上家要求在一天内注册公司并办理了营业执照，次日找空办公室应付银行员工实地核验经营场地和客户调查，并与另一个同伙互相冒充财务到银行各自办理了公司对公账户。

除了上述空壳公司以外，还有两种公司也存在较大洗钱风险，分别是“前台公司”和“货架公司”。所谓“前台公司”是指拥有合法企业一样的运营特征，但易被犯罪分子借用将非法资金混入合法收入，隐瞒非法资金性质的公司，集中在现金密集型行业，往往被用于地下钱庄、偷逃税等犯罪活动。所谓“货架公司”是指已注册但长期处于休眠状态的公司，可较好地满足购买者短时间内设立公司开展业务的需求。当货架公司被出售时，只需变更股东、法定代表人等信息，购买者就可获得公司信用记录。“空壳公司”“前台公司”和“货架公司”都可隐瞒受益所有权，被广泛用于网络赌博、电信诈骗、金融诈骗、腐败等洗钱犯罪活动。

（二）企业商户模式洗钱风险大

当前存在的大量非法公司，为非法聚合支付平台大量获取支付账户提供可乘之机。一般情况下，一个非法聚合支付平台需要控制数万个支付账户，并需要维持每周三百个至五百个的支付账户的更新频率①，以支撑支付平台违法违规交易的运行，主要为以下两种模式：

1. 注册特约商户套取支付渠道

根据上海艾瑞市场咨询有限公司《中国第三方支付行业研究报告——2021年》② 的报告显示，聚合支付服务商主要的盈利点在于对特约商户的

① 王军：《我国聚合支付平台发展现状、风险及根源探究》，载《金融经济》2021年第9期。

② 《2021年中国第三方支付行业研究报告》，载《艾瑞咨询系列研究报告》2021年第5期。

增值服务，所以当前已备案公示的聚合支付服务商中绝大多数包含特约商户推荐业务。同时收单机构在拓展业务过程中，为减少商户拓展成本，也倾向于将商户甄选、维护等业务外包给聚合支付服务商，这就导致收单机构对特约商户监管能力下降，商户和收单机构之间因外包公司的介入或多或少形成了信息壁垒。正如T区检察院2022年6月提起公诉的卓某某、吴某某、蔡某某等8人掩饰、隐瞒犯罪所得罪、帮助信息网络犯罪活动罪一案，卓某某作为聚合支付服务商的二哥，利用帮助他人零门槛快速办理第三方支付公司的POS机的便利，教唆吴某某等人注册“空壳公司”，后套取第三方支付公司POS机，以消费、贸易等交易实施转移赃款行为。针对该案T区检察院发出检察建议要求加强对涉案第三方支付公司进行监管，第三方支付公司通过自查发现外包服务商在拓展商户时存在问题。

如果对收单机构的入网审核不够严格或者后期的监管不到位，极可能造成非真实经营的商户成功入网，非法聚合支付平台就可以利用聚合支付技术将这些商户的支付渠道整合成一个聚合二维码供上游犯罪使用，有的还会采用轮询的方式批量式交替使用这些商户的支付渠道接收资金，或将资金打散成大小不同金额匹配不同类型的商户渠道来洗钱。正如2020年6月，南昌市公安机关破获的一起非法聚合支付平台为跨境网络赌博洗钱的非法聚合支付案件，该平台购买个人银行卡、公司账户、企业支付宝、聚合码等账户供平台使用，当赌博会员投注后，赌博资金流入785个商户的第三方支付账户，涉案资金达2.52亿元。

虽然2021年10月12日央行发布《中国人民银行关于加强支付受理终端及相关业务管理的通知》（以下简称《通知》）秉承“谁的商户谁负责”的原则，要求收单机构作为特约商户管理的第一责任主体，应加强对特约商户经营活动合法性、申请收单服务真实意愿的实质性审核，落实对特约商户的持续性管理义务。但是《通知》所规定的巡查方式需要庞大的人力支撑，实体商户还需要线下团队投入。从近几年央行对第三方支付机构的大额罚单可见问题，最常见的罚款事由包括未按规定履行客户身份识别义务、未按规定报送可疑交易报告、为身份不明的客户提供服务或交易、未按规定履行客户身份资料及交易保存义务等。正如支付行业资深分析师王蓬博指出：“机构频繁因为反洗钱被罚巨额罚单，有两方面原因，主观上可能会受到业务开展的影响，在盈利压力较大的背景下涉嫌违规；而客观上收单机构也会受到服务商户过多的影响，存在无法在第一时间通过服务商对商户进行有效管理的可能性。”

2. 伪装商户网店接入电商平台

将空壳公司、前台公司包装成真实经营的贸易公司后依托于已成熟的电商平台，在平台上注册商铺，通过上传虚假的商品、价格，建立支付通道，将犯罪资金隐匿于网店正常交易之中。正如T区检察院2022年2月提起公诉的李某某帮助信息网络犯罪活动罪一案，其将银行卡绑定了某电商平台的店铺，店铺当天即有资金入账并提现资金到卡，仅3天时间帮助转移犯罪资金62万余元。且因电商平台阻隔，导致李某某的银行卡无法关联具体转账人，若非李某某还涉嫌其他犯罪，其关联电商的银行卡还不会被公安机关查获。经查看该电商商户注册规则，申请主体需具备企业资质，拥有一般纳税人资格，拥有正规的办公场所、一定的仓储能力和全职在岗运营团队，并提供企业营业执照、银行开户许可证、法定代表人身份证等资料。除此之外，还需提供在大型电商平台上的网店链接。单就提供其他网店链接这一条，就规避了临时起意想借道转移赃款的不法分子，但是有规范就有对策，网店市场的火热衍生出了一批专为网店转让搭桥牵线的中介平台。不少第三方平台可提供购买网店的捷径，资源丰富，可根据喜好和预算选择不同类型、运营情况的待售店铺，然后通过平台完成店铺转让和交接，一步跨过注册店铺的门槛，拥有一家电商店铺。这就解释了为何李某某将个人信息出卖给上游犯罪团队当天银行卡就可关联商户，并且收到了网络犯罪资金入账。

其实电商平台也有自己的风控部门，但是如果非法聚合支付平台掌握和使用的商户数量足够多，资金总量不大、单笔交易额不大且资金数额避开整数的情况下，就容易混杂在商城正常交易流水之中。甚至电商的风控部门还可能出现“内鬼”。如2019年12月绵阳市公安局破获的一起由电商平台“内鬼”、聚合支付平台、店铺提供商、码商组成黑色产业链条的帮信案，涉案金额8000余万元，每当赌客在赌博网站拟充值，非法聚合支付平台会自动关联到电商平台的网店购买相应金额的虚拟商品，电商平台风控“内鬼”每日从店铺交易总额中抽取千分之三的返点。

（三）非法聚合支付企业商户模式难以整治的症结所在

1. 科技快速发展和应用提高了非法聚合支付平台对抗监管的能力

近些年，一些非法的聚合支付平台不仅在硬件上大规模投入，购入高性能服务器、租用高带宽低延迟网络，也以高薪吸引高技术人才，更重要的是引入云计算、AI算法、人工智能、大数据等智能策略以降低非法资金交易特征，从单纯的伪造商户、伪造客户、伪造交易过渡到混合交易、智能匹配、半真半假的阶段，以正常商业交易为掩护，从而躲避第二方、第三方支付的牌照监管和账户预警，提高了监管部门和持牌机构的风控稽核难度。

2. 互联网经济蓬勃发展为聚合支付企业商户模式发展提供了土壤

近年来，互联网经济已经渗透到生活的方方面面，电子商务、共享出行、餐饮外卖等新型业态快速普及，这些新业态的发展都离不开支付平台的支撑①，除了主流的微信、支付宝外，其他支付如雨后春笋般层出不穷，经查询中国人民银行官网，截至目前已获许可的支付机构共有224家。支付机构数量多，聚合支付的用武之地更加凸显，同时为争夺市场份额将积极挖掘市场抢占商户数量，聚合支付企业商户模式的风险也将增大。

3. 网络黑灰产业链专业化、模块化程度不断提高增加了非法聚合支付平台的治理难度

当前，网络犯罪呈现出模块化、组织化、团队化特征，非法聚合支付平台又催生了工商资料、对公账户、非银行支付账户买卖、空壳公司注册等黑灰产业链，上下游之间互相促进、互为供养。犯罪技术手段更新迅速，即使黑灰产业链的一环被取缔，也会迅速发展其他产业取而代之。

四、非法聚合支付企业商户模式综合治理

非法聚合支付企业商户模式存在的洗钱风险必须从企业商户和聚合支付两个方面进行治理，才能双管齐下。

（一）非法企业商户治理

虽然现在放管服改革，设立公司已经相当便捷，但不能一放了之。市场监督管理部门无疑是非法企业监管的主管部门，但是光靠一个部门必然不够，需要多部门参与，利用大数据等科技手段支撑、联防联控，有效遏

① 王军：《我国聚合支付平台发展现状、风险及根源探究》，载《金融经济》2021年第9期。

制企业账户非法设立。

1. 凝聚各部门监管合力

金融、市场监管、税务等主管部门可建立开立企业账户相关信息共享查询系统，由系统自动在当事人注册设立公司、开立资金账户时进行联网核查，评估相关人员的风险登记，并通报给各监管部门。对于风险高、可疑型公司，加强监管部门对其的周期性监管，如市场监管部门应加强公司实质经营性核验，查看地址是否真实、是否有人员办公、办公环境和硬件设施、实体经营业务形式等；税务部门对公司领取增值税发票的频度和数量进行管理；金融机构可采取加强型尽职调查，通过当面、视频、电话、上门等方式了解客户信息，在调查中与客户询问用开放式问题代替选择性问题，防止了解客户信息的过程形式化、过程化。

2. 构建企业异常识别模型

应发挥顶层设计的资源集中型优势，在数据共享的基础上利用人工智能相关技术，运用机器学习、深度学习算法等进行主动学习，分别建构异常商户标准化模型和正规商户标准化模型。对已经查实的非法商户就工商登记信息特征、法定代表人或自然人股东特征、注册位置特征、公司间关联与交叉特征等信息予以建模，建立空壳公司等公司的检测模型。同时，利用大数据对商户类别码相同的正规商户的交易时间、频次、规模、金额等多维度特征信息予以建模，建构同类别商户普遍交易特征的分布区间，以此作为异常商户的甄别标准。之后，针对机器判断出可疑商户通过人力进行实体核验，进一步判断企业实质经营情况。

3. 动员社会公众参与防治

主管部门的努力是在于治标，真正要做到治本，必须加强社会公众法律意识，对群众可能抱着侥幸心理，贪图蝇头小利出卖、出借自己的身份证明、手机号，充当非法商户的挂名代表人等问题，相关主管部门可建立线索举报平台，鼓励社会公众积极举报，对于提供有价值线索的，酌情给予奖励，形成全社会共同监督的合力。

（二）非法聚合支付治理

1. 收单机构加强对聚合支付商的审核

收单机构是国家严格准入的银行、第三方支付公司等，具有反洗钱职责，受到央行等部门严格监管。要强化收单机构对聚合支付商的审核责任，在向聚合支付服务商授权外包业务前，应对聚合支付商安全性、信誉度、稳定性进行全面审查，优先选择中国支付清算协会备案名单中评级高的聚合支付商。在签订协议时，要以高倍数的违约赔偿负面条款约束聚合支付服务商从事特约商户资质审核、受理协议签订、资金结算等收单核心业务。

2. 收单机构加强对商户风险控制

虽然商户是聚合支付商推荐的，但是收单机构要加强准入审核和事中监管，尽到客户身份识别职责，严格审核营业执照、法定代表人身份证件等申请材料，加强对经营场所真实性、经营状况和范围等开展尽职调查，严防不法分子利用虚构商户信息非法套取支付渠道、违法接入账户、进行虚假交易等行为。收单机构也要建立内部的风险评估体系，根据商户所处区域、行业特征、经营规模进行风险等级划分，定期根据风险等级确定巡检方式、频次和内容，对信息有变动商户要采取重新识别措施；强化穿透式管理，建立异常交易行为识别工具，不断提升对非法支付交易的识别能力。

3. 加大联合监管力度

虽然央行不是聚合支付公司的监管部门，但可通过约束收单机构来达到约束聚合支付公司目的。所以，央行要加强对持证收单机构的检查力度，对风控义务履行不到位的收单机构，依法依规采取处罚措施。[①] 一旦发现非法聚合支付公司，明确收单机构主体责任，要第一时间向属地公安机关、央行和支付清算协会报案、报告。发挥中国支付清算协会的行业自律机制作用，加大对聚合支付平台业务备案数据的监测分析力度，构建风险监测指标体系和预警模型，搭建风险情报处置流转平台，不断加大风险监测的力度。

---

① 牛超群：《非法第四方支付平台及其数据治理对策》，载《网络空间安全》2021年第Z3期。

强化行政违法行为检察监督问题研究*

李　军**

一、强化行政违法行为检察监督具有法理正当性

（一）“一元分立”权力架构的必然要求

构建健全的权力防控机制，防止权力异化一直是现代法治的核心目标之一，而其中最关键的就是制权。[①] 在此方面西方国家主要采取“三权分立”的方式来制约权力，而我国一直致力于完善权力制约监督机制，在“一元分立”的权力架构下，坚持将权力制约挺在权力监督的前面，形成了具有中国特色的国家权力配置格局，即在人大的领导监督下，“一府一委两院”相互制约、相互配合，并将检察机关设置为专门的法律监督机关。权力机关设立独立的、专门的法律监督权，最根本目的在于监督行政权和审判权的行使，而其中行政权由于其单方性、强制性、广泛性等特征，更是监督的重中之重。与之相对，检察机关的法律监督权只有突破诉讼监督的“小天地”，走向法律监督的“大舞台”，才能真正实现制约行政权的设置初衷。[②] 是故，检察机关对行政权力的监督，不应仅限于涉及公共利益的领域和诉讼领域之内。

* 本文系2023年最高人民检察院检察应用理论课题“强化行政检察监督，助推依法行政——以行政违法行为监督为切入”的研究成果。

** 李军，吉林省长春市人民检察院党组书记、检察长。

① 林贻影：《中国检察制度发展、变迁及挑战——以检察权为视角》，中国检察出版社2012年版，第124—125页。

② 李婕：《检察权的职能定位及其新时代转型》，载《南海法学》2018年第5期。

（二）检察机关法律监督宪法定位的应有之义

检察机关是国家专门的法律监督机关，这是我们研究检察机关监督权和国家机构配置的基本逻辑起点。所谓法律监督，其本质是维护国家法律完整统一正确实施的宪制职能。[①] 基于“保障法律正确实施”的逻辑，行政机关的执法行为当然属于检察机关法律监督的范畴。这也得到了《中共中央关于加强新时代检察机关法律监督工作的意见》的确认，其中规定，检察机关在履行法律监督职责中发现行政机关违法行使职权或者不行使职权的，可以依据法律规定制发检察建议督促其纠正。因此，对行政违法行为进行监督是检察机关法律监督宪法定位的应有之义。

（三）检察机关公益属性的外化形式

在保护公共利益方面，行政机关是第一顺位的责任人，但实践中为了执法的方便、具体管理目标的实现、短期业绩考评等原因和理由，行政机关对于公共利益受损的情形，可能持放任或漠视的态度。检察机关作为公共利益的捍卫者，在尊重行政机关第一顺位责任主体身份的基础上，一定程度地介入行政权力的行使，督促行政机关纠正其不作为、乱作为、慢作为，可以减少公益救济的盲区。虽然，在维护公共利益方面法律已经赋予检察机关公益诉讼职权，但该救济手段仅局限于诉讼程序框架内，呈碎片化审查的特征，作用的广度、深度都不够，完善公共利益保护的格局还需要非诉讼化的监督方式。

（四）最大化发挥行政违法行为多元监督价值的基本要求

“所有的权力都乐意给自己增加权力……他喜欢自己作为特定的目的而不是手段。”[②] 行政权力与公民联系紧密而又具扩张性，对其进行制约和监督尤为重要，但党内监督的对象为行政机关的党组织及党员，监督对象的特殊性决定了其不能完全覆盖行政机关及其工作人员；人大的监督具有宏观性，把握的是政策和大方向，对行政个案或者具体行政行为一般不实

---

① 秦前红、石泽华：《新时代法律监督理念：逻辑展开与内涵阐释》，载《国家检察官学院学报》2019 年第 6 期。

② 谢程鹏：《论检察独立性与检察一体》，载《法学杂志》2003 年第 3 期。

施监督；行政机关内部监督，受人事关系、利益驱动等因素影响大，缺乏独立性和中立性，容易受到质疑；纪检监察侧重于监督公务人员的职务违法和犯罪行为；人民法院诉讼监督只限于进入诉讼程序的行政行为；社会监督缺乏强制性，对行政机关的约束较小。而行政检察监督具有主动性强、客观中立、效率高、方式灵活等特征，在监督行政权力，助推依法行政方面具有独特优势，能够弥补其他监督方式的不足，织密行政权力多元化监督网，最大化发挥行政违法行为多元化制约监督体系的作用和价值。

二、强化行政违法行为检察监督具有现实必要性

（一）推进国家治理体系和治理能力现代化的需要

2019 年党的十九届四中全会对如何推进国家治理体系和治理能力现代化提出了明确具体的要求，强调要“加强对法律实施的监督”以共同推进依法治国、依法执政、依法行政。检察机关以法律监督的方式参与到国家治理当中，以个案为切入点，将自己洞悉察觉的治理风险隐患提供行政机关，督促行政机关纠正违法行为，以“我管”促“都管”，推动行政机关依法行政，合力破解社会治理难题，检察机关已经成为推进国家治理体系和治理能力现代化的重要参与者和保障力量，在“多元共治”中发挥着主导作用，在行政违法行为监督方面需要检察机关积极发挥作用，以一体化推进法治国家、法治政府、法治社会建设。

（二）行政机关支持检察机关依法开展行政检察监督

行政机关支持和欢迎检察机关依法开展行政违法行为检察监督，原因有二：一是“借力”检察机关共同推进行政争议实质性化解工作。行政争议实质性化解是政府的一项重要工作职责，实践中，各个行政机关都在积极探索矛盾纠纷行政化解机制，但事与愿违，至今行政争议实质性化解工作效果不太理想，原因不言而喻，行政机关既是行政争议的一方，又想充当裁判者、问题解决者，矛盾的身份，冲突的立场，很难让行政相对人信服。检察机关在体制上独立于行政机关，参与行政争议实质性化解，说服力和公信力较强，有利于矛盾和纠纷的化解。二是寻求检察机关支持和帮助。在处理相关疑难案件时行政机关希望检察机关能够提供法律方面的建

议和支持，共同探究疑难问题的解决方案，在保障公民合法权益的同时，切实保障法律的统一正确实施。

（三）依法开展行政违法行为检察监督源于群众的需要

对行政违法行为依法开展检察监督最主要的原因在于及时保障群众的合法权益，为群众提供多元化救济途径。与其他国家权力的行使范围相比，行政权力行使范围涉及国家、社会、公民生活的方方面面，不仅包括国家安全、社会治安、财政税收、对外交往、军事管理等，还包括科技发展、文化教育、劳动保障、公共卫生、环境保护、社会福利等，几乎涵盖了公民从出生到死亡的全过程。行政机关执法情况影响着人民群众的切身利益，从检察机关控告申诉部门收到的群众举报线索也能够看出，行政机关执法不严，不作为、乱作为、慢作为问题较为突出，群众迫切希望检察机关介入监督，督促行政机关自我纠正违法行为，切实保障自己合法权益，也避免自身陷入诉累之中。

三、强化行政违法行为检察监督的现实困境

（一）具体法律依据不足，规范效力层级不高

对于检察机关具体职权的配置，我国采取的是“宪法定位＋组织法统领＋部门法拓展”模式，[①] 即先有宪法的定位，再以组织法为基三大诉讼法为要予以法律授权，其他部门法进行补充。就行政违法行为而言，我国宪法赋予了检察机关法律监督机关的定位，但行政违法行为的监督未得到人民检察院组织法和三大诉讼法的明确确认和授权，由于宪法的抽象性规定，根据权力的法定性原则，在司法实践中不能作为法律依据予以援引，对行政违法行为检察监督缺乏直接的具体的法律依据。当前，对行政违法行为检察监督的规定主要集中于政策性文件和地方规范性文件，但政策性文件不能直接作为法律依据，地方规范性文件的位阶较低，且各地差异性较大，在司法实践中容易引发质疑，导致行政违法行为检察监督工作开展

① 张晋邦：《检察机关一般法律监督权：规范内涵、宪制机理与调整方向——兼论检察院组织法原第 5 条的修改》，载《甘肃政法学院学报》2019 年第 4 期。

困难，常陷入权源尴尬。

（二）监督范围不明晰，影响了监督的质效

关于行政检察监督的范围理论界主要有三类学说：其一，最狭义说。该学说认为只有关系公共利益、关系民生的重点领域的具体行政行为才是行政检察监督的对象。该学说将行政检察监督的范围限定在具体行政行为上，并同时以侵害公民权利[①]和侵害公共利益[②]为条件对具体行政行为进行了限制。其二，狭义说。该学说认为行政检察监督的对象为行政机关的具体行政行为，但实施法律监督时应有所侧重，重点领域包括食品药品监管、征地拆迁、严重限制人身权利、生态环境保护等应予以重点监督，监督应覆盖重点领域行政执法的全过程。[③] 其三，广义说。该学说认为行政机关的所有执法活动都应纳入行政检察监督的范围，包括具体行政行为和抽象行政行为，且不仅要监督行政行为的合法性，同时也要监督其合理性。[④] 行政检察监督既是宪法法律赋予检察机关的一项职权，同时更是检察机关的一项职责，当前行政检察监督的对象范围模糊不清，已经严重限制了行政检察监督作用的发挥，一是可能引发“一般监督”的风险，无差别地对所有的行政行为进行监督；[⑤] 二是可能引发选择性监督的问题，选择监督难度小的问题或领域进行监督，造成行政检察监督的真空。[⑥] 因此，当前急需对行政检察监督的对象范围予以明晰和界定。

---

① 参见杜睿哲、赵潇：《行政执法检察监督：理念、路径与规范》，载《国家行政学院学报》2014 年第 2 期。

② 参见傅国云：《行政执法检察机制改革的几点设想》，载《法治研究》2016 年第 3 期。

③ 参见姚来燕：《关于行政执法检察监督的立法设想》，载《东方法学》2013 年第 1 期。

④ 参见田凯：《论检察机关对行政权的法律监督》，载《学术界》2006 年第 6 期。

⑤ 参见王波：《执法过程的性质——法律在一个城市工商所的现实运作》，法律出版社 2011 年版，第 117—129 页。

⑥ 梁春程：《行政违法行为法律监督的历史、困境和出路》，载《天津法学》2018 年第 3 期。

（三）监督程序规范性不足，降低了监督的整体效果

当前行政检察监督并未形成统一的、系统的和规范的操作程序。关于行政检察监督的程序规范问题，学界早就展开了研究，有学者认为行政检察监督至少要包括发现程序、调查核查程序、处理程序、公布程序四个部分，[①] 也有学者认为除此之外还应包括反馈程序、救济程序等。[②] 实践中，一些地方检察机关在梳理和参考学者提出建议后，也制定和出台了一些关于行政检察监督的程序规范，但这些程序也十分模糊和抽象，难以具体操作，导致检察机关在实施行政检察监督职责时，更多依靠自身经验、参考其他监督工作，造成了同案不同处理的矛盾结果。[③] 行政检察监督既不能缺位也不能越位，监督的尺度、介入的时间点、监督方式、监督的标准、监督的规则等都是需要具体明确的问题，否则难以理直气壮地监督行政权力。

（四）监督工作机制不健全，限制了法律监督作用的发挥

其一，行政检察监督队伍建设不到位。主要体现在三个方面：一是人员配备供给不足，直至目前很多基层检察院未设置专门的行政检察办案组和人员；二是人员能力有待提高，行政检察人员整体水平与法院行政裁判人员存在较大差距，有待进一步提升；三是人员监督意识有待增强，当前行政检察人员在实施监督更注重行政诉讼活动本身，而对行政执法活动本身关注较少，监督意识还有待提高。

其二，监督信息获取渠道的不畅通。信息是监督最根本的变量，从根本上决定了监督的质量。[④] 当前司法实践中，行政检察监督信息获取的渠道较狭窄，绝大部分通过办案发现，滞后性明显，限制了行政检察监督的范围，影响了行政检察监督的时效性。

其三，与其他职能部门的关系有待进一步厘清。一是与其他监督机关

---

① 参见肖中扬：《论新时代行政检察》，载《法学评论》2019 年第 1 期。

② 参见山西省人民检察院课题组：《诉讼外行政检察监督论析》，载《湖南科技大学学报（社会科学版）》2016 年第 3 期。

③ 黎治潭：《行政违法行为检察监督的困境及对策》，载《长春师范大学学报（自然科学版）》2016 年第 5 期。

④ 林越坚、刘青青：《检察机关行政执法监督的法律经济学重述》，载《国家检察官学院学报》2017 年第 5 期。

的关系。行政检察监督只是行政法治多元监督体系的组成部分之一，应注重与其他监督方式的平衡与协调，与其他机关的关系有待进一步厘清；二是与行政执法机关的关系。当前行政检察监督与行政执法的协调配合机制不够完善，行政执法机关主动反馈较少，检察机关积极主动较多，对行政执法机关不作为的情形缺乏必要的应对方法。

四、强化行政检察监督，助推依法行政的建议

（一）确立行政检察监督的基本原则

基本原则是规范的“灵魂”，能够为具体行为提供方向和指引，当前行政违法行为行政检察监督尚处于探索阶段，为了保障行政检察监督的尺度，既不越位又不缺位，应确立行政检察监督的基本原则，为实施具体监督职能提供指引。

1. 坚持谦抑性原则

检察机关在实施行政检察监督时应坚持谦抑性原则，审慎用权，适度监督，充分尊重行政机关的执法活动，具体要求如下：

其一，尊重行政机关的裁量权。谦抑性原则要求检察机关在实施法律监督时应尊重行政机关的裁量权，不能直接决定行政机关如何作出行政行为。对于行政机关乱作为、不作为，检察机关不能直接代替行政机关履行职责，只能督促行政机关予以纠正。其二，尊重行政机关内部监督。谦抑性原则要求检察机关在实施行政检察监督时尊重行政机关内部监督作用的发挥，在采取监督措施之前可以优先建议内部监督机关履行职责。其三，尊重其他外部监督方式。行政检察监督只是行政法治多元监督体系的组成部分之一，对行政权力的监督并不是大包大揽对所有方面予以监督，应有一定的边界，注重与其他监督方式的平衡，对于属于其他监督机制重点监督的领域，检察机关在履行监督职责时应慎重。

2. 坚持正当程序原则

正当程序原则是衡量国家治理体系和治理能力现代化的重要尺度，[①]

---

① 李龙、徐亚文：《正当程序与宪法权威》，载《武汉大学学报（人文社会科学版）》2000年第5期。

其价值和作用越发凸显，检察机关在实施行政法律监督时应坚持正当程序原则：

一是坚持程序公正原则。对不同行政机关执法活动开展法律监督时，检察机关要做到客观公正，实事求是，要做到“同案同处理”，不徇私不偏私。二是坚持程序公开原则。在实施法律监督过程中，检察机关一方面要依法将监督的信息向行政机关、行政相对人、社会等进行公开，在保障监督权威性、公信力的同时，为行为主体今后的行为提供指引；另一方面要畅通渠道，鼓励人民群众参与到监督过程中来，如通过人民群众的检举揭发发现监督的线索等。三是坚持程序的时效性原则。法律俗语云“迟来的正义非正义”，正当程序原则要求检察机关在实施法律监督职责时应遵循时效性原则，监督期限的设置，一方面是为了督促检察机关及时履行监督职权，使违法行政行为尽早得到纠正；另一方面是为了及时保护公民合法的权益，在不可挽回的结果造成之前及时实施监督督促纠正，才谈得上对公民权利的切实保护，否则启动监督程序已无必要性。

（二）明确行政检察监督的实施边界

1. 重点监督行政处罚、行政许可、行政强制等领域的行政违法行为

对所有的行政违法行为都进行监督是不现实也是没有必要的，检察机关可以将行政处罚、行政许可、行政强制等可能限制或剥夺公民权利的领域纳入重点监督的范围，现阶段具体可以从以下三个方面切入：其一，对于部门法有明确规定的，可以重点开展行政违法行为监督，一是能够避免监督法律依据不足的问题，二是能够获得行政机关的支持和采纳。检察机关可以选择以此为切入点进行监督，逐步积累经验。其二，利用“两法衔接”的优势，做好行刑双向衔接中发现的行政违法行为的监督工作，当前行刑反向衔接正在全面推进，大量不起诉案件被移送至行政检察部门，这些案件中就可能存在行政违法行为监督的点，开展行政违法行为监督，能够节省寻找案件线索的时间和精力，一举两得。其三，利用好各个专项工作，做好专项中的行政违法行为监督，近年来，对于社会关注度高，群众反映多的领域，行政检察部门有针对性地开展了许多专项活动，在每一次

专项中，重点梳理存在的问题，并以此为切点展开行政违法行为监督。[①]

2. 合法性监督为主，合理性监督为辅

行政裁量权是行政权力的重要组成部分，是基于个案的差异性为实现个案正义而赋予规范主体的选择权，[②] 社会事务纷繁复杂，个案千差万别，而法律规范又过于抽象，因此必须赋予执法主体一定的裁量权，一般情况下，对于行政机关行使裁量权的行为其他权力不得干涉，[③] 但为了防止行政裁量权的滥用，检察机关也应发挥其应有价值，以行政行为合法性监督为重点，辅之以合理性审查。合法性和合理性并不是非此即彼的关系，只是在违法程度上存在差异，严重的不合理即为“违法”，合理性是合法性的内在要求，但检察机关应尊重行政机关的自由裁量权，应有限地介入行政行为合理性审查，只有在行政机关严重滥用裁量权时才能监督，这样更符合依法治国的要求。

（三）设置科学合理的行政检察监督程序

首先，启动程序方面，应坚持“履行法律监督职责中发现”的前提条件，但“法律监督职责”不仅包括行政检察部门对行政诉讼、非诉执行等的监督职责，还包括在其他三大检察在履职尽责中发现的行政违法行为。其次，调查程序方面，可以参照刑事自行侦查程序，开展调查工作必须由两名检察官或一名检察官和一名检察官助理进行，询问行政机关工作人员、行政相对人、证人等应制作笔录，附卷留存备案，对于办案人与当事人存在利害关系的，影响公正处理的，应主动回避。再次，处理程序方面，在调查核实完毕后，针对不同情况应及时进行处理：对于不存在行政违法行为的，应及时结案，制作终结审查决定书；对于存在行政违法行为的，应先与行政机关进行沟通，督促其及时纠正违法行政行为，对于拒不纠正的制发检察建议，跟进行政机关整改落实情况，对于发现的行政机关工作人员违纪违法犯罪的线索，要及时移送相关机关处理。最后，公开程

---

① 参见梁春程：《行政违法行为检察监督的范围研究》，载《广西政法管理干部学院学报》2018 年第 4 期。

② 章剑生：《现代行政法基本理论》，法律出版社 2008 年版，第 19 页。

③ Henry Campbell Black, Black's Law Dictionary, 6th edition, St Paul Minn: West Publishing Co. , 1990. p. 467.

序方面，检察机关可以定期以专报的形式向人大及常委会报告案件的办理情况，通过联席会议向参会的行政机关公开案件相关情况，以此督促行政机关依法行政，主动履职尽责，还可以向社会公开行政检察监督案件的办理情况、典型案例等。

（四）健全行政检察监督工作机制

1. 健全行政检察监督人才培养机制

应勇检察长在第五批全国检察业务专家座谈会上强调，国家发展靠人才，民族振兴靠人才，党的检察事业创新发展根本也要靠人才。要大力营造“人人皆可成才，人人尽展其才”的检察人才建设环境。[①] 行政检察监督也一样，必须健全人才培养机制。一是加强业务培训。可以邀请法院负责行政审判的法官、律师、高校行政法老师等为行政检察人员培训，定期开展行政检察监督业务竞赛，以赛促学，以学促干，选取典型案例进行交流研讨，由经验丰富的检察官进行经验分享等。二是强化检察队伍精英化。在人才招录方面，可以从行政审判人员、律师、高校等队伍中，招录一批熟悉行政权运行规律，精通行政执法专业知识的人才，将熟悉行政检察业务的检察人员安排在行政检察部门，逐步实现行政检察人员的专业化、职业化、精英化。三是建立专业顾问制度。聘请行政机关重点部门的工作人员、高校教师、研究学院专家等担任行政检察监督的顾问，为行政检察开展监督工作提供智力支持。

2. 健全联动与信息共享机制

政法委的执法司法监督、纪委的纪检监督以及检察机关的法律监督都是我国权力制约监督体系的重要组成部分，且同属于政法领域的监督形式，彼此之间联系较紧密，因此可建立政法领域的联动与信息共享机制，推动构建政法领域不同监督之间的良性互动、有机衔接的工作体系，有助于推进“依法行政”在法律监督领域的具体落实。检察机关已经在着力推进政法协同平台的使用，但运行时间较短仍存在诸多问题，很难动态共享行政执法数据，且共享的数据呈碎片化、零散化特征，致使大量空白和无效数据充斥在法律监督中。因此，应在政法协同平台基础上，进一步对平

① 应勇：《大力营造“人人皆可成才、人人尽展其才”的检察人才建设环境》，载最高人民检察院网站，最后访问日期 2023 年 8 月 5 日。

台进行优化，提升信息共享的能力。

3. 健全部门协作配合机制

首先，与行政复议机关及审判机关方面。一是在受理案件时若发现相对人的诉求不属于监督范围，系一般个人保护的，应当告知相对人通过行政复议或行政诉讼进行救济，并及时与立案机关进行沟通，为行政争议的化解提供支持；二是在监督程序启动后发现相对人已经提起行政复议或行政诉讼的，应中止监督程序，等待案件的处理，充分尊重其他监督机制。其次，与行政机关的配合衔接方面。依托府检联动机制，通过联席会议、会签文件、案件双向咨询、协助调查等方式加强协作配合，形成助推依法行政的合力。最后，与监察委员会的衔接配合方面。行政检察部门在履职尽责过程中，发现行政机关公务人员徇私枉法、贪污受贿违纪违法犯罪线索的，应及时移送监察委员会处理。对于监委在办案过程中发现的行政机关违法执法的，做好线索接收和案件调查工作。

检察官员额制改革的实践问题与优化建议

卢　磊　孙环宇　刘东杰*

2013 年《中共中央关于全面深化改革若干重大问题的决定》出台，要求开展以司法责任制为核心的司法体制改革。2014 年 6 月，检察官员额制率先在吉林、上海、湖北、广东、海南、青海等六省市试点开展。2015 年 10 月，检察官员额制试点在省以下检察院全面施行。2017 年 7 月，最高人民检察院遴选产生首批员额检察官，员额制改革在四级检察机关全面落地落实。2019 年 4 月，新修订的检察官法以立法形式确定检察官实行员额制管理，员额制逐步完善。这十年，员额制的“设计图”已变成“实景图”，检察人员结构得以优化、人力资源分布日趋合理，检察官员额总数控制在 39% 以下、素质不断提升，业务骨干更多地配置到司法办案一线。可以说，检察机关初步实现专业化的基础性改造，契合了检察事业发展现代化的基本需求。但随着改革不断深入，员额制运行也暴露出一些问题，仍需要持续加以改进和完善。本文以 Z 省 N 市为视角，通过走访调研、查阅资料、个别访谈等形式，系统梳理了员额制改革基本情况，在夯实前期成果的同时，力图补强短板和弱项，为完善员额检察官司法责任制、加大员额检察官培养力度、破解非员额检察官成长难题提出建设性意见。

一、检察官员额制改革 Z 省 N 市情况

Z 省 N 市位于经济较为发达的东部沿海，检察机关办案量较大，人少案多的矛盾较为突出，以该市为样本进行分析，一定程度上反映了经济较

---

* 卢磊，浙江省宁波市人民检察院党组成员、政治部主任；孙环宇，浙江省宁波市人民检察院组织人事处处长；刘东杰，浙江省宁波市人民检察院法律政策研究室检察官助理、全国行政检察人才、浙江省检察理论研究人才。

为发达的Z省检察官员额制改革的情况。

2017年以来，N市两级院顺利完成检察人员分类定岗工作，对政法编检察人员按照员额检察官、检察辅助人员（检察官助理）、司法行政人员分别确认身份，计入相应类别。N市政法编制总数981个[①]，目前实有930人，员额检察官414人，占比44.5%；检察辅助人员361人，占比38.8%；司法行政人员155人，占比16.7%；共招录聘用制书记员201人。各归其类、各展其才、各得其所的检察人员职业发展格局基本形成。

经初步分析，N市员额检察官配置有四个特点：

一是从员额检察官身份上看，N市414名员额检察官中院领导、专委69人，占比16.7%；退居二线院领导20人，占比4.8%；部门中层正副职161人，占比38.9%；普通员额检察官164人，占比39.6%。数据表明，中层正副职、普通员额检察官比例高，能较好承担检察官责任，有效实现了员额检察官在一线办案的改革目标。

二是从业务分布上看，刑事检察条线176人，占比42.5%；民事检察条线26人，占比6.3%；行政检察条线16人，占比3.9%；公益诉讼条线25人，占比6.0%；刑事执行条线30人，占比7.2%；未检条线24人，占比5.8%；控申条线18人，占比4.3%；案管条线18人，占比4.3%；其他业务条线35人，占比8.5%。总体而言，员额检察官专业化、职业化程度较高，分布比较合理，工作量大的刑事检察部门分配员额数较多，其余各条线办案力量相对比较均衡。

三是从检察官等级上看，二级至四级检察官44人，占比10.6%；一级检察官183人，占比44.2%；三级、四级高级检察官169人，占比40.8%；一级高级、二级高级检察官18人，占比4.3%。可以看出，一级检察官占比高，基层院检察干警一旦纳入员额序列管理，基本可以按期晋升至一级检察官。

四是从年龄和性别上看，年龄35岁以下57人，占比13.8%；36岁至45岁193人，占比46.6%；46岁至55岁127人，占比30.7%；56岁以上37人，占比8.9%。男性210人，占比50.7%；女性204人，占比49.3%。年龄结构合理，男女比例均衡。

---

① 数据统计起讫日期2017年1月1日至2023年6月30日。

二、检察官员额制改革存在的问题

从调研情况看，经过N市两级院持续推动，员额检察官司法责任制得到普遍落实，能较好承担相应责任；检察官队伍素能不断加强；检察人员人身安全保障、心理安全保护、职业待遇保障等显著改善。但员额制改革仍存在薄弱环节。

（一）司法责任制普遍得到落实，但离全面准确的要求还有提升空间

1. 责任意识尚存不足

思想认识不够到位。个别领导因工作需要，承担了较多行政事务，带头办理疑难复杂案件的“头雁效应”发挥不够明显。少部分检察干警对于员额制改革思想认识不足，将员额制看作等级晋升、工资增加的通道，在乎个人荣辱得失，责任担当意识不强，办理大案要案、新型复杂案件的动力仍有不足。少数员额检察官事业心有待提升。员额检察官单独职务序列后，因晋升受限产生了“天花板”效应，一定程度上影响了工作积极性。在基层院一般能按期晋升为一级检察官，市级院可以按期晋升至四级高级检察官，职级晋升压力较小，也就容易放松对检察履职的要求。比如，个别员额检察官学习不够，虽有服务中心大局的意识，但在具体办案中习惯于因循条文，所办理的案件没有很好地体现“三个效果”有机统一。

2. 责任分配不够明确

各级院对检察职权的分解和划分不统一，检察官的权力清单始终处于不明确状态。权力清单的不明确直接导致相应责任分配模棱两可，由此也引发了以下问题。(1) 员额检察官责任分配不明，有的员额检察官办案时不敢拍板、不敢负责、畏首畏尾，一遇到问题就提交检委会讨论；有的员额检察官“自行其是”，面对存有争议的疑难复杂案件，不向部门负责人和院领导汇报就直接作出决定，个别还造成不良影响。(2) 员额检察官与部门负责人之间责任分配不明，目前依旧存在部分应属于检察官权限内的事项，需要部门负责人审批甚至三四级审批的现象，削弱检察官主体地位，办案效率也受到影响。(3) 员额检察官与助理之间责任分配不明，由于过于强调员额检察官的司法责任，对检察官助理的责任不甚明了，造成部分检察官助理误认为辅助工作没有责任，辅助办案的责任心不强，工作

不积极，出现“辅助不力”“辅而不助”的怠慢现象。

3. 责任落实有待完善

退额机制尚不健全。据统计，2018 年以来 N 市两级院共有 67 人退出员额检察官序列，其中因身体健康不能适应办案要求等原因主动申请或者组织做思想工作退出员额 2 人，占比 3.0%。因退休、辞职、岗位调动等自然事由退出员额 65 人，占比 97.0%。目前没有员额检察官因考核不合格或者经过考核委员会认定不能胜任而退出员额序列。究其原因，退额标准不够明确，在实践中难以把握。员额惩戒机制运行不佳。N 市两级院没有员额检察官被检察官惩戒委员会惩戒，这反映出惩戒制度基本处于休眠状态，无法倒逼员额检察官秉公用权、担当尽责。

（二）检察官队伍整体素能得到提升，但离“职业化、专业化、精英化”改革目标还有一定差距

1. 员额检察官司法能力仍需提升

在四大检察全面协调充分发展、数字检察如火如荼开展的大背景下，员额检察官普遍反映，自身存在本领恐慌。有些员额检察官依旧凭经验办案，出现司法文书质量不高、释法说理不充分、矛盾化解不到位的情况。特别是在基层公诉工作中，存在起诉书、公诉意见书逻辑不够清晰、重点不够突出，庭前准备不够充分，出庭指控能力有待提升，多媒体举证效果不足等问题。此外，个别新入额检察官，知识储备不足、专业素养不高，短期内尚无法适应高质量办案要求。

2. 员额检察官遴选制度不够完善

遴选考试存在一定的简单化倾向。目前，遴选笔试侧重考查考生的法律知识记忆能力，无法全面综合考察实际办案能力。遴选面试参考的考生基本获得通过，面试淘汰率极低，筛选作用发挥不明显。由此遴选出的检察官能否真正适应检察工作不无疑问。同时，司改相关制度允许法官、律师、高校学者等检察系统外的专业人才通过选任考试成为员额检察官，但这项机制处于探索阶段，以 N 市为例，选任对象比较单一，仅有 2 名法官进入检察官队伍。

3. 后备检察官培养力度不足

检察官助理是后备检察官最重要的来源，但目前助理成长为检察官的递进培养机制普遍缺失。在办案中，检察官助理大多只负责文书起草、案

卡填录等书面工作、程序性事项，在分析说理、作出检察决定时，往往较为依赖员额检察官的判断，检察履职能力有较大缺陷。检察官助理出庭也仅能从事宣读证据、协助多媒体示证等补充性、辅助性工作，无法得到有效的司法实践锻炼，出庭应诉、临场应变、沟通协调等能力存在薄弱环节。长此以往，历练远远不够的检察官助理将很难成长为合格的员额检察官。

（三）检察人员保障日趋完善，但配套机制有待进一步理顺

1. 员额检察官任职交流受限

根据有关规定："检察官因工作需要转任司法辅助人员或者司法行政人员，以及转任到其他党政机关的，根据检察官等级审批权限，综合考虑其德才表现、任职资历、工作经历等条件，比照拟任职单位同等条件人员确定职级。"员额检察官交流转任时，检察官等级与党政领导干部职务等级如何转换，存在不确定性，这导致很多员额检察官不愿意对外交流，也造成岗位过度稳定产生的封闭、停滞和躺平。

2. 检察官助理入额难

基层院助理入额难。经过5年检察官遴选，基层院的员额剩余职数普遍已经很少。目前N市8个基层院的员额剩余职数均仅有1个，检察官助理入额需求与员额空缺之间矛盾巨大。另外，即使有员额空缺，等待时间相当长。以B区院为例，目前员额平均年龄仅为43.7岁（除领导外，年龄最大的55岁，最小的31岁），大批年轻的检察官助理至少需要等待十年的时间才有机会入额。以上情况说明，成为检察官具有不确定性，检察官助理的入额困难、职业前景发展不确定、不乐观已成为当前检察队伍管理中的普遍性问题。上级院助理入额亦难。检察官法第17条规定："初任检察官一般到基层人民检察院任职。"由于上级院和基层院人员编制和职数等问题的限制，上级院检察官助理到基层院入额后，能不能再次回到市院任职是一个未知数。另外考虑到通勤、住房、家庭成员工作、入学等现实条件的制约，检察官助理很难为了入额放弃便利的生活条件。上述原因使得很多市院检察官助理在入额时犹豫再三，目前，N市院仅有2名检察官助理到城区基层院入额。

3. 司法行政人员空心化

司法行政部门吸引力不强、留人难。司法行政工作内容琐碎、工作成就感和职业尊荣感不强，业务部门干警普遍不愿、不想来，司法行政人员

不愿长留。司法行政人员晋升发展空间受限。以N市基层院为例，司法行政人员要晋升一级主任科员有较大难度，一般要到退休前或达到一定年龄后退出领导职务才能解决，而入额后晋升一级检察官是没有职数限制的，在退休前有可能晋升为四级高级检察官。

4. 聘用制书记员保障少、留不住

目前N市已建立起聘用制书记员制度，对于缓解办案人手紧缺起到了较大的作用。但是聘用制书记员收入普遍相对较低，导致聘用制书记员流动性大，平均在院时间仅为3.2年。

三、检察官员额制改革的优化建议

经过10年探索，检察官员额制以及人员分类管理的“四梁八柱”已经搭建起来，为今后制度“精装修”提供扎实的基础。“长江黄河不会倒流”，员额制改革不可能一蹴而就，改革出现的问题要用改革的办法来处理。下一步，检察机关应当坚持以习近平法治思想为指引，深入学习贯彻党的二十大精神，以应勇检察长在大检察官研讨班提出的“深化司法体制综合配套改革”“提升法律监督能力”“建设高素质专业化检察队伍”要求为具体参照，不断推动检察官员额制成熟和定型。建议在以下三个方面优化完善。

（一）坚持问题导向，全面、准确落实司法责任制

1. 科学合理配置员额资源

强化“以案定额”导向。建立根据案件量和工作量进行动态调整员额分配的机制，综合测算辖区内检察机关人均办案量，适当调剂员额配比，使员额检察官配置尽量向基层院倾斜、向办案一线倾斜。另外，“四大检察”内部员额配备时，也应统筹考虑案件数和工作量，力求合理均衡。探索设置非员额的行政副职。鉴于一线办案资源紧张，司法机关本身又承担大量行政事务，可以按照最高人民检察院《“十四五”时期检察工作发展规划》的要求，设置兼管行政工作、不进入员额的行政副职，促进入额领导干部专管业务，同时让员额空缺流向司法办案一线。目前，N市已有两个基层院先行先试，在业务部门配置未入额的检察官助理为副职，这种尝试既减少了员额资源占用，也为检察官助理和司法行政人员拓展了发展空

间，未来可以加大推广力度。

2. 压紧压实司法办案责任

（1）突出强化思想引领。通过集体谈话、个别谈心等方式，掌握干警所思所想，引导干警发挥一线办案骨干作用，积极承担司法办案责任。（2）合理设置权力清单。充分考虑检察权“整体行权”的特点以及员额检察官的司法办案主体地位，科学设定差异化的权力清单。可以将一般案件决定权充分下放给检察官，同时赋予检察长、部门负责人对重大、疑难和复杂案件、不捕、不诉、抗诉等案件的审核权，努力做到司法办案放权不放任、审核不干预。此外，面对检察官助理辅助不力、成长不够的困境，尝试探索设置检察官助理责任清单，特别是要赋予检察官助理在庭审过程中辅助出示证据、补充发表出庭意见和进行质证，参与法庭辩论权力，让检察官助理得到有效历练。此外，要赋予员额检察官对检察官助理的考核建议权，督促检察官助理履职尽责。

3. 数据赋能加大对司法责任制落实的监管力度

借助大数据技术的数据挖掘、人物画像、案件画像、结果预测、偏离预警等方面的应用，建构自动、实时、动态、精准的司法工作量与办案质量评估体系，辅助司法责任制的落实。智能化筛选，对符合入额院领导办理的重大复杂敏感、新类型案件和在法律适用方面具有普遍指导意义的案件向入额院领导优先推送，推动入额院领导带头办理大要案。全过程留痕，依托在线平台，对入额院领导、部门负责人、员额检察官和检察官助理等不同主体的办案情况进行全程记录，确保司法责任全程留痕、有效追溯。精准化评估，通过合理设置计算公式，将案件类型、简易程度、办案实效、流程环节等进行赋分量化，直观清晰地测算不同办案组、员额检察官及助理的工作成效，为科学考核和追责惩戒提供基础依据。

（二）坚持靶向问效，加大检察官培养力度

1. 着力增强检察官综合素能

全面强化政治素质。检察机关是政治性很强的业务机关，政治属性是第一位的，这就要求全体检察人员不断提升政治判断力、政治领悟力、政治执行力，把讲政治贯穿和体现到检察履职的各方面、全过程。着力培塑业务素质和职业道德素质。更加注重“练好内功”，培养、提高检察人员正确运用法律政策的能力，善于从法律条文中深刻领悟法治精神，善于从

纷繁复杂的监督案件中准确把握实质法律关系，善于统筹法理情的有机统一，防止就案办案、机械司法。同时，将高质效办好每一个案件作为评价检察官能力的基本价值追求，通过检察履职，确保在实体上实现公平正义，在程序上让公平正义更好更快实现，在目标上让人民群众感受到公平正义。

2. 完善落实入额、晋升、退额机制

（1）改革入额考试模式。笔试要更加注重综合知识测试，通过均衡设置四大检察试题，鼓励检察官拓展知识面和技能，防止出现偏科现象。面试要逐步规范化，比如可以设置开庭审理过程中可能出现的情况或者与同事合作中可能产生的问题等环节，通过场景对话，综合评定检察官处理实际问题的工作能力。推行择优晋升机制、差额晋升机制，激励更多检察官争先进位，防止过早遇到级别待遇“天花板”。（2）严格落实退额制度。进一步明确员额退出实施办法中“未达到办案量”“不符合要求”等“不能胜任”的具体标准，尽可能量化办案质效指标，确保退额机制更具有实操性。同时压紧压实考评委员会、惩戒委员会的责任，对符合退额、惩戒情形的检察官不隐瞒、不庇护，做到严管厚爱，力防程序空转。

3. 积极拓展检察官交流通道

（1）畅通与党政机关的交流。争取组织部门对检察队伍成长交流机制的支持，自上而下推动出台员额检察官职级套转统一政策，让更多员额检察官有机会向外交流、丰富工作经历、拓宽成长渠道。（2）畅通上下级检察人员的交流。“有下才能有上。”目前下级检察人员遴选至上级检察机关工作及上级检察人员到下级担任领导职务，已常态化运行。但是，上级检察官助理至基层入额制度运转不畅，在完善政策时可以允许上级检察官助理在基层入额并工作一定年限后直接调回原机关，以此让更多检察官能够在基层得到磨炼。（3）畅通与法律共同体的交流。在员额检察官遴选机制中，进一步拓展选人渠道，探索完善同级检察官与法官定期交流机制，鼓励有条件地区试行检察官与高校学者之间的职业交流。

（三）坚持立破并举，破解检察辅助人员成长难题

1. 创新设立见习检察官制度

探索试点见习检察官制度，为检察官助理职业发展打通阻塞。具体而言，遴选优秀检察官助理为见习检察官，赋予其独立办理简单类型案件的

权限、承担独立的司法责任，待遇介于检察官助理和员额检察官之间，同时设置一定见习期，期满通过考核，待员额编制空出之后，可以转任员额检察官。这项制度既有利于检察官综合素能的养成，也有利于补强一线办案人手、缓解“案多人少”矛盾。

2. 努力充实司法行政人员队伍

探索建立司法行政人员与业务部门人员交流轮岗制度，既扩充司法行政队伍的来源，又提升员额检察官文字水平和协调能力。此外，在职级晋升和待遇保障上可以向司法行政人员适度倾斜，适当平衡与员额检察官待遇差距，保障司法行政队伍的稳定性。

3. 适当提高聘用制书记员待遇水平

积极争取财政支持，将聘用制书记员提升至同一地区协辅警待遇水平。建立聘用制书记员等级制度，根据工作年限、日常表现，以及岗位性质和难易程度等，实行不同工资等级，以增强对工作积极性高、工作质量高以及安心在岗聘用制书记员的激励。

大数据法律监督模型的研发、管理及应用机制研究

董史统　张　伟　潘伟峰*

随着以云计算、区块链、人工智能为代表的信息技术蓬勃发展和国家大数据战略深入实施，大数据正以前所未有的方式影响我们日常生产生活。《中共中央关于加强新时代检察机关法律监督工作的意见》提出，“运用大数据、区块链等技术推进公安机关、检察机关、审判机关、司法行政机关等跨部门大数据协同办案”。2023年6月，最高人民检察院党组书记、检察长应勇在北戴河与数字检察工作专题研修班学员座谈时，强调要“深入实施数字检察战略，赋能新时代法律监督”。[①]

贯彻数字检察战略的关键，在于构建大数据法律监督模型。浙江作为数字检察的先发地区，早在2018年就率先对“套路贷”虚假诉讼、违规领取养老金等在全国具有普遍性、突出性的问题，研发大数据法律监督模型，有力解决人民群众反映强烈堵点痛点难点问题。[②] 故，要实现大数据法律监督模型的应用效能最大化，检察机关要建立健全大数据法律监督模型的研发、管理及应用机制。

---

* 董史统，浙江省温州市鹿城区人民检察院检察委员会委员、双屿检察室副主任（中层正职）、二级检察官、中国法学会会员、浙江省级检察理论研究人才；张伟，浙江省温州市鹿城区人民检察院办公室主任；潘伟峰，浙江省温州市鹿城区人民检察院第八检察部检察官助理。

① 巩宸宇：《加快推进数字检察战略赋能法律监督促进和维护公平正义》，载《检察日报》2023年6月20日。

② 贾宇：《论数字检察》，载《中国法学》2023年第1期。

一、大数据法律监督模型的价值功能

（一）实现检察业务技术迭代升级

传统上，检察机关监督办案线索主要基于案件移送或当事人申请，监督线索发现难、来源渠道窄，法律监督的能动性不足，导致法律监督较为被动。在万物互联的当今社会，全球 70 亿人每人每天就产生高达 1.5GB 数据①，如果能够适当加以分析利用，即可为检察机关法律监督提供全新视角、拓展法律监督履职空间。在这种背景下，大数据法律监督模型的应用就使得传统法律监督方法发生根本转变，即由传统的、基于少量业务数据而展开的个案监督转向大数据全样本的、基于海量乃至全部业务数据而展开的类案监督②，重塑了过去被动监督到如今能动监督的新模式。在大数据法律监督模型构建上，需要使用专门的数据分析方法，主要包括但不限于以下方面：在海量的业务数据内，通过设定某些条件，从中筛选出指向某些犯罪行为的异常数据；在两个或者多个数据库中，通过彼此交集或者并集，碰撞出某些犯罪行为的数据；基于对存储的不特定数据库，通过办案经验和一般规律进行梳理及分析，构建异常案件的“数据画像”。正是这些寻求同一性、差异性或者交互性的大数据技术的应用，促进了检察技术的飞跃发展。

（二）推动法律监督模式变革

过去检察机关法律监督的主动性不足，局限于卷宗的被动审查，依赖于公安的补充侦查，范围囿于简单的个案审查。部门协作配合不够紧密，缺乏系统化、规模化联动，法律监督整体呈现“碎片化”。大数据法律监督模型以数据为基础、以平台为支撑，依托于算法算力，突破时间空间上的限制，系统性重塑法律监督模式，实现“办一案”到“牵一串”的重大转变。其逻辑思维遵循如下步骤：首先，解构个案、总结要素。检察官

---

① 文韬：《华为梁华：深耕数字化、智能化，促进数字经济可持续发展》，载《通信世界》2021 年第 22 期。

② 胡铭、何子涵：《大数据法律监督的实践逻辑与风险控制》，载《人民检察》2022 年第 11 期。

在办案中发现某领域存在的问题线索，通过研判分析，总结在个案或者类案背后隐藏着某类共性问题，根据需要碰撞的方向针对性地调取数据。其次，建立模型、获取线索。立足本地现有数据库或者根据案件情况调取需要访问的数据库，创建大数据法律监督模型，运用数字思维和数字方法，开展比对、碰撞，批量发现问题线索。再次，核查线索、类案监督。在利用大数据法律监督模型初步获取批量问题线索后，就线索最终能否被查实成案，需要融合检察职能，对问题线索展开全面、深入、高效的核查，彻底解决一类问题。最后，一地突破、全域共享。“贯通”是大数据法律监督模型的应有之义，即坚持系统思维、集成突破，实现一地及时总结、提炼先行先试经验，在市域、省域乃至全国范围内推开共享。

（三）促进社会治理提质增效

目前，个别检察机关在法律监督上还不够深入，不能发现和纠正一些根深蒂固的问题，在推进执法和司法监督制约方面也没有取得足够进展，距离“高质效办好每一个案件”的要求仍有一定差距。部分检察机关片面追求考核数据，仅就一些执法司法小问题、小瑕疵制发检察建议凑数不仅被监督对象认可度不高，法律监督呈现“浅表化”现象。大数据法律监督模型的价值在于检察官不再就案办案，而是站在国家治理高度，为法律监督装上“数字大脑”，从个案中总结规律、特征，并据此在海量数据中筛查出类案，在批量类案中发现立法、执法、司法、机制等方面存在的漏洞，最终解决社会治理问题①。特别是在全国检察机关如火如荼开展大数据法律监督的当下，监督数量将会迎来数倍数十倍乃至指数级增长。然而数量并不一定代表质量，如果按照以往监督模式，紧盯执法司法小瑕疵小问题，容易陷入追求数量盲区，与法律监督使命感与荣誉感背道而驰。要做到法律监督的高质效，就必须从过去就案办案的思维模式中跳脱出来，把“监督促进治理”作为更高层次的追求目标。当前，一个大数据法律监督模型就对应一个类案监督“治理场景”，为实现“监督促进治理”提供了最佳切入口。通过深挖类案背后的社会问题，联合相关部门开展专项监督，推动建章立制，融合释放数字效能和法治效能，促进社会治理更加高

① 翁跃强、文晓晴、姜琪、温一浩等：《大数据赋能法律监督的价值与应用》，载《人民检察》2022 年第 11 期。

效、彻底。

二、大数据法律监督模型的使命任务

（一）实现融合监督，深挖批量化线索

长期以来，“监督就是办案”意识尚未到位，监督与办案存在分离，“四大检察”融合不够，法律监督未能形成整体合力。在强调依法能动履职和高质效办案的当下，如何融合业务优势、形成履职合力就成为当下之需。从供需方面来说，构建大数据法律监督模型就是一条有效路径，即通过借助大数据优势探索融合办案机制，实现多跨协同、做到业务共融，实现法律监督效能倍增。在内部层面而言，应打破部门间的界限，组建“业务＋技术”的数字化办案单元，强化一体履职，必要时可成立由检察长担任组长的专项小组，协调解决问题，实行全过程、融合式数字检察办案，发挥业务与技术的叠加倍增效应。在外部层面而言，开展多跨场景协作治理，对检察机关办理的犯罪类别和罪名开展针对性挖掘和梳理，发现存在的普遍性和倾向性社会治理问题，为行政、公益诉讼、未成年人检察等履职提供线索，开展融合式监督；并协同相关行政执法机关，开展跨领域协作，实现不同社会场景治理，完善行刑衔接及反向衔接机制。

大数据法律监督模型由于紧扣业务需求，能够有效打通业务部门与案件管理、检察技术等部门联动通道，催化监督效能。借助全国检察业务应用系统，有针对性地开发、唤醒检察数据，注重办案数据的统计、分析、评估等工作，开展前瞻性研判，为党委政府决策提供有效数据支撑。从组织架构上看，大数据法律监督模型构建上实行“一核多点”的共管架构，即以检察机关为核心，协同公安机关、审判机关、司法行政机关以及相关企事业单位等开展交流合作。推动建立信息数据协同共享机制，着力解决数据不畅、数据孤岛等问题，进而在数据共建共享基础上，依托检察机关专业办案优势，逐步把大数据法律监督成效巩固为“检察＋有关部门”协同治理、系统治理、源头治理的共治生态。

（二）坚持能动履职，强化为大局服务

构建大数据法律监督模型的总体要求，就是要紧扣“高质效办好每一

个案件”的价值追求，坚持问题导向，紧紧围绕经济发展、司法公正、社会治理、国家和社会公共利益等人民群众反映强烈的重点领域，做强检察工作，为谱写中国式现代化新篇章提供有力的法治保障。

一是精准服务经济高质量发展。把服务经济发展成效作为检察机关服务大局的核心指标和评估大数据法律监督模型效能的重要依据。例如，苏州市检察院聚焦司法实践中一些被执行人恶意转移财产，导致胜诉方“赢了官司拿不到钱”情形，研发债权转让虚假诉讼逃避执行监督模型，聚焦“行为”“人物”“时间”三大要素，构建研判规则，对债权转让人与受让人之间的异常行为进行疑点画像，并赋予不同风险等级，让“老赖”现出原形。

二是着力维护社会公共利益。把保障民生福祉作为检察履职的孜孜追求，以公共利益维护情况衡量大数据法律监督模型实效。例如，清远市检察院针对矿区超范围、超量开采具有隐蔽性，难以查处的情形，研发的督促依法监管超范围、超量采矿等涉矿类案监督模型，该模型以确定超量开采检察监督点，以矿企许可开采量为计算基数，分别比对矿山储量年报、税务销项等数据，发现超量开采案件线索，并通过集约化建模进一步发现非法占用农用地、遗漏行政处罚事项和偷税漏税的案件线索。

三是规范提升社会治理水平。发挥大数据在治理中的穿透作用，彰显大数据法律监督模型在“监督促进治理”方面的效能。例如，北京市检察院、西城区检察院联合研发的“涉安全生产特种作业操作证”类案法律监督模型，该模型从办理的个案出发，对相关类案开展系统梳理，形成司法信息数据，另从各个平台获取的案件线索材料、辖区内人员数十万条后备数据等信息进行碰撞研判，从而发现近300名假证持有者等类案线索，最终在公安机关、行政执法机关的联动履职下，及时消除了工地安全生产隐患。

（三）强化主责主业，倾力为人民司法

大数据法律监督模型的出发点和落脚点都是强化法律监督主责主业，因此推进以构建大数据法律监督模型为核心的数字检察战略必须坚持业务主导，“从业务中来、到业务中去”，最直接成果就是办出一批高质效的法律监督案件。基于“四大检察”本职工作的实际需要，总结提炼监督办案规律，确认让哪些检察业务数据参与后续的数据分析、碰撞，确保业务主

导下的大数据法律监督模型有的放矢、始终在科学有序轨道上平稳运行。构建大数据法律监督模型，也是更好落实好为人民司法要求的优化路径，最直观表现即为做好“监督促进治理”的“后半篇文章”。刑事检察领域，回应人民群众需求，将大数据法律监督模型运用到各方面和全过程，拉长办案链条，通过对办理的类案进行系统梳理、数据碰撞，针对办案中发现的普遍性、频发性的社会治理问题，综合运用走访会商、检察建议等方式，助推相关职能部门尽主责、补缺位，做好源头治理文章，真正实现“治已病”更“治未病”。民事检察领域，要积极运用大数据发掘虚假诉讼案件线索，深挖虚假诉讼背后的违法犯罪行为，加强民事执行活动监督，并把监督视角向破产、仲裁等领域延伸。行政检察领域，作为当前法律监督的薄弱方面，也是大有可为的关键点，要善于借势借力，对拆迁领域、涉企行政处罚不当等领域，构建大数据法律监督模型，发现行政机关违法行使职权或者不当行使职权的，积极开展行政违法行为监督，依法制发检察建议等督促其纠正。公益诉讼检察领域，涉及食药安全、生态安全等直接民生事项，社会关注度高，通过强化大数据在这些领域的深度应用，可以为法律监督提供更多的案件线索，助推公益保护向多元、纵深推进。

三、大数据法律监督模型研发、管理及应用的流程规范

（一）大数据法律监督模型的研发机制

1. 完善学习互鉴互用机制

法律监督具有专业性，而大数据具有技术要求，两者结合产生的大数据法律监督模型兼具两种特征，需要认真分析研判，确定推进方向。为此，要建立学习机制，做好法律监督对象相关背景知识、业务知识的学习，挖掘开展法律监督过程中契合大数据要求的突破口；健全互学互用机制，及时走出去，向先进单位学习大数据法律监督实战经验，把握法律监督要点与大数据优势的结合点，探讨如何研发大数据法律监督模型。

2. 拓展信息数据来源机制

大数据法律监督要求从海量数据中挖掘有价值信息，即原始数据积累是大数据法律监督模式的基石。开展大数据法律监督，必须解决数据来源问

题。这就要求，检察机关主动对接政法跨部门大数据平台数据标准、融入平台建设，加强与政法机关和行政执法部门资源共享，创新一体化数据质量控制体系，明确司法数据的采集、交换与存储责任，推动形成数据合力。

3. 健全业务技术融合机制

法律监督数字化转型不是单纯的技术手段创新，而是检察业务与检察技术深度融合实现高质量发展的过程。在大数据法律监督模型开发中，注意处理好业务主导与技术驱动的关系，业务部门作为需求部门与技术部门建立深度融合机制，技术部门引导业务部门掌握建模的方式和原则，以大数据深度运用为驱动，双方通力协同在实际案件办理中挖掘案件规律，理顺办理思路，创造类案法律监督模型，按照犯罪过程比对数据信息，拓展了扁平的数据维度，盘活孤立的数据资源。

（二）大数据法律监督模型的管理机制

1. 健全局域先行探索机制

大数据法律监督模型作为强化法律监督职能行使的高效载体，在管理过程中要有跳出传统监督的“舒适区”、敢闯数字监督“无人区”的勇气和魄力。为此，要健全先行先试奖励机制，鼓励各地有条件基础的则立足本地特点，深挖传统监督较难触及、无法根治的社会难点，检验大数据法律监督模型应用效果，总结提炼监督模型运行的方式方法，并就推广监督模型做好普适性的调研和优化，实现“一域突破、全域共享”。

2. 建立常态专项评比机制

构建覆盖全国四级检察院的监督模型竞赛平台，开展常态化大数据法律监督模型比拼练赛活动。在监督模型比拼准备阶段，引导业务部门借助大数据拓展监督渠道、优化监督模式、创新监督方法、提升监督能力[①]，推进数字办案提质增效。通过监督模型比赛，以实战实效、管用好用为导向，检验各地数字办案的业务实力和人才储备。同步组织观摩学习，沉浸式感受，向检察人员传导数字办案的意识和思维。

3. 优化检察一体推进机制

建立健全数字检察成果共享与实践机制，推出一系列大数据法律监督

---

① 徐日丹、刘亭亭：《抓住数字化发展红利，让检察信息化实现换道超车》，载《检察日报》2022 年 5 月 28 日。

指引案例，部署一批大数据法律监督专项行动，强化考核引导作用，分层次区分奖励首创院和落实院工作绩效，进一步激发创新动力和落实执行力。建设大数据共享平台，智能化实现数字监督模型一键式共享、数据资源一键式获取，逐步形成省级打通数据壁垒、市级统筹推进、基层贯彻落实的检察一体化法律监督模式，进一步巩固和放大法律监督效果。

（三）大数据法律监督模型的应用机制

1. 健全内部验收评估机制

按照“高质效办好每一个案件”的价值追求，由检察机关先行对大数据法律监督模型的应用效果进行内部验收评估，确保法律监督的方向、方法和结果符合新时代检察机关法律监督工作要求。在法律监督“量”的方面，评估是否通过“个案办理—类案监督—系统治理”路径，实现“量”的大幅提升。在法律监督“质”的方面，通过专项评查、交叉评议等方式，从内部视角对大数据法律监督模型的应用效果进行验收评估。

2. 完善外部效果评价机制

找准外部效果评价与大数据法律监督的契合点，科学设计外部效果评价机制，以法律监督准确度、人民群众满意度为基本评价准则，以主动接受外部监督提升法律监督的可信度。邀请人大代表、政协委员、特约联络员等群体，通过实地察看、听取汇报等形式，开展大数据法律监督模型应用效果“回头看”，从外部视角、群众角度对模型的实用性、可行性和可推广性进行评估，进一步保障大数据背景下法律监督的公正性。

3. 建立优化改进提升机制

发挥内部验收评估和外部效果评价的作用，既注重梳理总结大数据法律监督模型在运行过程中存在的问题和不足，又注重全面吸纳内外部对优化改进大数据法律监督模型的意见和建议，以多方视角重新审视大数据法律监督模型的得失。依托大数据建模平台畅通内外联系和评价反馈渠道，倒逼大数据法律监督模型制作者就问题建议进行实质化改进，确保内外评价结果的实质运用，实现大数据法律监督模型应用效能最大化。

中央苏区工农检察队伍建设的探索实践及对检察队伍现代化建设的现实启示

李坤然*

一、工农检察队伍建设的法律规定

在中央苏区，党和苏维埃政府高度重视工农检察队伍建设，从中央到地方制定、颁布了《工农检察部的组织条例》《工农检察委员部训令（第三号）——关于健全各级工农检察部组织事》（以下简称《工农检察部训令（第三号）》）《工农检察部控告局的组织纲要》《突击队的组织和工作》等一系列法律法规，从法律层面对工农检察队伍建设作出明确规定。

（一）明确检察人员入职条件

苏维埃通过制定法律、法令，对参加检察机关工作的人员，提出了明确的、具体的条件和要求。1931 年 11 月，中华工农兵苏维埃第一次全国代表大会通过《中华苏维埃共和国工农检察部的组织条例》，设置“工农检察各机关的工作人员”专章，规定“各级工农检察机关的工作人员，应该由坚决的有阶级觉悟的，在革命斗争中有经验的工人、雇农、贫农及其他最革命分子组织而成，并随时可以吸收积极的工农分子帮助工农检察的工作”。1933 年 12 月颁布的《中华苏维埃共和国地方苏维埃暂行组织法（草案）》（以下简称《草案》），也专门对各级检察委员会的委员任职条件作了规定。该《草案》第 160 条规定，各级检察委员会的委员，必须具备以下条件者方为合格：（1）有阶级觉悟、最忠实于苏维埃政权的工人、农

* 李坤然，福建省龙岩市连城县人民检察院党组书记、检察长。

民、贫农及其他有革命历史的分子，但工人至少占百分之四十。（2）没有受过苏维埃法庭的刑事处分者。对吸收工农检察机关管辖和指导的突击队、轻骑队、通讯员等群众性组织成员，《工农检察部训令（第三号）》也提出了要求，强调“特别要吸收党员、青年团员、工会会员、少先队员，以及其他团体的人员来参加工农检察部下面各种组织的工作”。

（二）实行定编定岗定职

《工农检察部训令（第三号）》对各级工农检察部的编制、岗位、职责作了具体规定。其中规定，“省工农检察部除部长副部长及委员外，暂定九人至十人担任经常工作，其工作分配如下：指导员二人至三人，经常到各县指导工作；控告局局长一人，管理控告局的全部工作；调查员二人至三人，执行控告局的调查工作；管理和指导突击队的工作一人；管理和指导工农通讯员的工作一人；秘书一人，管理文件和开会记录”，“县级工农检察部暂定经常工作人员七人至九人，其中指导员二人至三人、控告局长一人、调查员一人至二人，管理突击队一人、管理工农通讯一人、秘书一人”。工作人员分工处理各项日常检察工作，不担负与检察工作无关的其他任务。①

（三）确定不兼职不挂名等原则

洛甫（张闻天）在《苏维埃工作的改善与工农检察委员会》一文中指出：“工农检察委员同党的监察委员一样，不能兼任其他的工作。”《工农检察部训令（第三号）》确定了工农检察部主要负责人不兼职、不轻易调动，工农检察部委员不挂名、安排具体工作等原则。具体规定如下：“各级工农检察部长必须有专人负责，不能兼其他各部工作。目前如兼有其他工作者，必须辞去，由主席团另推选其他委员接替其他部分工作。”“各级部长以后不能随意调换。如因工作必须调换者，须得到上一级的批准。”“委员会的委员，以能经常到会的为条件，凡是只挂名不到会的，要另行委任。”“各级工农检察部除了经常性工作人员以外，要尽量使委员会的委员能够分担部分的工作（委员会的委员可以兼任部门职务和控告局的

---

① 林海主编：《人民检察制度在中央苏区的初创和发展》，中国检察出版社 2011 年版，第 23 页。

指导员）。”对于裁判部的检察人员，《中央司法部训令（第一号）》规定：“司法机关是非常尊严的，应选正直而有革命历史的同志担任，建立他的独立工作，不得随便以人兼任……在裁判部内，检察员与审判员的职责，也应分别清楚……”

二、工农检察队伍建设的探索实践

尽管受到战争环境影响，中华苏维埃共和国颁布的一些有关检察工作、队伍建设的法律政令无法得到全面彻底执行，但中华苏维埃共和国在短短的时间里从无到有、从小到大，建立起了一个从中央到地方的工农检察体系和一支工农检察队伍，在加强工农检察队伍建设上进行了有益探索和生动实践。

（一）充实领导力量

中华苏维埃共和国成立之初，地方工农检察机构不健全，工作人员不固定，主要领导人普遍兼职、调动频繁，影响了检察工作的正常开展。毛泽东在《中华苏维埃临时中央政府在一周年纪念时向全体选民工作报告书》中对此提出批评，指出：“为了监督和防止各级政府工作人员发生官僚腐化，加强工农检察工作，设立各级控告局，规定突击队的组织和工作，但未使这些组织与工作能吸引各群众团体与工农积极分子参加，因不能收到实际的效力。”① 为改变这种状况，1933 年 2 月 26 日，中央人民委员会第 35 次常委会决定，呈请中央执行委员会批准，委任董必武、刘少奇为中央工农检察部委员。1933 年 5 月，增加高自立为中央工农检察部副部长。1933 年 12 月，颁布《中华苏维埃共和国地方苏维埃暂行组织法（草案）》，改工农检察部为工农检察委员会。1934 年 2 月，中华苏维埃第二次全国代表大会选举产生了中央工农检察委员会，委员增加到 36 人。

（二）严格组织纪律

在中央苏区，各级工农检察部实行部队建制、军事化管理，所有工作

① 江西省档案馆、中央江西省党校党史教研室选编：《中央革命根据地史料选编》（下），江西人民出版社 1982 年版，第 227 页。

人员均穿红军服装。苏区检察机关查处官僚主义，不仅针对其他机关、团体，对各级工农检察机关的工作人员管理也尤为严厉。对于工作开展不力的地方检察委员会，中央工农检察委员会毫不留情地进行点名批评。比如，董必武（时任中央工农检察委员会委员）在《把检举运动更广大的开展起来》中，对开展检举运动不力的地方检委进行了点名批评："福建省检委作出一些个别的成绩，但对于兆征代英的检举抓不紧。粤赣省检委除主席王孚善同志曾到过于都，同中央突击队作了一时工作外，他所领导的门岭、会昌、登贤、寻乌的检举，完全没有报告，据中央派到会昌的突击队来信，会昌的检举丝毫无成绩的。"① 此外，一些地方检委领导因违法违纪，成为被检举对象，受到组织处理甚至刑事追究。比如，于都县工农检察委员会主席刘福元不仅未能履行其应有的职责、依法查处于都县干部挪用公款做生意的行为，反而同流合污，也挪用公款合伙做贩卖谷盐进出口的生意，受到撤职处分。

（三）坚守法治精神

中央苏区中后期，在王明"左"倾教条主义的错误领导下，苏区立法、执法、司法都受到"左"倾错误的影响，工农检察机关在开展具体工作中也必然受其制约，忠于法律和事实需要非凡的勇气。在与"左"倾教条主义斗争、对敌斗争中，以何叔衡为代表的工农检察人员以高度的正义感、责任感，以昂扬的斗志和坚定的信念，坚持真理，维护正义，顶着巨大压力办理了一批案件，展现了忠于事实和法律的法治精神。比如，1933年开展的查田运动出现很多问题，中央工农检察部部长何叔衡在深入长汀濯田等地调查后，顶着极"左"错误的影响，为被错误划定成分的群众纠偏。1933年夏，中央工农检察部查处瑞金县苏维埃财政部蓝文勋、杨连财、唐仁达贪污案，"左"倾教条主义者大为恼火，认为何叔衡的反贪肃腐势必影响和搅乱反"罗明路线"的斗争，因此责令立即停止调查。何叔衡同志顶住压力，亲率办案组深入调查，查清相关犯罪事实后，亲自签署对唐仁达等人的逮捕令，并将他们送上法庭，后法庭判决唐仁达死刑、蓝文勋监禁十年、杨连财监禁五年。由于"左"倾教条主义的严重干扰，不

---

① 林海主编：《人民检察制度在中央苏区的初创和发展》，中国检察出版社2011年版，第65页。

久何叔衡同志被撤销了中央执行委员、工农检察部部长和临时最高法庭主席职务。

（四）培养优良作风

一是密切联系群众。“苏区干部好作风，自带干粮去办公。日着草鞋干革命，夜走山路访贫农。”这首苏区群众自编的山歌，正是苏区干部优良作风的生动写照。各级工农检察机构为了密切联系群众，还组建了突击队、轻骑队、工农通讯员等群众性组织，充分吸收积极的工农分子帮助工农检察工作。二是注重调查研究。中央工农检察部部长何叔衡坚持深入基层、深入群众，明确提出“不等群众上访，就先下访”，经常随身带着布袋子、手电筒、记事本“三件宝”，下乡调查，走访群众，了解情况，每次回来布袋子必定装满了各种证据、各项工作材料。三是领导亲自办案。其中，兼任中央工农检察部人民委员的刘少奇主持查办了中央印刷厂厂长杨其鑫、中央造币厂厂长陈祥生贪污案；中央工农检察部副部长高自立亲自查处了瑞金县苏维埃财政部长贪污案；最高特别法庭临时检察长梁柏台亲自出庭告发了熊仙璧（曾任中央执行委员会委员、瑞金县苏维埃主席）渎职、贪污案。

三、对检察队伍现代化建设的经验启示

最高人民检察院党组强调，要深入学习贯彻习近平新时代中国特色社会主义思想，以检察工作现代化支撑和服务中国式现代化。人是关键因素。实现检察工作现代化，必须以检察队伍现代化为保障。而检察队伍现代化建设，必须坚持检察队伍革命化方向、正规化路径、专业化支撑、职业化标准。

（一）以政治建设为根本，坚持检察队伍革命化方向

革命化是检察队伍建设的根本性遵循，其根本要求是政治坚定，核心内容是对党忠诚、为民服务，体现着检察机关的属性和宗旨，决定着检察队伍的方向定位。中央苏区工农检察机构从建立之初就十分重视队伍革命化建设，始终把讲政治放在突出位置。1933 年 6 月，中央工农检察部围绕中央“反封锁”的决策，专门下发《中央及地方各级工农检察部六个月工

作计划》，部署“检察倡办粮食与消费的合作社”“检察推销经济建设公债”“检察税收工作”等任务，督促各级苏维埃加紧工作，形成你追我赶局面。正如张闻天在《苏维埃工作的改善与工农检察委员会》中指出的“在苏维埃政权面前的一切战斗任务，也就是我们工农检察委员会的任务”，对党忠诚、服务大局、为民执法，是检察人员讲政治的集中体现。推进新时代检察队伍现代化建设，必须坚持革命化方向，旗帜鲜明讲政治。要深入学习贯彻习近平新时代中国特色社会主义思想，坚定拥护“两个确立”，坚决做到“两个维护”，不断提高政治判断力、政治领悟力、政治执行力，筑牢政治忠诚之魂。要引导检察人员进一步学懂弄通践行习近平法治思想，深刻领会和把握中央决策部署，把讲政治的要求贯彻落实到检察履职的每一个环节，高质效办好每一个案件，努力让人民群众在每一个司法案件中感受到公平正义。要加强中国共产党史、人民检察史的学习，坚持用党的历史滋养初心、锤炼党性，传承红色基因，赓续红色血脉，在检察履职中始终保持政治警醒、政治定力和政治敏锐，善于“从政治上看”，更加自觉主动维护国家政治安全和社会稳定，服务保障经济社会高质量发展。

（二）以纪律建设为保证，坚持检察队伍正规化路径

正规化是检察队伍建设的基础性工程，其根本要求是统一规范，核心内容是管理科学、纪律严明，体现着检察机关的纪律和管理，决定着检察队伍的形象塑造。中央苏区工农检察队伍实行部队建制、军事化管理，并实行严格的纪律约束，迈出了检察队伍正规化建设坚实的第一步。1933 年夏，宁化县木坊区、准土区工农检察部部长王木生、张士提参加中央政府邻近八县区苏维埃各部负责人会议，会议期间“既无工作报告、又不发言，连坐在会场上也不愿意，直到第四天主席问他俩意见，他们还不知道来做什么事”。中央工农检察部代部长高自立同志就此事专门撰文《两个吃冤枉的工农检察部长》，刊登在《红色中华》进行通报批评，并强调“应该把这一类吃冤枉的分子赶出苏维埃政权去”。曾担任中央执行委员、工农检察委员会委员的黄长娇[①]回忆说：“当时的工农检察部的纪律很严，

① 黄长娇，江西赣县人，1911 年出生，1932 年加入中国共产党，曾任江西省总工会妇女部部长、中华苏维埃共和国第二届中央执行委员会委员、中央工农检察部委员等职。

要求很高。"[①] 新时代加强检察队伍现代化建设，必须坚持正规化路径，毫不动摇严明纪律、严格管理。要坚决履行全面从严管党治检主体责任，秉持"严管就是厚爱、自律就是自爱"，坚持严的主基调，始终以严的态度、严的措施、严的纪律加强对检察人员的全方位管理、常态化监督，确保检察队伍不变质、不变色、不变味。要强化内部监督，健全执法办案权力清单，完善执法办案廉政风险防范机制，加快构建检察权运行制约监督体系，持续抓实防止干预司法"三个规定"，严格执行个人有关事项报告和抽查核实制度、领导干部配偶子女及其配偶经商办企业等规定，从严监督离任检察人员从业行为，让检察人员习惯在严密监督和约束的环境中工作生活。要常态化开展预防警示教育，善于用检察人员身边的人和事教育干警、警示干警，引导检察人员牢记清廉是福、贪欲是祸，自觉净化社交圈、生活圈、朋友圈，严格家风家教，用廉洁文化滋养身心，自觉筑牢拒腐防变堤坝。

（三）以能力建设为基础，坚持检察队伍专业化支撑

专业化是检察队伍建设的关键性内容，根本要求是有效履职，核心内容是提升能力、树立权威，体现着检察机关的能力和水平，决定着检察队伍的专业素养。中央苏区时期，党和苏维埃政府的工作重心在反围剿上，但仍然十分重视法制建设和司法工作，将何叔衡、董必武、项英、罗荣桓、梁柏台等一批彻底的革命分子安排在检察、审判机关工作，为新中国培养和锻炼了一批检察事业、法制建设和治国安邦的人才。加强新时代检察队伍现代化建设，必须坚持专业化支撑，始终把专业化建设摆在更加突出重要的位置，与时俱进提升检察队伍专业素养、专业能力。要加强检察培训工作，改进检察培训模式，改变"灌输式""填鸭式""说教式"培训方法，灵活采取理论与实践相结合的方式，倡导并常态化开展实训竞赛，积极组织"公检法监"同堂培训，让检察人员在学中干、干中学，久久为功提升检察人员专业素质，解决检察干警"本领恐慌"的问题。要紧跟"四大检察"发展步伐，贯彻落实最高人民检察院《加强新时代检察队伍建设的意见》，加快实施检察领军人才、业务专家培养计划，加大专业人才引进力度，缓解各级检察院尤其是部分基层检察院人才短缺问题。

---

① 林海主编：《中央苏区检察史》，中国检察出版社 2001 年版，第 19 页。

（四）以检察改革为抓手，坚持检察队伍职业化标准

职业化是检察队伍建设的规律性要求，其根本要求是遵循规律，核心内容是分类管理、权责统一，体现着检察机关的角色和归属，决定着检察队伍的生机活力。中央苏区时期，受战争环境影响，工农检察队伍无法实行分类管理，人员兼职现象普遍，工作调动也非常频繁。但工农检察部针对这一现象专门发布训令，确定了工农检察部主要负责人不兼职、不轻易调动，工农检察部委员不挂名、安排具体工作等原则，这对于稳定工农检察队伍、加强工农检察工作意义重大。新时代加强检察队伍正规化建设，必须坚持职业化标准，遵循检察工作规律，不断深化司法体制改革“精装修”。要坚持向科学管理要司法生产力，抓住深化司法改革的“牛鼻子”，全面准确落实司法责任制，建立权责统一、权限明晰、权力制约的司法权运行机制。要坚持“谁办案谁负责、谁决定谁负责”原则，明确各类司法工作人员的工作职责、工作流程、工作标准，实行办案终身负责和错案责任倒查追究制。要完善绩效考核机制，制定科学合理的考核指标和考核标准，通过优化考评压实检察人员办案责任。要健全职业保障机制、完善职业待遇和优抚政策，履职救济机制，为检察人员依法公正履职提供必要条件、有力保障，让检察干警安身安心安业。

非法集资案件涉案财产处置问题研究

大连市沙河口区检察院课题组*

一、非法集资案件涉案财产处置现状与困境

非法集资案件近年的发案率仍呈现上升势头，严重危及了我国的金融管理秩序，侵犯公私财产所有权，非法集资犯罪高发已经与金融行业的蓬勃发展之间形成了巨大冲突，而非法集资案件涉案财产处置在办理非法集资案件过程中矛盾和冲突表现尤为突出，诸多问题亟待解决。

当前，涉案财产处置的现状及存在的不足表现为：

（一）涉案财产界定标准不统一

最高人民法院、最高人民检察院和公安部是基于自身职权对涉案财产作出了各自的理解：公安机关对于涉案财产的界定主要是从刑事证据角度出发，公安机关作为侦查机关，以固定证据、查清案件事实为职责，往往忽略对涉案财产的经济价值的保护和对集资参与人权利的保护；人民检察院负责审查起诉，接收的是公安机关移送的涉案财物，除增加了对非涉案财物财产权利的救济以外，对涉案财物的界定与公安机关别无二致；人民法院作为审判机关以及财产刑的执行机关，更倾向于对涉案财产性质的审查和对涉案财产的执行，且强调“随案移送”。

---

* 课题组成员：王志鹏，时任辽宁省大连市沙河口区人民检察院党组书记、检察长；张春艳，辽宁省大连市沙河口区人民检察院副检察长；刘笑晨，辽宁省大连市沙河口区人民检察院检察官助理；杨梦杰，东北财经大学法学院研究生。

（二）涉案财产处置相关立法不够明确

当前的立法仅规定了要对非法集资案件的涉案财产进行处置，但仍然保持着传统的案后处置的观念，也并未明确处置的启动程序、处置规则、处置机关、救济措施、处置的期限等；仅规定对涉案财产区分性质进行不同的处置，但对于何种性质的财产作何种处置也并未具体规定；仅规定要将易变质的特殊财产等及时变卖、拍卖，保存得到的价款，但对于如何变卖、拍卖以及变卖、拍卖的启动程序、价款的标准等都没有规定；已公布的司法解释和规范性文件，对于涉案财产的处置缺乏位阶较高的法律予以明确规定。非法集资案件具有涉众性，其涉案财产规模大，流动速度快，形式多样，这就要求有更加明确的法律规定。司法机关的任何一项司法活动都需要有明确的法律依据，"法无授权即禁止"，对非法集资案件涉案财产的处置也应当有明确、具体的法律规定。

（三）涉案财产处置观念较为保守

目前对于非法集资案件涉案财产的处置仍然受到僵化观念的限制。首先，办案机关往往忽略了对涉案财产的及时处置；其次，部分观点认为对涉案财产进行先期处置违背了无罪推定原则；最后，办案机关往往为了保证涉案财产证据价值的完整发挥，不会轻易处置涉案财产，会将涉案财产完整保存在仓库中，导致"进得多，出得少"，最终一些财物的经济价值被损耗殆尽。[①] 目前对于涉案财产的处置观念仍然比较保守和固化，没有针对非法集资案件的特点作出改变，这将导致涉案财产价值的进一步流失。此外，现阶段部分司法机关对于非法集资案件涉案财产的处置质效无法满足群众追回集资款的急切需求。

综上，我国目前对于非法集资案件涉案财产的处置效率较为低下，无法维护集资参与人和其他相关权利人的财产权利，追赃挽损率低；立法对于涉案财产的标准缺乏明确规定，对于涉案财产处置的具体流程、处置主体、处置标准等处于无法可依状态；办案机关思想固化，延误了涉案财产的处置进程，以上问题亟待解决。

---

① 李玉华：《从涉众型经济犯罪案件看涉案财物的先期处置》，载《当代法学》2019 年第 2 期。

二、非法集资案件涉案财产处置困境分析

我国对于非法集资案件涉案财产的处置效率偏低，在观念上未形成对于财产管理的重视，在立法上未明确涉案财产的范围，也没有明确规定对涉案财产进行处置的主体、流程、标准等，其具体原因表现在以下几个方面：

（一）涉案财产形式复杂多样

涉案财产具有如下特点：首先，涉案财产具有复杂性。非法集资犯罪分子经常会与集资参与人签订合同借以掩盖其非法目的，涉及的财产种类、性质也比较繁杂，一个案件可能会涉及既有合法又有非法的货币、车辆、房屋、文物等不同性质、不同类别的财产。其次，涉案财产具有隐匿性。非法集资作为金融犯罪，不同于普通的财产犯罪，涉案财产流通速度更快，在案发前大量资金已经被行为人隐匿、挥霍或者用于其他用途，且非法集资一旦案发就代表着行为人已无法还本付息，无法履行先前向集资参与人承诺的还款义务。① 本罪的行为人往往将涉案财产通过地下钱庄等方式“洗白”，因此，涉案财产更加难以追踪。

（二）涉案财产处置程序的滞后性

对不同的案件应当采取不同的处理方式，没有一个放诸四海而皆准的方法可以应对所有案件的处理需求。非法集资案件既有涉众型犯罪的典型特点，又有金融犯罪的特点，应当从这两个特点出发构建处置程序。当前非法集资案件涉案财产处置缓慢、处置结果不理想的部分原因即在于涉案财产处置程序落后。

综上所述，目前非法集资案件涉案财产处置中存在的问题主要是由非法集资案件本身的特点和非法集资案件涉案财产的特殊属性所导致的，要解决财产处置中存在的问题，势必要从涉案财产的特点以及处置程序是否能够妥善处置涉案财产入手。

---

① 任志中、王珊：《非法集资犯罪案件资产管理与处置问题研究》，载《法律适用》2021 年第 2 期。

三、非法集资案件涉案财产处置模式的构建

（一）处置模式构建的前提

1. 统一涉案财产认定标准

本着尽可能提高追赃挽损率的宗旨，应当尽可能地扩大非法集资案件涉案财产的范围，将一切与案件有关的财产均纳入涉案财产的范围中。具体而言包括犯罪工具、赃款赃物、违法所得及其产生的收益、供犯罪所用的本人财物等，如非法集资案件中用于实施犯罪的计算机、服务器等、现金、车辆、将集资款用于投资所产生的收益等。这一范围相较于目前的涉案财产的范围有所扩大，能够满足公安部门对于财产证据能力的要求，促成检察院法律监督职能的实现，亦能回应人民法院对准确定罪量刑的需要。

2. 灵活转变财产处置观念

首先，传统的“重定罪量刑，轻财产处置”的观念应当及时予以纠正。其次，对涉案财产进行案前处置并不意味着宣判犯罪嫌疑人有罪，不是对无罪推定原则的违背，而是为了提高案后追赃挽损率和维护社会的稳定作出的灵活变通。最后，查清犯罪事实是办案机关的法定职责，但查清案情的同时就容易忽略对集资参与人财产权利的保护，在符合法定条件的前提下，应当提高对涉案财产的财产价值的重视。

（二）财产处置的原则和模式选择

1. 处置的原则

非法集资案件涉案财产的处置之所以在实践中尚存在一系列问题，其重要原因即在于缺乏科学合理的法律规定。弥补现行涉案财产处置制度的不足是为了提高非法集资案件的追赃挽损率，因此对涉案财产的处置应当以保值增值、维护财产价值为核心原则。非法集资案件的涉案财产具有隐匿性强、价值易贬损的特点，因此在对涉案财产进行处置时要依据及时、高效的原则，对涉案财产的处置应当在保证合法、保值的情况下尽量提升财产处置效率。

2. 处置的模式选择

目前实务中对于非法集资案件涉案财产的处置主要存在以下不同的

类型：

一是法院单独处理模式。由法院全权负责对涉案财产的处置，即由法院负责对涉案财产进行查封、扣押、评估、处置。这种模式确实能够保证法院的独立地位以及居中裁判，看似是对涉案财产最公平的处置，但实践中这种模式很难彻底贯彻，原因在于法院作为审判机关，其对于涉案财物的掌握并不是第一手的，而是经过了公安部门、检察机关的过滤，很难对财产的性质进行快速准确的判断；同时，由于执行本就是司法环节中一个较为棘手的问题，倘若再将非法集资案件涉案财产的处置完全交给法院，反而起不到应有的效果。

二是综合处理模式。由法院和其他机关联合处理非法集资案件的涉案财产。这种模式又分为法院主导和行政机关主导两种类型。法院主导的综合处理模式是由法院作出对于财产处置的最终决定，由其他行政机关、司法机关予以配合。采用这一模式，各部门如何配合需要立法的进一步明确，相关部门之间的协调也需要进一步考虑。由行政机关主导的综合处理模式则由打非办负责牵头。在这种模式之下，行政机关对于涉案财产进行处置，法院等司法机关予以配合。该种模式的弊端显而易见，行政机关的行政行为具有天然的倾向性，这与司法权的中立性是背道而驰的，在行政机关主导的综合模式下，司法权与行政权被迫糅合。[①] 犯罪嫌疑人、集资参与人和利害关系人的财产权利被有倾向性地处分，这与保护公民财产权、提高追赃挽损率的初衷背道而驰，且打非办难以对涉案财产进行持久一贯的处置。

通览上述不同的处置模式不难发现，对于规模庞大的涉案财产，采取某一机关单独处置的模式难以达到高效、准确的结果，因此必须采取综合处置模式。但为了避免行政机关主导模式所带来的弊端，应当采取法院主导的综合处置模式。

（三）处置模式的总体构建思路

首先，应当采用涉案财产先期处置制度：对于权属明确的财产予以返还，应当及时返还集资参与人的个人合法财产；对于不宜保管的财产应当

---

① 张军：《非法集资犯罪涉案财物处置工作机制的现代化进路和类型化展开》，载《河南警察学院学报》2022 年第 2 期。

变现，保管变现得来的价款有利于避免财产价值的流失。其次，解决有争议涉案财产的权属问题，对于上述权属明确的财产以外的其他有争议的财产应当以“庭前会议 + 独立审理”模式进行处置。最后，仿照商事案件中的破产清算程序处置涉案财产，妥善对涉案财产进行清理，编制各方都满意的分配方案，在分配方案实施前组织各方进行听证，充分向被告人、集资参与人、利害关系人披露涉案财产的相关信息，最终对涉案财产作出妥当的分配。

（四）处置模式的具体建构

1. 先期处置制度

在立案后，公安机关应当全面妥善地查封、冻结和扣押涉案财产，制作完整的财产权属表，对财产权属清楚的合法财产及时返还，对剩余权属不清楚的财产区分情况作下一步处置：对不宜保存或者保存费用过高、不当保存会导致财产价值严重下降的财产及时拍卖、变卖予以变现，但应当做好登记和记录，处置前经过相关权利人签字同意，并且保留必要的财产样本作为证据；对于有增值可能性或者可以长期保存的财产则妥善保存。检察院应当履行其法定监督职责，对公安机关的查封、冻结、扣押以及对权属明确的财产的处置行为和对权属不明的财产的保管行为进行监督，督促公安机关依法履行职责，维护涉案财产价值。

2. 庭前会议 + 独立审理程序

在庭前会议中，由本案的审判长向控辩双方以及集资参与人代表、利害关系人代表询问对于权属不清财产的性质的意见，对财产性质和权属进行初步了解，对于各方达成一致意见、没有异议的财产须被告人到场，并进行及时处置，未达成一致意见的财产妥善保管，待独立审理程序的判决生效后再进行处置；根据了解到的财产状况，制作详细的财产清单，对涉案财产的权属和性质形成合议庭的观点；听取控辩双方以及集资参与人、其他利害关系人对于财产管理人团队选取的意见，并结合本案涉案财产具体情况选择本案的财产管理人。财产管理人团队当中应当包括注册会计师、律师等具有金融和法律知识的人。检察机关应当在庭前会议中充分发表意见，应当严格依照事实和证据发表对于涉案财产权属的意见，对财产管理人团队的选取进行监督。

3. 财产管理人和清算程序

在庭前会议选取出财产管理人后，财产管理人团队就应该迅速开展对涉案财产的清理工作，制作涉案财产权属明细表，对涉案单位的所有合同进行统计，并依照法院的判决设计完整的处置方案。在处置方案形成后组织控辩双方、集资参与人代表、其他利害关系人代表听证，听取各方意见，调整财产处置方案；在形成最终的财产处置方案后，将处置方案报送人民法院，通知控辩双方和集资参与人、其他利害关系人，案件影响较大的应当向社会公告。在通知和公告的法定期间内允许当事人、集资参与人、其他利害关系人对处置方案提出异议，提出异议的同时应要求其提交相应证据，由法院对相关证据进行实质审查，对处置方案进行调整。最终，由财产管理人按照资产处置方案对涉案财产进行妥当处置，由人民检察院对财产管理人的处置行为进行监督。

4. 法律监督和权利救济

人民检察院是我国的法律监督机关，依法对刑事诉讼实行法律监督。在对非法集资案件涉案财产的处置过程中，人民检察院应当尽到其法律监督职责，保障涉案财产处置的及时、准确和高效。集资参与人以及其他利害关系人也应当积极主张自己的权利，在庭前会议中发表自己对于选取财产管理人的意见，并可以提交有关涉案财产的证据，在认为自己的合法权利受到侵害时，及时寻求法律监督机关的帮助。人民检察院应当监督财产管理人对涉案财产的清理、分类、编制财产处置方案等行为，对不符合法律规定或涉嫌犯罪的情形应当及时行使其相应的职权。

基层检察机关化解轻罪案件矛盾途径探究

——以 H 省 M 市检察院办案实践为样本

饶学兵　毛　威*

当前，随着社会转型和经济的发展，犯罪结构发生明显变化，交通肇事、盗窃、轻伤害和危险驾驶等轻罪案件的数量和占比不断上升，作为国家法律监督机关的基层检察机关，处于接触社会矛盾的第一线，如何在轻罪治理及矛盾纠纷化解中展现检察担当，已成为基层检察机关亟须探究解决的一项重要课题。2022 年以来，H 省 M 市检察院积极探索，能动履职，成立刑事案件矛盾化解中心，探索创新化解矛盾纠纷长效机制，及时妥善化解轻罪案件矛盾纠纷 55 件 125 人，促进案结、事了、人和，无一起当事人上访申诉或重新违法犯罪的情形发生。

下面，笔者以 H 省 M 市检察院 2022 年以来办案实践为样本，就当前基层检察机关化解轻罪案件矛盾纠纷的途径作一探讨。

一、当前基层检察机关办理轻罪案件中矛盾纠纷的表现

目前，我国尚未通过立法形式准确界定刑事犯罪重罪和轻罪的范围，理论界通说以法定刑为切入点，一般认为，轻罪是指法定最高刑为 3 年以下有期徒刑的犯罪。当前，基层检察机关办理的轻罪案件多集中在故意伤害（轻伤）、交通肇事、危险驾驶、盗窃、故意毁坏财物等犯罪领域。在这些轻罪案件中，矛盾纠纷主要有以下几种表现：

一是故意伤害致人轻伤。行为人因房屋地基、菜园地界、农田灌溉等

* 饶学兵，湖北省麻城市人民检察院法律政策研究室主任、四级高级检察官；毛威，湖北省麻城市人民检察院第一检察部三级检察官。

邻里纠纷以及酒后言语不和等偶发矛盾，一时激愤，未使用器械，在发生冲突的过程中造成受害人轻伤。在这类犯罪中，虽然造成了轻伤的结果，但行为人大多系一时冲动，事后均懊悔不已，主观恶性较有预谋的行凶伤人相对较小，因被害人还在气头上，一时难以调解成功，但若矛盾不化解，极易引发更大矛盾，甚至变成“子孙仇”，给社会和谐带来隐患。例如，H 省 M 市检察院 2022 年共受理公安机关移送审查起诉的故意伤害类案件 101 件，其中受理时矛盾在侦查机关未化解案件 85 件，占比 84%，犯罪嫌疑人后悔，被害人需要补偿，存在矛盾纠纷。

二是交通肇事致人死亡。因一时疏忽，司机驾车发生交通事故，致人死亡，酿成悲剧，没有逃逸、酒后、无证、顶包等加重情节，涉案司机对于事故发生虽系过失，但赔偿意愿积极，而被害人家属因突然丧失亲人，悲痛万分，一时难以调解成功，但若矛盾不化解，极易造成被害方家庭“雪上加霜”，甚至变成家族上访、“以命抵命”等极端事件，形成社会风险、隐患。例如，M 市检察院 2022 年共受理公安机关移送审查起诉的交通肇事案件 83 件，其中受理时矛盾未化解案件 60 件，占比 72%，涉案司机面临刑事处罚，被害人家属情绪激动，存在矛盾纠纷。

三是危险驾驶发生交通事故。危险驾驶罪虽然法定刑最高为拘役，是典型的轻罪，但从近年来基层院办理的犯罪案件数量来看，危险驾驶罪已成为“第一大罪”。危险驾驶案件中，不乏发生交通事故致人受伤的情形，尽管涉案司机懊悔万分，但酒驾后保险公司拒赔已成事实，伤者受伤理应得到赔偿，但赔偿款需由涉案司机全部自掏腰包，加之有的受害人提出赔偿额过高，一时难以调解成功，但若矛盾不化解，对被害人不公，容易产生社会隐患。例如，M 市检察院 2022 年共受理公安机关移送审查起诉的危险驾驶案件 328 件，其中发生交通事故 68 件，受理时矛盾未化解案件 23 件，占比 34%。

四是盗窃案中的情节轻微。盗窃犯因为心存不劳而获的心理，窃人钱财，历来就被人们所唾弃，然而盗窃犯中也有这样一批人，初犯、偶犯，经济条件不好、生活拮据，一时糊涂、顺手牵羊，盗窃数额不大，事后懊悔，认罪悔罪，但被害人的损失得不到挽回，矛盾得不到化解，势必影响社会的和谐与稳定。例如，M 市检察院 2022 年共受理公安机关移送审查起诉的盗窃案件 95 件，其中受理时嫌疑人未退赃案件 20 件，虽说被害人的损失经刑事判决书认定后，将来可以直接申请人民法院强制执行，但损失得到及时的弥补，才是被害人的期盼，迫切需要追赃挽损、化解矛盾。

五是故意毁坏财物。行为人因积怨或偶发矛盾，图一时之快，故意毁坏他人财物，造成财物受损，事后行为人懊悔不已，因被害人一时意难平，难以立即调解成功，但若矛盾不化解，极易引发更大的恩怨，给社会和谐带来隐患。例如，M市检察院2022年共受理公安机关移送审查起诉的故意毁坏财物案件16件，其中受理时矛盾未化解的案件8件，占比50%。

二、基层检察机关化解轻罪案件矛盾面临的困境

当前检察实践中，绝大多数检察官都比较注重案件双方当事人之间的矛盾化解，实现办案政治效果、社会效果、法律效果的有机统一，但仍面临一些现实困难，主要体现在以下几个方面：

一是办案压力大。员额制实施后，只有员额检察官才能办案，基层院普遍存在案多人少的情况。例如，M市检察院2022年共受理公安机关移送审查起诉1290人，现有员额检察官28人，其中院领导占比三分之一，由于行政管理要分散他们大部分精力，无法集中全部精力办案。除去控申、民事、行政和公益诉讼业务检察官外，刑检部门检察官人均办案百余件，在求极致、创精品的要求下，办案压力巨大。

二是办案能力不足。少数办案人员仍存在就案办案、坐堂办案、机械司法、司法理念更新慢，重监督办案、轻矛盾化解，认识有待提升。有的检察官法律功底较薄弱，对案件事实、因果关系等方面问题的认定和证据综合把握的能力不足，对案件吃不透拿不准，从而不敢承担办案风险，以捕代赔、以诉促赔，造成捕后不诉、捕后判轻缓刑或免予刑事处罚案件数量居高不下，影响了办案质效的提升。有的勉强“存疑不诉”或“带病起诉”，引起犯罪嫌疑人和被害人双方均不满意，当事人申诉、上访行为时有发生。

三是释法说理能力不强。有的检察官未能很好地深入办案现场，未能送案下乡近距离接触群众，直接倾听案件当事人的诉求，而是纸面阅卷，与群众打交道和有效沟通的能力较弱，释法说理的针对性不强，没有学会用老百姓听得懂的语言释法说理，而是用冰冷的纸面法律文书代替必要的沟通和说理，使得矛盾化解的成功率大大降低。

四是矛盾化解机制不健全。表现在一些基层院还没有成立专门化解轻罪案件矛盾的机构及建立相关工作程序，如对矛盾化解的案件范围、组织矛盾纠纷调解的程序、部门之间的职能分工、信息反馈、工作质效考核等问题，未建立起一套完整的机制，使得轻罪案件的矛盾化解工作无章可循，部分轻罪案件没有真正做到案结事了人和。

五是内外联动配合机制不完善。从内部来看，刑检办案部门与控告申诉等部门之间在轻罪案件矛盾化解问题上，存在互相推诿、职责不明的情形，没有形成合力。从外部来看，公安机关与检察机关在矛盾纠纷的化解上还未完全达成共识，公安机关对轻罪案件在处理上存在重打击、重数量，轻矛盾调解、轻办案质效，往往通过移送审查逮捕或审查起诉的方式转移办案风险、信访风险，不愿过多地主持调解，从而错过矛盾化解的最佳时机。

三、检察机关践行轻罪治理制度的优化路径

习近平总书记曾提出，“要深化诉讼制度改革，推进案件繁简分流、轻重分离、快慢分道”。检察机关作为连接公安机关与法院之间的桥梁，在轻罪治理过程中发挥着举足轻重的作用，是有效实现犯罪分流的关键环节。对此，基层检察机关必须主动适应刑事犯罪结构变化和新时代群众工作要求，应当立足基本职能，认真贯彻落实刑事司法政策，用心用情办好群众身边的“小案”，努力将轻罪案件矛盾纠纷化解“止于至善”，消弭于萌芽，真正做到办案和矛盾化解两手抓，以办案推动社会治理现代化。

（一）转变轻罪治理理念

实现轻罪治理体现着宪法法律尊重和保障人权原则、国家治理现代化发展水平、司法为民办案理念，具有促进民生福祉、促进共治善治、厚植党的执政根基等重大意义。面对当前轻罪案件数量大幅增加、传统重罪治理措施无法解决轻罪案件的现状，基层检察机关应当转变司法理念，重视对轻罪案件的处理，并针对轻罪与重罪的不同特点，树立轻罪与重罪分层治理的思路，贯彻宽严相济的刑事政策，实现“轻轻重重”的治理目标，以适应社会大众法治需求的转变，从而实现犯罪治理体系与治理能力的现代化。这既是习近平法治思想的重要内容，也是宽严相济刑事政策的重要体现。

（二）降低诉前羁押率

一要捕前分流，从源头上减少提请逮捕率。侦查阶段对犯罪嫌疑人的过度羁押也是治理轻罪案件中比较突出的问题，为此，对于公安机关提请批捕的案件，要摒弃“构罪即捕”“一诉了之”等陈旧办案观念，慎重行使批捕权，注重“捕前分流”，在公安机关报捕前，加大提前介入力度，严把引导侦查取证关，强化对逮捕必要性案件的审查，对社会危险性证据不足或不符合逮捕条件等侦查机关拟提请批捕的案件，依法提出适用非羁押强制措施的意见，从源头上减少羁押强制措施的适用。

二是捕后跟踪，避免“一押到底”的现象发生。对于已经批捕的案件，加强捕后跟踪，对不需继续羁押或者建议变更强制措施的，及时进行羁押必要性审查；对需要核实是否具有社会危险性的案件，加大检察公开听证力度，主动邀请人大代表、政协委员及人民监督员等来院举行公开听证会，充分听取第三方意见，提升评估透明度，避免犯罪嫌疑人“一押到底”。特别是对一些可能判处轻缓刑，只是存在没有赔偿、未取得谅解等情况的案件，及时做好释法说理、追赃挽损、化解争议等工作，着力减少逮捕措施在轻微刑事案件中的适用。

（三）宽严相济，简案快办

要繁简分流、简案快办，基层院要成立“简案快办”工作组，确定专人负责，在受理公安机关移送案件当日，“简案快办”工作组立即进行繁简分流，办案检察官对所有被确定为“简案”类别的刑事案件，启用快速办案机制，实现不捕直诉案件快速办理。针对犯罪情节较轻，嫌疑人积极认罪认罚，通过刑事和解等措施已经消除了社会不良影响，社会关系得到修复的情形，可以积极适用“相对不起诉”机制，积极与犯罪嫌疑人进行沟通，及时促进嫌疑人与被害人之间的和解，鼓励其认罪认罚。一方面，可以起到教育作用，让犯罪嫌疑人深刻认识到自己行为的危害性，并且需要对自己的行为承担一定的社会责任；另一方面，也缓解了诉讼压力，实现了程序分流，促进矛盾纠纷化解的诉源治理。对符合起诉条件的犯罪嫌疑人进行起诉时，应积极促进被告人与被害人之间的和解，弥补被害人所遭受的伤害，努力修复社会关系，从而为嫌疑人争取较轻的刑罚处罚。

（四）化解矛盾，止于至善

一要强化释法说理，特别注意把做好被害人工作放在首位。用当事人听得懂的语言、看得惯的方式、听得进的内容，把法律政策讲明白、案件事实讲清楚、事理情理讲透彻。特别是对家庭、邻里等民间纠纷引发的案件，结合案情阐明利害关系，通过引导犯罪嫌疑人真诚悔罪、赔礼道歉、赔偿损失、消除影响等，获得被害人及其家属的谅解。二要坚持把促进和解作为关键。针对双方当事人矛盾激化，情绪不稳定，化解陷入僵局等问题，检察官要分别与双方当事人进行深入沟通，充分了解彼此关切，消除思想认识误区，减少对抗。在此基础上，通过组织公开听证会、面对面交谈等形式，促使双方就基本案情、是非对错、损失赔偿等问题达成共识。三要坚持把加强外部协作作为支撑。一方面，要加强与侦查机关沟通协调，充分发挥侦查监督与协作配合办公室作用，建立情况通报、沟通协作配合机制，把工作重心前移、化解举措前置，对符合和解条件的案件及时介入，与公安机关共同做好矛盾化解工作。另一方面，要加强检调对接，针对不同案件类型选择不同层面的社会力量参与矛盾化解。如对邻里纠纷引发的轻罪案件矛盾，可邀请基层政府、村委会工作人员等参与调解；对同事之间发生的轻罪案件之间的矛盾，可邀请当事人所在单位代表参与调解；对双方系亲戚间偶然发生的轻伤害案件矛盾，邀请当事人双方亲戚朋友参与调解，促使双方达成和解协议，亲戚关系恢复。

作为守护社会公平正义的最后一道防线的基层检察机关，面对轻罪案件激增的现状，应当始终保持审慎的态度，严格落实宽严相济刑事政策，实现真正意义上的“轻轻重重”，对于轻罪案件做到“依法轻处但绝不放纵”，将天理、国法、人情融为一体，让司法既有力度又有温度。

能动检察视角下自助结算超市盗窃案件若干问题研究及诉源治理建议

罗　静　方晓霞*

近年来，伴随移动支付、监控摄录、人脸识别技术的创新发展，自助结算超市作为一种新型零售业态在各地迅速成长。笔者通过梳理某自助超市系列盗窃案件发现，自助结算超市为顾客带来便利、为经营者创造收益的同时，也潜藏着监督不力、管理不严等社会问题，诱发刑事犯罪发生，增加了司法治域成本，影响到人民群众的认同感、获得感。为此，从个案治理实践中找寻自助结算超市盗窃犯罪频发的特征规律，发现并破解该类案件多发的治理症结，积极探索建立关口前移、源头治理的社会风险防控体系，深入推进对自助结算超市的综合治理，进而全面提升社会治理现代化水平，从源头上化解社会矛盾，十分重要而紧迫。

一、自助结算模式下盗窃犯罪案件特征的司法透视

（一）盗窃金额较低，盗窃次数较多

经梳理近年来我市办理的自助结算超市内偷盗案件发现，行为人盗窃的对象多为面包、火腿肠、卫生纸等价值相对较低的食品、日用品，单次盗窃商品的数量及价值均不大，从盗窃金额上看远远未达到追诉标准。但是，行为人一旦得逞，就会强化对自助结算漏洞的确认，进而基于贪小便宜等心理，多次实施类似盗窃行为。由此，认定行为人构成盗窃罪往往是

* 罗静，天津市人民检察院第二分院四级高级检察官；方晓霞，天津市河东区人民检察院检察官助理。

基于刑法第264条规定的“多次盗窃”形态，即2年内盗窃3次以上的规定。[①]

（二）盗窃形式趋同，主观目的单一

如前所述，自助结算超市偷盗案件手段较为单一，行为人往往采用同种盗窃方式实施多次盗窃行为。分析实践样本，盗窃形式主要包括以下几种类型：一是“漏结”型，即采用“漏结”的方式，故意不扫码价值较高的商品，后以夹带方式将全部商品带出；二是“即拿即走”型，即利用店长盘点、装卸货物之机，直接将商品放入随身携带的包袋后径自离开现场；三是“扫码删除”型，即将选购商品扫码加入待结账购物车内后，又从购物车内自行删除部分商品，以少量价款带走全部商品的情况。行为人均是借助自助结算经营模式的监管漏洞，实施上述小偷小摸行为。不可否认，偷盗人群中不乏生活窘迫者，但百分之八十以上人群均是贪小便宜心理作祟，加之“犯罪零成本”的原因，多次实施盗窃行为。

（三）涉案人员认罪具有彻底性，且多数能够赔偿谅解

此类自助超市盗窃案件中，因多有高清监控录像，加之涉案金额并不大，行为人大多自愿如实供述所犯罪行，认罪体现了彻底性，同时此类案件的嫌疑人基于量刑原因提出上诉的极少，认罪认罚态度几乎贯穿刑事诉讼各个环节。与此同时，绝大多数行为人均能接受超市经营者提出的赔偿要求，争取取得赔偿谅解的结果，旨在争取后续的非羁押性强制措施与司法领域的宽缓处理。

（四）犯罪情节较为轻微，司法处置趋于宽缓

如前所述，自助结算超市盗窃案件大多涉案金额不大，且行为人往往系初犯、偶犯，没有刑事、行政处罚前科，主观恶性和社会危害性较之传统盗窃犯罪而言相对较小。总体来说，嫌疑人即便符合“多次盗窃”的入罪标准，犯罪情节也较为轻微，进而亦决定了司法处置的宽缓性。从处理结果来看，一半以上的案件被检察机关作不起诉处理或者被审判机关判处

---

① 参见最高人民法院、最高人民检察院《关于办理盗窃刑事案件适用法律若干问题的解释》第3条。

缓刑、免于刑事处罚。侦查机关对盗窃次数少、金额小、无前科、积极赔偿被取得被害人谅解的犯罪嫌疑人多采用不提捕、取保直诉原则，从源头上减少诉讼量，实现诉源治理。[①]

二、自助结算模式下盗窃案件多发的症结剖析

自助结算模式下盗窃犯罪多发，固然有行为人自身问题，商超自助结算通道建设、人员管理等也存在不完备之处。自助结算模式存在的管理漏洞，成了某种意义上的“人性陷阱”，成为类案频发的制度性诱因。[②] 要想真正走出由“控”转“降”的治理困境，首先要找到自助结算模式下盗窃案件频发症结，进而打击现有犯罪存量的同时，加大犯罪预防压制诱发犯罪的增量。据统计分析，主要包括两大方面的原因：

（一）行为人方面

1. 犯罪成本显著低于犯罪预期收益

犯罪经济学认为，犯罪既是一种供给，又是一种消费。犯罪人在进行犯罪活动时都需要有成本的投入，当成本的投入比犯罪预期收益及遭到惩罚的可能性大时，他们就会停止犯罪。否则，即会实施犯罪。[③] 自助结算超市盗窃案件之所以如此频发，重要原因之一是嫌疑人犯罪成本极低，盗窃行为得逞除了时间成本的投入外，无须购买犯罪工具的物质投入、购买赃物的资金投入、销赃的机会成本投入、逃避处罚时的消费投入等传统犯罪伴随的成本投入。从某种意义上说，这些“顺手牵羊”的行为低投入却高回报，势必诱发行为人的侥幸心理，继而铤而走险实施犯罪。

2. 行为人文化程度偏低，法律意识不高

在查处的自助结算超市盗窃案件中，行为人文化程度普遍不高，集中在初中到大专文化水平，法治观念及法律意识淡薄，对“小偷小摸”行为

---

① 任强锋：《诉源治理是开展商超防盗工作的终极目的》，载《检察日报》2022 年 4 月 12 日。

② 刘哲：《商超内自助结算盗窃该如何治理》，载《检察日报》2022 年 4 月 12 日。

③ 宋浩波：《试论犯罪经济学的原理》，载《福建公安高等专科学校学报》2003 年第 1 期。

不以为意。笔者办理的一起盗窃案件中，嫌疑人刚满 18 岁，初中毕业后在津打工，直至审查逮捕阶段仍未认识到自己行为导致的严重后果，更不认为自己的行为构成犯罪，以为拿超市的商品价值不大，不应被追究刑事责任。类似这种法律意识不高的行为人较为普遍，一定程度上也造成了“多次盗窃”行为的数量攀升。

3. 生活所迫，生计所需

自助结算超市盗窃案件中，有一定比例的行为人是因生活所迫，如长期患病无固定收入者、生活困难的低保户等，这部分群体基于种种原因，以超市内食品等生活必需品为盗窃目标，盗窃金额都非常低，一般只有几元或者几十元，但统计发现上述人群往往具有盗窃类行政或者刑事处罚前科，盗窃动机虽有可同情理解之处，但行为仍具有可谴责性和社会危害性。

（二）超市方面

1. 管理模式存在漏洞，人防技防措施不到位

“无人经营”的模式既是自助超市的优势，也是自助超市的缺陷。办案中发现，超市内人防技防措施均有欠缺。具体表现为：一是经营管理中未设置专门的防损员，防盗签、防盗扣等防盗设备使用不足，无购物通道缺乏有效监管及引导；二是自助结算设备缺少安防功能，被告人通过“漏扫商品”“遮挡商品二维码”等方式频繁得手，犯罪成本极低；三是超市监控存在盲区，给犯罪分子可乘之机。部分超市内监控摄像头无法实现全方位、无死角监控，个别角落系监控盲区。

2. 宣传警示力度不足，安全防范意识不强

涉嫌盗窃的嫌疑人多伴有侥幸心理，基于贪便宜的心理才多次“故技重施”，直至被当场抓获或查获。[①] 经调研走访，部分超市未在醒目位置张贴防盗警示标语、未释明“顺手牵羊”行为的法律后果、未对可疑人员和重点人群进行防范与关注。

3. 从业人员未严格履职，责任意识、法治意识不强

办案中发现，基于自助结算的经营模式，部分店员防损意识不足、责任心不强，对店铺缺少归属感，认为“防损”“防盗”并非本人岗位职

---

① 吴春妹、张美惠：《自助结算模式下盗窃超市商品案件中的若干问题与治理建议》，载《刑事检察工作指导》2020 年第 4 辑。

责，工作中忽视了对店铺内商品的看管与盘点。如吕某某盗窃一案中，嫌疑人多次前往同一自助结算超市实施盗窃行为，并屡屡得手，原因在于店员一般在店铺角落吧台看手机，不太注意顾客的选购、付款行为。笔者实地调研走访的一家自助结算超市店长亦反馈称，店铺损失的多少很大程度上取决于店长或店员的“眼力”，如注意看管与盘点，则损失较少，反之损失就会很大。

三、自助结算模式下盗窃案件若干问题研究

（一）“多次盗窃”构罪标准再思考

不得不承认，借助自助结算经营模式漏洞，实施“漏扫”“空扫”“不扫”行为的，本质上仍是一种盗窃行为。面对次数较多、累计金额却不大的案件，是否一律应该按照犯罪处理？从目前调研实践来看，只要达到“多次盗窃”标准的，无论数额多少，公安机关不再对行为人进行治安处罚，而是立为刑事案件，对行为人进行刑事拘留或者直诉到检察院。那么，多次盗窃价值不大商品是否应当一律入刑？对此，有必要明晰“多次盗窃”设立的初衷及所保护的法益，并据此厘清多次盗窃的构罪标准。

通说观点认为，盗窃罪保护的法益是权利人的财产性权益，盗窃罪是否需要科处刑罚仍应考虑盗窃行为是否对财产权造成实质的侵害。① 笔者认为，盗窃罪保护的是财产法益，“财产损失数额”才是该罪名真正的构成要件要素。“多次盗窃”作为盗窃的特殊类型，认定是否构成犯罪，不可脱离“数额”这一本质表征，不能简单论以“次数”。自助结算超市盗窃案件中，嫌疑人的行为虽满足“多次盗窃”的构成要件要素，但所盗窃的财物价值较低，不值得或言之不必须刑法予以保护，行政处罚即可实现打击与惩治目的，若仅因达到“次数”标准就予以刑罚处罚，恐怕走入了机械司法的怪圈，有违朴素正义的价值观。换言之，即使行为侵害或者威胁了他人的生活利益，也不是必须立即发动刑罚，应优先适用其他处置手段。只有在其他社会统制手段并不充分时，或者其他的社会统制手段过于

---

① 高憬宏、张勇等主编：《法官智典（刑事卷）》，人民法院出版社 2018 年版，第 123 页。

强烈而有代之以刑罚的必要时，才可以发动刑罚。[①] 那么，何为“值得刑法保护的法益”？这需要根据法条在刑法分则所处的位置、法条对构成要件行为与结果的描述、法条之间的关系以及社会生活事实、社会的一般观念、国民的生活需求等做出合理判断。[②] 如自助结算超市盗窃案件中，首先，不能忽视“盗窃罪”保护的是财产性法益，认定构罪必须符合一定的数额标准；其次，“盗窃”作为行刑交叉的行为，认定成立犯罪势必损害的是较大价值财产，否则难以与行政违法区分开来，也会吞噬行政处罚空间，有违刑法的谦抑性与补充性特征；最后，从社会一般经验及生活观念出发，完全脱离数额认定“多次盗窃”也不符合老百姓的朴素认知。

（二）自助结算超市盗窃案件办案理念及处理模式再思考

2020 年最高人民检察院工作报告显示：伴随着经济社会全面发展进步，从 1999 年至 2019 年，我国刑事犯罪结构发生重大变化，严重暴力“自然犯罪”持续下降。经统计，笔者所在的基层人民检察院 2023 年案件数排名前三的分别是危险驾驶罪、盗窃罪、故意伤害犯罪（轻伤害占大多数），占所有案件总数的 87.0% 左右。其中，轻微盗窃案件占盗窃案件的 82.2%。刑事犯罪结构的重大变化倒逼司法人员必须及时转变办案理念，否则大量类似轻微盗窃案件纳入刑事诉讼程序进行追诉、审判，既不利于司法资源的合理配置，也不符合现代化社会治理模式下在刑事司法领域化解矛盾的必然要求。

贝卡利亚曾言：“刑罚不是镇压犯罪的唯一方法，有犯罪必有刑罚的原则没有绝对的价值。”[③] 对于自助结算超市领域轻微盗窃案件，办案人尤其应秉承“谦抑、审慎、善意”的刑事司法理念，切实能动行使检察权做好审前过滤工作：一是严把羁押性强制措施适用关。对于提请逮捕案件，严把逮捕适用条件，结合嫌疑人盗窃次数、金额、前科及认罪认罚等情况，依法作出决定，严防“构罪即捕”。二是能动行使不起诉权。对于涉

---

① 张明楷：《避免将行政违法认定为刑事犯罪：理念、方法与路径》，载《中国法学》2017 年第 4 期。

② 张明楷：《避免将行政违法认定为刑事犯罪：理念、方法与路径》，载《中国法学》2017 年第 4 期。

③ ［意］贝卡利亚：《论犯罪与刑罚》，黄风译，法律出版社 2005 年版，第 118 页。

案金额不大的轻微刑事案件，即便符合“多次盗窃”条件，嫌疑人如果自愿认罪认罚、赔偿并取得被害人谅解、系初犯、偶犯或因生活所迫盗窃少量财物，依法不需要判处刑罚的，办案人要敢用、善用不起诉裁量权，从矛盾化解、恢复性司法理念等方面综合考虑处置结果。三是充分做好羁押必要性审查工作。要切实将羁押必要性审查工作贯穿审查起诉全过程。对于捕后赔偿并取得被害人谅解的、捕后认罪的轻微盗窃案件，办案人应结合全案证据做好非羁押强制措施适用的风险评估与预判，综合判断羁押必要性。需要说明的是，不起诉虽然行为人不再承担刑事责任，但依法应当受行政处罚的，应及时建议公安机关给予其行政处罚，绝不是“不诉了之”。

（三）自助结算超市盗窃案件衍生犯罪再思考

经调研发现，自助结算超市盗窃案件中，嫌疑人取得超市方谅解，往往付出了高额赔偿的代价。被害人采用不给付高额赔偿就报警或者不出具谅解书的手段实现自身债权。行为人往往因惧怕不赔偿恐遭牢狱之灾或者不谅解无法被取保或者从轻处罚等，给付被害人高出实际盗窃金额十倍、甚至几十倍的赔偿价款以换取被害人的谅解，这其实就是实务中争议较大的“权利行使与敲诈勒索”的问题。英国学者率先将这种现象总结为敲诈勒索逻辑“悖论”，即两个白色（合法行为）相加却得到黑色（犯罪）结果。[①]

与传统“敲诈勒索”犯罪相比，此类“敲诈行为”以合理债权为事实基础，早期的观点倾向于不构成犯罪。现在则认为，以恐吓手段行使权利的，若要阻却敲诈勒索的成立，不仅要求在权利范围之内，而且要求其手段没有超过社会一般观念能容忍的程度。[②] 笔者认为，在某些案件中，超市员工不当的索赔行为可以认定为敲诈勒索罪。事实上应综合考虑：一是员工索赔金额明显高于损失金额，行为人主观上不再是为了实现合法债权，而是萌生了非法占有他人财物的想法；二是行为人客观上以报警或者不出具谅解书等恶害相要挟，足以使对方产生恐惧心理；三是偷盗人员基于这种恐惧心理交付了财物。同时，面对“天价索赔”，司法机关应考虑从制度层面予以规制，如建立赔偿保证金等制度，防止被害人假借司法机

---

① 熊琦：《敲诈勒索罪中的逻辑“悖论”研究》，载《中国刑事法杂志》2020年第5期。

② 劳东燕：《权利行使与敲诈勒索的区分》，载《刑事检察工作指导》2021年第3辑。

关之手恶意索赔，坚决杜绝“谁闹谁有理”思想影响司法处置结果。

四、自助结算模式下盗窃案件诉源治理的微观进路

（一）建立刑法统一适用规则，统一捕、诉、押标准

统一法律适用是维护社会公平正义的必然要求，也是建设公正高效权威的社会主义司法制度的应有之义。[①] 目前，自助结算超市轻微盗窃案件之所以还会产生“类案不同判”的主要原因就是未统一相似案件“捕”“诉”“押”的标准。笔者认为，应当根据刑法及相关司法解释的规定，将立法目的、原则、刑事司法政策等切实贯彻到实践中，进一步细化类案操作步骤，统一执法尺度，明确罪与非罪的界限、诉与不诉标准、捕与不捕的条件，进而更好地化解刑事纠纷，实现实质的公平正义。如可参考浙江、北京等地法院与检察院，共同制定该类犯罪的起诉标准，便于案件的办理，亦确保判决的权威性和统一性。

（二）严密“行刑衔接”机制，搭建打击犯罪分级处遇机制

自助结算超市轻微盗窃案件分级处遇机制吸收了监狱学中“罪犯处遇理论”“罪错青少年处遇理论”，即将轻微盗窃案件中的嫌疑人分成不同等级，并结合嫌疑人年龄、社会危害性、盗窃手段、金额、认罪悔罪态度、赔偿谅解等情况，对不同类别的嫌疑人进行不同程度的处理、矫正等，进而达到区别对待，有针对性地解决个别化、差异化问题，实现对嫌疑人的有效规制。具体而言，自助结算超市轻微盗窃案件要充分加强行刑衔接，严密“行刑衔接”机制，确保兼顾打击与预防犯罪的效果。对于多次盗窃价值不大财物案件中的嫌疑人，可根据盗窃金额、盗窃动机、前科情况进行细化分类，做好“行刑”分割，构建由司法机关、行政机关、居（村）委会等基层自治组织、嫌疑人所在单位、社区矫正机构共同参与、各司其职的综合治理模式，通过以点带面的方式，真正从源头上修复社会关系、化解社会矛盾。

---

① 刘峥：《统一法律适用是实现司法公正的应有之义》，载《人民司法》2022 年第 13 期。

（三）加强检企合力共治，构建犯罪源头防治体系

轻罪刑事案件虽然是身边的“小案”，但与人民群众安全感联系紧密，对社会稳定影响深远，处理不好极易激化社会矛盾，不利于厚植党的执政基础。自助结算超市盗窃中，轻微案件居多，如若调动检企各方力量实现合力共治，从源头上掐断犯罪的制度性诱因，势必大大降低犯罪发生，有助于营造和谐共生的社会环境。

就办理自助结算超市盗窃案件而言，从检察机关职能出发，一是应积极主动延伸职能，不能就案办案，要以个案为出发点，发现企业经营、人员管理、安全防范等方面的漏洞与问题后，向涉案超市制发刑事合规检察建议书，并敦促企业按照检察建议书中的内容切实整改，充分发挥检察建议参与社会治理的刚性，实现办理一案、警示一方、治理一片的社会效果。二是开展多种形式的防盗宣传，深度参与社会治理。检察机关可深入社区、街道、被盗企业，开展预防宣传工作。同时，可综合借助“两微一端”等智能化媒体平台，通过录制、播放防盗宣传短视频、以案说法等形式，切实发挥普法功效，提升社会大众法律意识，督促社会公众文明购物。从涉案超市出发，一是加强事前预防与警示提醒。首先，通过升级自助结算设备防盗系统，使用具备安防功能的自助结算设备，结合现有高清监控设备，多措并举共同防止顾客利用设备技术漏洞“漏扫”“空扫”商品标签，进一步优化智能化服务水平。其次，加强对顾客的日常提示与告知。通过现场广播、在超市出入口、无购物通道、自助结算设备等显著位置张贴提示、警示标语及相关法律规定的方式，提示顾客不结账“拿走”商品的法律后果。最后，加强专门人员对店铺的巡逻与考察，引导顾客规范使用自助结算设备，加强无购物通道的监管。同时，合理使用防盗签、防盗扣等防盗设备，设置未扫码报警装置，不给不法分子可乘之机。二是做好事后纠纷解决机制建立，避免滋生新的犯罪。笔者在办案过程中发现，类似案件的实际赔偿金额无统一标准，多由店长等自主掌握，赔偿金有些甚至高出盗窃金额的几十倍，远远大于超市受到的实际损失，且涉案超市在出具收款凭证、谅解书中均未提及超出的赔偿金额，赔偿金存在去向不明的风险。另外，涉案超市以报警或拒绝出具谅解书为由，向行为人高额索赔的情况时有发生。建立完善的和解赔偿机制，规范赔偿标准，并加强资金监管，有助于防止涉事超市漫天要价，避免诱发次生犯罪。

征收拆迁领域行政违法行为监督的路径选择

——以J省100份裁判文书为样本*

李绪龙　余晓芸**

征收拆迁案件是行政案件的主要来源之一。根据最高人民法院发布，2015—2017年全国法院审结的征地拆迁行政案件分别约29000件、31000件及39000件，占当年行政诉讼案件总量的13%、14%和17%左右。《中共中央关于加强新时代检察机关法律监督工作的意见》（以下简称《意见》），要求“在履行法律监督职责中，发现行政机关违法行使职权或者不行使职权的，可以依照法律规定制发检察建议等督促其纠正”。因此，如何进一步发挥行政检察“一手托两家”的作用，强化行政检察以诉讼监督为核心的职能，是当前行政检察工作亟须解决的问题。

一、问题的提出

如何将行政检察的制度优势转化为参与社会治理的效能？笔者认为，必须从厘清某一行政领域的矛盾根源入手，寻找到案件反映出的普遍性行政执法问题。本文以J省三级法院审理的以不动产为主的征收拆迁案件为深度研究样本，筛选出100份具有一定典型意义的案例①作为研究对象，

---

* 本文为2023年度江西省人民检察院立项一般课题“征收拆迁领域行政违法行为监督的路径选择”（课题编号：JXJC2023B09）阶段性研究成果。

** 李绪龙，江西省鹰潭市人民检察院检委会专职委员、四级高级检察官；余晓芸，江西省鹰潭市人民检察院综合业务部副主任。

① 筛选出的100份裁判文书以强制拆除、搬迁或平整行为、征收决定或征收实施行为、安置补偿决定或事实补偿行为类案件为主，另有少量不履行补偿职责或不履行补偿标准协调职责、涉及第三人的招拍挂或土地登记等行为以及安置补偿协议类案件。

发现主要存在以下问题：

（一）行政行为重结果、轻程序

1. 未依法有效送达法律文书

调研样本中，原告对送达提出质疑的案件达到15件，原告的质证意见包括相关文书材料未送达而失去证明效力，对行政机关的送达手续存在质疑，送达见证人身份不清楚等。

2. 签字盖章手续不规范

调研样本中，关于签字盖章的质证意见达到12件，既包括针对己方的未签字、签字笔迹问题，也包括对方的未加盖公章问题。其中，乡级政府或部门占比达50%；行为类型集中在补偿行为，占比达到41%；从材料类型上看，主要集中在补偿发放证明（领款单、发放单或结算单）、补偿协议、征地调查表等材料，以及征地审批表、责令整改通知书等公文。

（二）执法过程不规范、缺依据

1. 公告内容不符、程序不规范

公告程序属于直接影响行为合法性的要件。调研样本中，涉及公告质证意见的案件为6件，均为市县级政府的征收补偿行为。质证意见包括不能证明公告已发布、在征收范围内进行了张贴、对公告内容实为“征求意见稿”的质疑，以及对通过网站发布公告方式的否定。

2. 行政行为程序倒置、缺乏依据

调研样本中，对于证据制作时间倒置提出质疑的案件为6件，被告均为县级政府，主要涉及征收行为和强拆行为。在排除笔误的情况下，时间倒置既可能涉及程序混乱问题，也可能存在“倒补”证据问题。一旦认定异议成立，则至少表明程序存在违法之处。从样本来看，6%的“时间倒置”案件的异议均被认可、行政机关均被判决败诉，其中5%的案件因时间倒置直接判决败诉，仅1%的案件系结合其他事实判决败诉。

（三）权益保障不到位、不重视

1. 未履行释明义务

目前仍有不少行政机关忽视人民群众的知情权和申辩权，致使行政行为因违反这一要求导致事实认定不清、程序严重违法而被判撤销。在有关当事人毫不知情或没有机会进行申辩的情况下，行政机关作出对其不利的处理结果，往往导致当事人对行政执法行为公正性产生强烈质疑，进而否定执法行为本身。这已经成为诱发行政争议的重要因素，也成为行政机关败诉的一大原因，应当引起足够的重视。

2. 未充分保障相对人合法权益

行政执法活动应当充分贯彻为民服务意识，在实现公共利益的同时充分保障个人合法权益，因此，我国行政强制法对于扣押财物有严格详细的程序要求。调研样本中，有4%的案件存在强拆或补偿前未规范制作物品清单的问题，部分案件在进入诉讼后，赔偿数额无依据、难确定，还有少量案件存在征收专项资金不到位、听证会召开程序不规范等问题。

（四）乡镇一级政府依法行政水平相对不高

从样本文书来看，乡镇政府及街道办事处则主要在部分强拆类案件中成为被告，作为行政执法最广泛、最前沿的触角，由于执法行为常常带有超越职权、程序严重违法、事实认定不清等“硬伤”，可以说是法治政府建设中木桶理论的“短板”。调研样本中有8%的行政机关不应诉提供证据，另有8%的案件存在逾期举证现象，这反映出一些行政机关不重视在法庭上与行政相对人面对面沟通、释法说理。

二、行政违法行为监督面临的困境

行政检察的范围分为三大类别：行政诉讼检察监督，行政判决、裁定执行和非诉执行检察监督，以及对违法行政行为的检察监督。[①] 行政违法检察监督将检察监督的范围从诉讼领域延展至行政领域，这是其最显著的特点。[②] 实践中，征收拆迁领域行政违法行为监督主要面临着以下困境：

（一）行政行为的广泛与检察监督的有限

本文涉及的征收拆迁领域存在强拆行为、征收行为、补偿行为、涉第

① 姜明安：《论新时代中国特色行政检察》，载《国家检察官学院学报》2020年第4期。

② 江国华、王磊：《行政违法行为的检察监督》，载《财经法学》2022年第2期。

三人的招拍挂行为等种类繁多的行政行为，并非都是行政违法行为监督的对象。笔者认为，由于行政违法行为监督属于公权力对公权力的监督，故对于监督范围要设置合理的边界，否则极易引发诸多问题。如果监督范围过窄，就会对行政违法行为怠于履行检察监督职责，导致监督不到位或监督虚化弱化；如果监督出现“长臂管辖”，也即越权监督的情形，就会产生代行行政权的结果。笔者认为，对具体行政行为监督的范围以行政违法行为监督必要性为原则，限定在只有行政执法权对公民权利有直接、重大的影响时，即当征收拆迁领域行政许可、征收、补偿、处罚等会损害行政相对人合法权益的损益性行政执法行为，包括但不限于前文论述的行政行为证据不足、适用法律错误、违反法定程序等。此外，从限度而言，一般而言，限于对严重的行政违法行为予以监督，对轻微行政违法行为或合法但欠缺合理性的行政行为，应由行政机关自行纠正为主，除非符合类案监督的情形，检察机关可以通过制发社会治理类检察建议予以监督。

（二）线索发现的能动与检察监督的谦抑

从实践情况来看，对于案件线索的来源讲求能动性。比如，湖北省检察机关锁定与营商环境密切相关的行政许可、行业准入和市场监管等领域，在中国裁判文书网上通过关键词搜索到 804 份判决，然后逐一筛选，发现 20 余条具有一定价值的行政违法线索。[①] 然而，行政违法行为监督作为法律监督的一种，必须承继法律监督的属性之一——谦抑性。一方面意味着，征收拆迁领域行政违法行为监督要尊重行政机关初次判断、尊重行政裁量权、理解风险社会下行政规制的局限性、考虑行政不能作为等。[②] 另一方面意味着，对符合申请复议、提起诉讼条件的，检察机关应当依法引导行政相对人或第三人通过行政复议、行政诉讼等方式实现权利救济。行政违法行为检察监督的介入是滞后于行政权内部监督机制和诉讼监督的。如具有代表性的“秦岭别墅案”违法审批土地等行政违法行为，即是在案件被新闻媒体报道后，陕西省检察院积极参与秦岭北麓西安境内违建别墅问题专项整治，部署开展保护秦岭生态环境专项活动。

---

① 参见李一川：《行政违法行为监督的办案探索》，载《中国检察官》2023 年第 5 期。

② 参见邓可祝：《论环境行政公益诉讼的谦抑性——以检察机关提起环境行政公益诉讼为限》，载《重庆大学学报（社会科学版）》2021 年第 5 期。

（三）监督理念的穿透与检察监督的柔性

通过前文统计分析可知，行政机关在征收拆迁领域执法中存在行政行为重结果、轻程序，执法过程不规范、缺依据等普遍性行政执法问题，而征收拆迁领域具有矛盾集中、利益纠纷巨大等特点，故行政检察“穿透式”监督理念应运而生，行政检察办案以诉讼活动监督为起点，层层深入、由表及里穿透至监督审判权、促进依法行政、实质性化解行政争议三个维度。实践中，检察机关行政违法行为监督一般为通过检察建议或者意见的方式提交行政行为作出机关或其上级机关或监察机关予以处理，或支持公民、法人、其他组织申请行政复议、提起行政诉讼，在这些手段不奏效，不能纠正行政机关违法作为或不作为时，检察机关才应启动行政检察监督。显然，检察机关法律监督权与行政机关行政自主权、行政相对人的合法权益之间存在着边界与冲突，因此，征收拆迁领域行政违法行为监督的效果能否实现穿透监督的效果，在检察建议的采纳的基础上还有待与各机关的协调沟通。但反过来，检察建议的采纳，会更好地保障穿透监督效果的实现，从这个角度而言，两者又是相辅相成。故实践中对如何增强检察建议的刚性，有很多的探索与讨论。

三、完善行政违法行为监督的路径选择

完善征收拆迁领域行政违法行为监督，需要强化顶层设计，明确行政违法行为监督的范围、方式，从发现、审查、处理等各个环节建立行政违法行为监督的具体程序。

（一）强化顶层设计

一是积极引入监督概念。当前，检察机关开展征收拆迁领域行政违法行为监督主要以《意见》等政策文件作为监督依据，尚无明确的法律依据，建议修改相关法律、司法解释时，明确引入行政违法行为监督概念。

二是建议明确监督范围。根据《人民检察院行政诉讼监督规则》第119条第2款的规定，人民检察院发现有关单位的工作制度、管理方法、工作程序违法或者不当，需要改正、改进的，可以提出检察建议。这种概括的规定，极易混淆检察权与行政权、行政相对人权利救济之间的关系，

同时也不容易把握行政违法行为监督的有限原则。

三是建议细化监督方式。结合征收拆迁领域司法实践需求，建议建立分类型监督方式。第一种类型是对于经过法院实体审查而裁判确有错误的征收拆迁案件，应按照行政诉讼监督方式提起抗诉或再审检察建议。第二种类型是对行政行为严重违法，损害相对人合法权益的案件，可以制发检察建议直接监督的方式。例如，对于调研样本中的2起危房拆除案件中，行政机关提供的证据表明房子拆除后才启动危房鉴定、评估、审批程序，此种行政行为中的程序倒置问题，属严重违法，损害相对人的合法权益，可制发检察建议直接监督。第三种类型是对行政行为轻微违法或者行政行为合法但不合理的案件，可采取纠正违法类案监督检察建议的方式。例如，对于调研样本中的乡级政府强制拆除案例，补偿协议未加盖公章的问题，可以采取制发纠违类案监督检察建议。第四种类型是对不存在违法行为、违法行为情节轻微不需要予以监督纠正的，或者行政机关已经自行纠正解决的，按照规定终结审查等。例如，征收拆迁领域的责任主体多为县级政府，具体执法工作主要由街道办、乡级政府、各职能部门等基层单位联合完成，在行政争议中存在应诉机关与执法机关相分离，带来的证据收集、保存、举证衔接不畅的问题，以制发社会治理类或者改进工作类检察建议为宜。

（二）规范基本路径

1. 建立监督发现机制

首先，明确线索来源渠道，较为恰当的是将检察活动中发现的案件线索均纳入监督视野。具体可包括：(1) 检察机关在办理行政诉讼监督案件或非诉执行监督案件中发现；(2) 检察机关在服务大局、走访调研中发现；(3) 检察机关受理当事人申请或控告；(4) 检察机关在参与社会治理中，通过参加专项治理活动、参与多元矛盾纠纷化解机制发现；(5) 刑事检察、民事检察、公益诉讼检察或其他部门移送线索；(6) 检察机关在与行政机关建立和运用信息共享、案件移送等机制中发现；(7) 检察机关主动运用“两法”衔接平台中发现；(8) 国家机关、社会团体和人大代表、政协委员等转交的；(9) 新闻媒体、社会舆论等反映的。[①] 其次，在

① 江国华、王磊：《行政违法行为的检察监督》，载《财经法学》2022年第2期。

征收拆迁领域，以大数据赋能行政违法行为监督。依托招拍挂平台、政务服务网、裁判文书网等网上公开数据、检察机关办案数据等资源，构建行政违法行为监督应用模型，挖掘案件线索。

2. 建立监督审查机制

首先，实施案件化办理。将征收拆迁案件线索移送、立案、受理和审查均纳入办案流程，在办案系统中予以体现。其次，建立“调卷—调查—听证”的办案审查机制，规范运用好调查核实手段，充分听取行政机关及中立第三方的意见，以确认行政行为是否存在违法、违法的情形和程度以及应采取的监督方式。在此过程中，关键点在于评判行政机关在强拆行为、征收行为、补偿行为、涉第三人的招拍挂等行政行为中的违法情形和程度，区别出实体错误、程序严重违法、程序轻微违法、违法行为情节轻微等类型，分别予以监督。必要时，可通过检察机关民事行政案件专家咨询平台，邀请专家咨询就争议和分歧进行论证，提出参考性意见。

3. 建立监督落实机制

首先，明确监督跟踪落实。如果行政机关没有采纳检察机关提出的监督意见，检察机关认为仍符合监督条件的应跟进监督。同时，可通过府检联席会议进行磋商、专题研讨等方式，形成相关指引，达到共同推进依法行政的目的。其次，明确检察建议执行情况反馈备案机制。对于行政机关收到检察建议后在规定时间内仍未积极履职或整改到位的，检察机关可将该情况反馈至纪委、人大等部门，对不纠正违法情况予以备案。例如，对调研样本中反映出的行政机关不应诉提供证据或逾期举证现象的整改，纳入履职考核清单，并将履行情况反馈相关部门，予以考核评价。

（三）健全配套性机制

一是建立上下一体化机制。目前部分省份正在推行行政案件跨区划管辖改革，检察监督工作也要顺应变革，在系统内部形成上下联动纵向发力、内部协同横向协作机制，凝聚监督合力。既实现办案效果最大化，又破解行政检察中“倒三角”模式，实现行政违法行为监督诉讼内监督和诉讼外监督的“双轮驱动”模式。

二是建立外部支持机制。主动争取党委、人大支持，持续增强监督刚性。积极融入法治政府建设，推动积极向检察机关开放相关行政网络平台，在平台中设立检察工作模块，及时发现征收拆迁案件监督线索。乡镇作为征收拆迁领域执法主力军，要对乡镇等基层组织依法执政水平相对不高的问题，延伸检察监督触角，通过设立驻乡镇检察办案点等，着力提升基层行政人员在征收拆迁领域依法行政的意识和能力，从源头上预防行政违法行为发生。

危险作业罪在司法实践中的适用难点和建议

曹　娟　刘彦玲　王庆莹*

习近平总书记在党的二十大报告指出“提高公共安全治理水平，坚持安全第一，预防为主”。2020年我国将危险作业罪纳入《刑法修正案（十一)》，明确规定在生产、作业中违反有关安全管理规定，具有发生重大伤亡事故或者其他严重后果的现实危险的行为构成危险作业罪。但是，关于危险作业罪的适用问题司法实践中众说纷纭、判定不一。“两高”发布的《关于办理危害生产安全刑事案件适用法律若干问题的解释（二)》（以下简称《司法解释》）于2022年12月19日施行，为危险作业罪的适用指明了方向，但仍然没能揭开现实危险、行刑衔接等问题的神秘面纱。据最高人民检察院统计，2021年3月至2022年12月共受理审查起诉危险作业罪3011件4521人，占受理危害生产安全犯罪案件总量的35.7%，[①]危险作业罪适用率较高，适用范围存在扩张趋势，有必要进一步厘清危险作业罪的司法适用难点。

一、危险作业罪“入刑”背景及构成要件

（一）危险作业罪“入刑”背景

安全生产事关人民群众生命财产，事关改革发展稳定大局。关于安全

---

* 曹娟，山东省临沂市兰山区人民检察院第一检察部主任；刘彦玲，山东省临沂市兰山区人民检察院检察业务管理部副主任；王庆莹，山东省临沂市兰山区人民检察院第一检察部检察官助理。

① 《2021年以来受理审查起诉危险作业罪4521人 检察机关依法履职维护群众生命财产安全》，载最高人民检察院官网2023年3月3日。

生产，刑法已明确规定了重大责任事故、强令违章冒险作业罪、危险物品肇事等相关安全生产类罪名，但以上罪名均以造成实害结果为前提，对于具有现实危险尚未造成严重后果的行为规定尚属空白。近年来，随着安全事故的频发，特别是重特大安全事故，为贯彻安全第一、预防为主方针，进一步预防和保护安全生产领域未来可能遭受人员伤亡或财产损失，强化对安全生产领域犯罪预防和风险防控，《刑法修正案（十一）》新增危险作业罪，将在生产、作业中违反有关安全管理的规定，具有发生重大伤亡事故或者其他严重后果的现实危险行为纳入刑法规制范围。危险作业罪的“入刑”是刑法规制关口前移、法益保护前置化的结果，也是刑法预防功能的体现，反映了刑法介入安全生产的积极态度。

（二）危险作业罪的构成要件

刑法第 134 条之一规定，在生产、作业中违反有关安全管理的规定，具有发生重大伤亡事故或者其他严重后果的现实危险的，处 1 年以下有期徒刑、拘役或者管制。可见，危险作业罪的关键要件为“现实危险”，而危险犯一般分为具体危险犯和抽象危险犯，抽象危险犯中的危险以一般的社会生活经验为根据，不需要司法上的具体判断，如危险驾驶罪；而具体危险犯的危险在司法上需要依据行为当时的具体情况，认定行为是否具有发生侵害结果的危险。[①] 在司法实践中，危险作业罪中的“现实危险”，需要结合案件具体情况认定，因此危险作业罪属于具体危险犯，这也是理论界普遍认同的观点。

1. 危险作业罪的客观要件

根据《司法解释》的规定，危险作业罪的客体要件为生产安全，即不特定多数人的生命健康及公私财产，客观方面表现为在生产、作业中违反有关安全管理的规定，行为表现为刑法第 134 条之一规定的三种类型：一是关闭、破坏直接关系生产安全的监控、报警、防护、救生设备、设施或篡改、隐瞒、销毁监控、报警、防护、救生设备、设施中的相关数据、信息行为；二是被依法责令整改而拒不执行的行为；三是未经依法批准或许

① 代海军：《危险作业罪认定困境及司法建议》，载《中国应急管理》2023 年第 1 期。

可，擅自从事高度危险的生产作业活动的行为。[①] 同时客观方面还需要满足“具有发生重大伤亡事故或者其他严重后果的现实危险”，且行为违法性与“现实危险”之间存在高度盖然性的因果关系。

2. 危险作业罪的主观要件

危险作业罪的主体要件为一般主体，在《司法解释》中已作出具体规定：对生产、作业负有组织、指挥或者管理职责的负责人、管理人员、实际控制人、投资人等人员，以及直接从事生产、作业的人员。对于危险作业罪的主观方面认定，理论界和实务界存在较大分歧，主要分为“故意说”和“过失说”。[②] 笔者认为，如果主观方面为故意，则“具有现实危险”也应为故意，显然限缩了危险作业罪的处罚范围；如果主观方面为过失，那么行为人违反安全生产管理规定的主观方面将难以解释。因此，对于主观方面的把握应综合分析，即行为人违反安全生产管理规定的违法行为系明知，主观上是故意，而对于“现实危险”主观心态应系过失，即应当预见自己的行为可能发生“现实危险”的结果，因疏忽大意没有预见，或者已经预见轻信能够避免。

二、危险作业罪的司法适用难点

（一）适用范围的恣意扩张

根据刑法第134条之一的规定，危险作业罪的适用条件为“在生产、作业中”，其规制领域为生产、作业领域，并规定了三种行为类型，设置了多个限定词，如“故意关闭、破坏”“直接关系生产安全”“未经依法批准或者许可”“生产、经营、储存等”“高度危险的生产作业活动”，但司法实践中对行为类型的理解不一，需要进一步明确。如“故意关闭、破坏”行为是否包括故意安装不合格设施设备、发现设施设备发生故障而不予维修等情形；“未经依法批准或者许可”是否包含超过批准或者许可的

① 曹纪元：《以证据审查视角判断危险作业罪构成要素》，载《检察日报》2022年2月9日。

② 雷洁：《危险作业罪认定疑难问题研究》，内蒙古大学2022年硕士学位论文。

期限、范围等情形；[①] 运输危险物品是否属于高度危险的生产作业活动；出租仓库供他人储存危险物品及短期储存危险物品的行为是否属于“高度危险的生产作业活动”。例如，某人在未经依法审批许可的情况下，出租仓库供他人储存大量的气雾杀虫剂等危险物品，经鉴定具有发生重大伤亡事故或者其他严重后果的现实危险，那么该人出租仓库的行为是否构成危险作业罪。

（二）“现实危险”的判定困境

1. 理论界“现实危险”的判定问题

从危险作业罪的构成要件看，危险作业罪并不要求实害结果的出现，但需满足“具有发生重大伤亡事故或者其他严重后果的现实危险”。“现实危险”一词多用在安全生产领域内，如 2014 年修正的安全生产法提及“有发生生产安全事故的现实危险”，使用了“现实危险”这一概念，[②] 但安全生产法并未对“现实危险”作出明确的解释，2020 年“现实危险”以一种不明确的姿态被纳入《刑法修正案（十一）》，虽然 2022 年出台了相关《司法解释》，但仍然没能揭开“现实危险”的神秘面纱。因此，对于如何界定“现实危险”，理论界分歧较大、意见不一。

第一种意见认为，只要实施了刑法第 134 条之一规定的三种危险作业行为，就可以直接推定具有“现实危险”；[③] 第二种意见认为，以“千钧一发”的标准判定“现实危险”，即出现“重大险情”，包括出现了“冒顶”“渗漏”等“小事故”就可以判定具有“现实危险”。[④]

第一种意见认为实施了三种行为既具有现实危险，实际上架空了“现实危险”的构成要件，明显扩大了危险作业罪的适用范围；第二种意见认为通过是否出现“重大险情”“小事故”判定“现实危险”，不具有普遍适用的可能，如故意掩盖、拒不消除事故隐患的行为不需要出现“小事

---

① 王宪峰、方裕安：《危险作业罪的“现实危险”认定问题》，载《中国检察官》2023 年第 9 期。

② 钱伟：《危险作业罪疑难指导》，选自缪树权：《危害公共安全罪立案追诉标准与疑难指导》，中国法制出版社 2022 年版，第 218—228 页。

③ 代海军：《危险作业罪认定困境及司法建议》，载《中国应急管理》2023 年第 1 期。

④ 代海军：《危险作业罪认定困境及司法建议》，载《中国应急管理》2023 年第 1 期。

故”，易燃、易爆危险物品的特性决定了一旦出现险情即非“小事故”，矿山开采、金属冶炼行业的“小事故”很难在行政执法中发现，明显限缩了危险作业罪的适用范围，不利于有效打击危险作业行为。此外，“重大险情”本身内涵模糊，难以解释“现实危险”，再加上第二种危险作业行为中，又使用了“重大事故隐患”一词，使得“现实危险”更加扑朔迷离、模糊不清。

2. 实务界“现实危险”的判定问题

对于“现实危险”的认定，理论上众说纷纭，没有形成普遍认同的理论观点，而《司法解释》亦未作出明确的解释，在此背景下，司法实践中“现实危险”的判定缺乏统一参考，判定的方法、标准不一。司法实践中主要有两种判定方式，一种是办案人员独立判断，另一种是第三方评估。其中，根据委托评估方的不同，第三方评估又分为安全生产行政监管单位组织或委托评估、司法机关委托评估。

第一种判定方法，因危险作业罪涉及矿山开采、金属冶炼、危险物品等众多领域、专业性较强，仅依赖司法人员的个人知识储备，难以准确判定是否具有“现实危险”。第二种判定方法是司法实践中普遍使用的方法，相较于第一种判定方法，第三方评估比司法人员独立判断更加专业，但也存在不足之处。一是行政判定标准能否等同刑事判定标准。司法实践中，专业评估机构对“现实危险”的认定往往是以不同行业领域行政法规和规范性文件规定的“重大事故隐患”为标准，如矿山开采领域“现实危险”的认定系基于《煤矿重大事故隐患判定标准》中“重大事故隐患”认定标准，危化品“现实危险”的认定系基于《化工和危险化学品生产经营单位重大生产安全事故隐患判定标准（试行）》。行政法规和规范性文件规定的“重大事故隐患”，既包括可能直接导致、引发重大事故的直接重大隐患，也包括属于管理培训制度、项目建设规范等间接重大隐患。[①] 而司法实践对“现实危险”的判定侧重于是否存在直接重大事故隐患。显然，依据行政法规和规范性文件规定的“重大事故隐患”标准出具的第三方评估，不能简单等同于刑事案件中的“现实危险”。二是第三方评估的客观性不足。在司法实践中，司法机关委托第三方评估的情况较少，往往由应

① 王宪峰、方裕安：《危险作业罪的“现实危险”认定问题》，载《中国检察官》2023 年第 9 期。

急管理等行政机关组织或者委托，评估人员主要为行政机关内部或与其具有密切联系的外部评估机构的专家，评估意见的客观性不足。对于“现实危险”的判定，无论是司法人员的独立判断还是第三方评估均存在不足之处，在《司法解释》不明确的背景之下，司法实践中如何判定“现实危险”，是危险作业罪适用的一个难点所在。

（三）行刑双向衔接机制不健全

危险作业罪属于典型的行政犯罪，依法惩治危险作业犯罪涉及行政执法、刑事侦查、批捕起诉、司法审判等各个环节，需要应急管理、自然资源等行政执法部门与公、检、法、司等多部门密切协作、多元协同治理。但是司法实践中危险作业罪的行刑双向衔接机制并不健全。一方面，相关法律规定不具体，行刑双向衔接在司法实践中无所适从。早在2019年4月16日，应急管理部、公安部、“两高”四部委联合出台了《安全生产行政执法与刑事司法衔接工作办法》，但仅规定了“行转刑”的单向移送机制，[①] 虽然《司法解释》第11条规定有危险作业的行为，被不起诉或者免予刑事处罚，需要给予行政处罚、政务处分或者其他处分的，依法移送有关主管机关处理，也仅对“刑转行”作出了原则性规定，对于行刑双向衔接的规定不明确。另一方面，“行转刑”的冲动问题。在司法实践中，部分行政执法机关迫于绩效考核的压力，片面追求移送案件的数量，导致司法权的被动扩张，部分行政违法案件被纳入刑事案件范围，不利于客观理性地认定案件事实，在一定程度上也会造成司法资源的浪费。可见，行刑双向衔接问题也是危险作业罪司法适用的难点所在。

三、危险作业罪司法适用的意见建议

（一）细化危险作业罪的行为类型

刑法第134条之一规定了危险作业三种行为类型，未设置兜底条款，将生产作业领域内的危险作业限缩在三种行为中，因此如何理解和把握三种行为，是适用危险作业罪的核心问题。“两高”《司法解释》第4条虽然

---

① 代海军：《危险作业罪认定困境及司法建议》，载《中国应急管理》2023年第1期。

规定“重大事故隐患”，依照法律、行政法规、部门规章、强制性标准以及有关行政规范性文件进行认定，但是规定不够明确，此外也未对“直接关系安全生产”“未经依法批准或者许可”等作出明确解释。因此，在危险作业罪入刑时间不长的情况下，建议进一步完善《司法解释》，细化、明确危险作业行为类型、范围，统一危险作业罪的适用范围、标准，并将行为人限定为参与危险作业活动且准备多次、反复实施的人员，避免适用范围无限扩大。

（二）构建专业的司法审查模式

对于危险作业行为“现实危险”的判定，司法人员独立判断和第三方评估各有优缺，为避免司法人员和第三方评估的专断，保障“现实危险”判定的科学性、客观性，应当构建专业的司法审查模式，即在办案过程中，首先由相关行政机关委托专业机构就危险作业行为“现实危险”等专业问题出具评估意见，其次由司法人员结合其他在案证据综合审查评估意见的客观性、关联性和合法性，确定是否采信该评估意见作为定案证据。

1. 提升司法人员独立判定的科学性

虽然第三方评估比司法人员独立判断更为专业，司法实践中评估意见也鲜有被司法机关推翻的情况，但是第三方评估只是司法判断的证据之一，不是唯一或者终局性判断依据。因此，为保障危险作业行为中“现实危险”判定的科学性，司法人员应当独立判定“现实危险”，不能简单依赖第三方评估，甚至以第三方评估替代司法人员的独立判断。[①] 因此，为保障司法人员独立判定的科学性，建议从以下几点把握“现实危险”：

一是明确“现实危险”等相关概念。因理论界、实务界对“现实危险”的理解把握不一，需要进一步完善《司法解释》，为司法人员判定“现实危险”提供法律依据。除此之外，需要进一步明确“重大事故隐患”“重大险情”“危险物品”等含义，虽然“重大事故隐患”“危险物品”在相关行政法规中已有明确定义，但是有些概念与刑法中的相关概念存在差异，如上述“重大事故隐患”的判定标准是否等同于危险作业罪中的“现实危险”，是否以行政法规所界定的概念作为危险作业罪的相关入

---

① 金晔：《危险作业罪在司法适用中的三个难点问题》，载《上海法制报》2022 年 7 月 27 日。

罪依据，需要司法解释进一步予以明确。

二是参考“两高”典型案例。继《司法解释》出台后，“两高”发布了三起危险作业罪的典型案例，即李某远危险作业案、高某海等危险作业案和赵某宽、赵某龙危险作业不起诉案，[①] 进一步明确和细化了危险作业罪三种行为中“现实危险”的判定标准，即现实危险要具有“现实性”和“紧迫性”，为司法实践中“现实危险”的判定指明了方向，有助于司法裁判尺度的统一。例如，在李某远危险作业案中，被告人李某远在涉案厂区堆放液化天然气以及大量油漆等危化物，该厂区曾发生过火灾，之所以没有造成严重后果，只是因车间喷漆停止作业。在这种情况下，李某远擅自关闭可燃气体报警器的行为可以认定为具有“现实危险”。由此可见，如果危险持续存在，具有随时发生事故的重大险情或者客观上已经出现了“小事故”，但由于偶然性的客观原因未造成严重后果，在此情形下，行为人擅自关闭、毁坏的行为具有“危险”的现实性和紧迫性，综合考虑行业属性、行为对象、现场环境、违规行为严重程度、纠正整改措施的及时性和有效性等具体因素，可以认定具有“现实危险”。

2. 严审第三方评估的“三性”

如上所述，虽然第三方评估存在不足之处，司法实践中司法人员也能够结合在案证据对“现实危险”现实性和紧迫性作出初步、基本判断，但生产作业领域多样性和司法人员专业知识的有限性决定了司法人员的独立判断需要第三方评估的辅助和支撑。为克服第三方评估存在不足之处，建议从刑事诉讼角度出发，将第三方评估意见纳入刑事证据审查范围，将其作为认定危险作业行为“现实危险”的证据之一，严格按照证据规则实质审查其客观性、关联性和合法性；同时参照“司法鉴定意见”要求，科学规范评估人员资质，进一步提升评估的专业性、规范性。

（三）完善行刑双向衔接机制

1. 严格把控“行转刑”案件

一方面，应急管理、自然资源等相关行政机关可商请公安机关、检察机关提前介入，就危险作业罪的适用范围、认定标准、证据收集固定保全

---

① 参见最高人民法院、最高人民检察院2022年12月15日联合发布的《人民法院、检察机关依法惩治危害生产安全犯罪典型案例》。

等问题进行咨询，严控入罪条件，过滤不符合立案标准的案件，避免将行政违法案件纳入刑事制裁范围；另一方面，相关行政执法机关要科学设置绩效考核指标，抑制案件移送冲动，保证“行转刑”案件符合危险作业罪的立案标准。

2. 畅通“刑转行”的渠道

2021 年修订的行政处罚法第 27 条规定“违法行为涉嫌犯罪的，行政机关应当及时将案件移送司法机关，依法追究刑事责任。对依法不需要追究刑事责任或者免予刑事处罚，但应当给予行政处罚的，司法机关应当及时将案件移送有关行政机关”，确立了行刑“案件双向移送”制度。此外，2022 年“两高”发布的赵某宽、赵某龙危险作业不起诉案件典型案例也揭示出，在办理危险作业案件中，应当注意与应急管理、自然资源等部门加强行刑双向衔接，督促集中排查整治涉案企业风险隐患，推动溯源治理，实现“治罪”与“治理”并重。[①] 在此指引下，有必要进一步畅通“刑转行”渠道，创新办案模式，完善刑行反向衔接机制，如检察机关在办理危险作业罪的过程中，针对企业安全管理以及监管方面的漏洞，要加强与当地应急管理、自然资源部门衔接，及时制发检察建议，并将检察建议落实情况纳入党政考核体系，进一步推动检察建议落到实处；[②] 对于检察机关决定不起诉的危险作业案件，应依据《司法解释》、行政处罚法等相关法律规定将相关人员移送有关主管机关给予行政处罚、政务处分或者其他处分等，并将案件及时移送有关行政机关，从而实现危险作业罪的“治罪”与“治理”有机统一，推动国家治理体系和治理能力的现代化。

---

① 最高人民法院、最高人民检察院 2022 年 12 月 15 日联合发布的《人民法院、检察机关依法惩治危害生产安全犯罪典型案例》。

② 参见《最高人民法院、最高人民检察院相关部门负责人就〈关于办理危害生产安全刑事案件适用法律若干问题的解释（二）〉答记者问》，载人民法院传媒总社 2022 年 12 月 15 日。

从最高人民检察院第四十五批指导性案例看排除合理怀疑的司法审查方法

李 璐 李 华 刘 通*

一、从检例上看合理怀疑是否合理的实践之争

最高人民检察院第四十五批指导性案例系从全国各地检察机关选报的315件案例中选出，该5起抗诉案件对检察机关履行审判监督职能具有示范引领作用。有学者已对该批指导性案例进行了评析。① 笔者通过仔细研究发现，公布的5起案件中的3起案件集中反映出不同部门的法检办案人员对排除合理怀疑适用标准的不同认识。3起案件分别是刘某某贩卖毒品二审抗诉案，李某抢劫、强奸、强制猥亵二审抗诉案，宋某某危险驾驶二审、再审抗诉案。这3起案件只是司法实践中检法实务人员对什么怀疑是合理怀疑不同认识的缩影。笔者以指导案例为评析对象，归纳出合理怀疑是否合理之争主要存在以下几个方面：

（一）言词辩解是否合理的审查思路不同

我国刑事诉讼证据证明标准是事实清楚，证据确实、充分。由于该刑事证明标准追求绝对的事实真相，在实践当中不具有可操作性。在故意杀

---

* 李璐，山东省烟台市芝罘区人民检察院党组副书记、副检察长；李华，山东省烟台市莱山区人民检察院党组成员、办公室主任；刘通，山东省烟台市芝罘区人民检察院第一检察部副主任。

① 参见熊秋红：《最高检首批刑事抗诉指导性案例评析》，载《中国检察官》2023年第18期。

人等重罪案件中，口供无疑是最直接证明犯罪事实发生的有利证据。在尚未重视程序正义的司法进程中，过分追求客观事实真相的理念下，势必导致司法实务人员通过刑讯逼供等非法取证方式获取口供，达到证据确实、充分的目的。这也是冤假错案发生的原因之一。为弥补我国传统客观印证主义的缺陷，使证据确实、充分具有可操作性。2012 年，我国刑事诉讼法引入“综合全案证据，对所认定事实已排除合理怀疑”的证据审查理念。

近年来，随着程序正义理念在司法实务中深入人心，刑讯逼供等非法取证越来越少。作为一名基层检察人员，在办案中，已几乎很难听见犯罪嫌疑人直接反馈侦查人员对其刑讯逼供的现象，嫌疑人更多的辩解是侦查人员对其口供记录的不真实。然后，侦查人员依据各类程序依法取证，程序越规范，似乎案件越来越难办。案件难办，不仅是因为刑事法律关系变得纷繁复杂，更是由于犯罪嫌疑人反侦查意识的增强，通过各种天马行空的辩解，让司法人员无法判断辩解是否合理。实践中，司法人员对行为人辩解是否合理的不同认识，导致案件结论大相径庭。

在刘某某贩卖毒品二审抗诉案中，证人周某从刘某某轿车下车后报警称刘某某车内有毒品，后公安机关从刘某某车内查获冰毒 1 千克。刘某某归案后辩解民警从其车上查获的毒品是周某所留。检察机关以非法持有毒品罪提起公诉，后变更起诉为贩卖毒品罪。一审法院认为本案不能排除毒品是周某所留的合理怀疑，判决刘某某无罪。法院这里的怀疑就是对被告人辩解是否合理的怀疑。法院认为有合理怀疑，而检察机关认为法院认为的合理怀疑不尽合理[①]。检察机关认为周某不具备购买 1 千克冰毒的经济条件，刘某某辩解毒品归周某所有并无其他证据印证，且其称自己从事燕窝生意的辩解与事实不符。因此，检察机关认为刘某某的辩解不合理。

（二）单个证据不充分能否导致其他证据被排除的内心确信不同

我国刑事诉讼法规定定罪量刑的证据要达到确实、充分，实际上是最严格客观证明体系。实务中，侦查机关取证时往往综合取证，不仅收集有罪证据，还收集其他证据。如果证明有罪的证据间有矛盾，便会使司法者产生怀疑。但单个证据不充分，能否引起对其他有罪证据的怀疑，存在诸多争议。就人的正常心理而言，如果单个证据的真实性不好确定，会不自

---

① 余响铃：《合理怀疑，怎么怀疑才合理》，载《检察日报》2021 年 12 月 7 日。

觉产生对其他证据的怀疑，但是否能动摇整个证明体系，见仁见智。

在宋某某危险驾驶二审、再审抗诉案中，被告人宋某某醉酒驾驶机动车，肇事撞击骑行电动车的被害人张某后逃逸，被害人张某被撞成轻微伤，现场遗留宋某某汽车残片。后宋某某将车开至长怡新村东门处停下，走到马路对面在人行道上睡觉。宋某某下车的过程被证人张某某看见并报警。后宋某某被抽血检验，检出血液中乙醇含量为213mg/100ml。案发后，宋某某辩解车辆系魏某所开，但该无法联系上魏某。原基层检察机关认为宋某某危险驾驶的事实不清、证据不足，作出存疑不起诉，后被上级检察机关纠正，原检察机关向法院提起公诉后，一审法院认为证实车辆系宋某某驾驶的证据均系间接证据，不能排除魏某驾驶车辆的可能性，判决宋某某无罪。本案经两次二审抗诉、一次再审抗诉，最终被判有罪。其中检察机关在第一次二审抗诉时，案件被发回重审。为进一步增加证据的链条，重审期间检察机关对案发路段监控录像中出现的驾驶人员影像提交鉴定机构，将视频影像与被告人进行了人像比对鉴定。经鉴定，案发时驾驶人员与宋某某系同一人。但在审判阶段，一审法院又重新委托了其他两个鉴定机构对检察机关提取的监控录像与宋某某重新比对鉴定，其他两个鉴定机构均认为检材中人像高度模糊，不具备人像鉴定条件。一审法院据此认为检察机关提供的鉴定意见不能采信，再次以不能排除合理怀疑为由，判决宋某某无罪。检察机关第二次二审抗诉，二审法院也认为检察机关提供的鉴定意见缺乏可靠性，支持了一审法院的无罪判决。检察机关再审抗诉，案件由高级人民法院审判，再审期间，检察机关对新发现的路面监控影像重新鉴定，得出车辆驾驶人员与被告人衣着、发际、鼻部等具有相似或者相同特征的鉴定意见。宋某某最终被判有罪。本案先后经历原办案检察机关存疑不起诉、市检对不起诉提出纠正、原办案检察机关提起公诉、一审法院两次无罪判决、中级法院一次裁定支持一审无罪判决、再审高级法院改判有罪。本案的一波三折，集中反映了检察机关内部及法院不同部门对案件中的鉴定意见、“幽灵辩解”等单个证据怀疑是否合理，以及单个证据是否影响整个证据链条，存在不同认识。

（三）经验法则、逻辑推理是否敢于适用的司法理念不同

根据最高人民法院《关于适用〈中华人民共和国刑事诉讼法〉的解释》之规定，对于没有直接证据的，使用间接证据定案的，要运用证据进

行推理是否符合逻辑和经验。当前，在以审判为中心的刑事诉讼制度改革和司法责任制背景下，不仅推行庭审实质化，法官更有终身追责的职业风险。对于不认罪的案件，检察机关往往从定罪角度大胆适用经验法则、逻辑推理；而审判机关往往更加侧重于对间接证据证明力及某些程序瑕疵证据的怀疑。

在李某抢劫、强奸、强制猥亵二审抗诉案中，李某通过社交网站将被害女性约出后，通过迷药将被害人带入宾馆后对被害人实施强奸、猥亵，并将被害人手机中支付宝钱款转移。一审法院认为因公安机关未从被害人血液、尿液中的检验到迷药成分，李某是否向被害人饮品中投放迷药存疑，现没有直接证据证实被害人系在不知反抗、不能反抗的情况下被转移财物，无法排除李某与被害人可能存在经济往来的合理怀疑。法院认为的合理怀疑不仅包括对单个证据的怀疑，还包括案件材料中未体现出来的常识性问题。检察机关认为，本案证据虽都是间接证据，但综合全案证据，合理运用逻辑和经验法则进行推理，能得出被告人有罪的唯一结论。首先，虽然从被害人血液中未检出迷药成分，但被告人有购买迷药的记录；监控录像等能反映被告人饭前出去购买饮料，其有投放迷药的作案时间；事后被告人有向朋友炫耀通过迷药强奸多个被害人的情况。其次，被害人与被告人相识不久，与被告人不具有经济往来的可能性。最后，被告人案发过程中有浏览网络查询如何规避犯罪查处的记录。本案各间接证据之间，已形成了完整的证据链条，间接证据的指向使被告人的辩解不合于常理。该起案件集中反映了在没有直接证据的情况下，司法机关利用逻辑推理和经验法则能动履职的样本。

二、我国排除合理怀疑的价值定位

（一）域外排除合理怀疑理论的不自洽

排除合理怀疑概念起源于英国，发展于美国。但排除合理怀疑最初的起源并非作为证据审判规则，而是来源于基督教的神学教义。中世纪，通过建立神明裁判以寻求可能对潜在无辜的人判处死刑的恐惧和内心焦虑的救赎。因此，排除合理怀疑的根源在于神学，并不是为了保障被告人，而是为了保护法官。随着神明裁判的衰落，法官为规避危险，形成了以纠问对抗为主的职权主义模式和以陪审团为主的控告诉讼模式。职权主义以德国为代表。在神明裁判被废除后，大陆法系国家选择了纠问式的诉讼模式，与其相对应的是内心确信证明标准。以英美法系为代表的对抗模式，则选择了陪审团制度，推行的是排除合理怀疑证明体系。从理论发展的历程来看，内心确信和排除合理怀疑的初衷都不是为了发现客观真相，本质仍然是道德慰藉或责任转移。当前，在英美法系国家，并不能对合理怀疑给出一个清晰的定义，在司法实践中合理怀疑甚至被解释为十多种适用标准。因过多版本的合理怀疑让陪审员更加迷惑，上诉法院不得不禁止法官向陪审员解释什么是合理怀疑。此外，在发现事实真相方面，对抗式并非优于纠问式。兰博约在《对抗式刑事审判的起源》一书中指出了对抗式诉讼的两大弊端：敌对效应和财富效应。[①] 在排除合理怀疑适用标准不明的情况下，陪审员制度本身，只会出现更多的辛普森案件。因此，照搬域外概念，在我国公平正义的价值追求下，是没有生命力的。

（二）实体正义是否完全让步于程序正义

排除合理怀疑制度作为刑事诉讼中的程序制度，其设立初衷是为了完善我国刑事证明标准。实体正义是否要完全让渡给程序正义？答案是否定的。程序规范设立的初衷是为了保证调取的证据客观真实，终其目的还是还原客观真相。但在实践中，存在着取证程序有瑕疵，便完全让渡给程序正义的现象。如醉酒型危险驾驶案，对被告人当场呼气检测，呼出的酒精含量超过 200mg/100ml，后通过血液检测检出其血液中乙醇含量超过 150mg/100ml。辩护人以抽血时医护人员使用醇类消毒液违反相关程序规定为辩点，提出据以定罪的血液检材被污染，无法定案。笔者通过收集多个地方公布的案例，出现多个无罪判决或存疑不起诉决定的案例。但也有地区通过侦查实验等方式，认定虽提取血液时程序瑕疵，但根据呼气检测时的浓度等综合判断不影响醉酒驾驶的认定[②]。笔者以为，该法院真正坚持了合理怀疑的底线，兼顾实体和正义。

刑事诉讼证明的目的是尽可能还原客观事实。由证据证实的法律事实

---

① 李勇：《到底什么样的“怀疑”才是“合理怀疑”——“合理怀疑”的终极追问》，载《人民检察》2014 年第 15 期。

② 参见广东省清远市中级人民法院（2020）粤 18 刑终 156 号刑事裁定书。

并不完全等同于客观事实。只有心存公平和正义，既不厚此薄彼，又不矫枉过正，才能兼顾打击犯罪和可能错误打击导致冤假错案的正义平衡。

（三）我国排除合理怀疑的合理定位

如前所述，英美法系国家尚不能对合理怀疑给出统一的适用标准。作为舶来品，在我国司法实践中，只能寻求符合本地土壤生长的合理怀疑体系。有学者认为，证据确实充分是刑诉证明标准的客观方面，排除合理怀疑是主观方面，二者互为补充。排除合理怀疑是独立的证明标准[①]。笔者以为，长期以来，客观印证主义已深入我国刑事诉讼领域，且客观印证主义更能无限接近于客观事实。排除合理的引入不是增加了证明难度，从某种意义上讲，通过对在案证据的主观评判，达到内心确信即可作出结论，实际是降低了客观印证的证明难度。在我国证明体系中，客观印证仍应是证明体系的中心理论。孤证不能定罪，排除合理怀疑是证据确实、充分的补充。在实践中，排除合理怀疑要服务于客观印证原则。裁判者要综合应用合理解释和说明，对瑕疵证据予以补正，利用已有司法判例精神，完善证据链条，综合全案证据，真正得出符合公平正义的结论。

三、合理怀疑是否合理的评判原则

合理怀疑是指以证据、逻辑和经验法则为根据的怀疑，即案件存在行为人无罪的现实可能性。[②] 因此，实践中不是任何怀疑都是合理的。对合理怀疑的内涵准确释义，不仅可以在司法实践中定分止争，还能节约司法成本，实现公平正义。合理怀疑，本身具有明显的主观性，有学者提出构建合理怀疑的类型化建设，通过分类法将排除合理怀疑划分为有证据的怀疑、符合经验法则的怀疑、符合逻辑的怀疑，以期通过分类的客观化实现排除合理怀疑的现实可操作性。然而，由于合理怀疑本身是主观的，分类化研究，是某种程序归类的客观性。但实际判断过程中，又脱离不了主观评判。因此，笔者以为，既然合理怀疑自始至终都脱离不了主观认识，只

① 杨宇冠：《论中国刑事诉讼定罪证明标准——以排除合理怀疑为视角》，载《浙江工商大学学报》2017 年第 5 期。

② 参见检例第 179 号刘某某贩卖毒品二审抗诉案。

有建立清晰的主观判断思路和审查原则，才能在司法实践中具有可操作性。

（一）合理怀疑是动摇客观印证证明体系的怀疑

合理怀疑既可以是单个证据的怀疑，也可以对多个证据、常识的怀疑，其提出的目的是证明据以认定犯罪的证据有矛盾、有疑问，无法形成证据链条。因此，任何案件的合理怀疑是否合理的判断，应建立在是否能动摇客观印证证明体系。这种判断标准虽然站在功利主义立场，但是简单有效。如有的辩护人提供了犯罪嫌疑人不在案发现场的证据，那据以定罪的其他证据势必全部动摇，这种怀疑便是合理的。很多年前一起抢劫车辆案件，犯罪嫌疑人甲纠集多名同案人到烟台抢回质押车辆，抛开案件本身是否系经济纠纷案件不论，公安机关提供了被害人对同案人乙的辨认笔录，此外犯罪嫌疑人甲证实的乙当时应该在场。从客观印证角度来看，同案人乙涉嫌抢劫罪。后公安机关将乙上网追逃，乙归案后，辩称案发时不在场，并提供了不在场的线索。后经引导公安对乙的手机信号及轨迹进行查询，发现案发时乙确实不在现场。此时乙不在场的怀疑是可能动摇印证体系的怀疑，应进一步查明其辩解是否真实。

（二）合理怀疑是不符合常情、常识、常理的怀疑

常情、常识、常理是经验法则的应有之义。或许有人指出，常情、常识、常理在不同人群当中也有不同认识，同样具有不可操作性。笔者曾经参加一次检察官联席会，对一起强奸案件进行讨论。案情是凌晨 2 时许，犯罪嫌疑人在 KTV 主动与醉酒的被害女性接吻，因被害人醉酒未见明显反抗动作，后犯罪嫌疑人将被害人带回自己的出租屋内，次日被害人报案称被强奸。经身体检查及鉴定，被害人乳房上有犯罪嫌疑人留的精斑、犯罪嫌疑人左肩部有挫伤、被害人身上有多处挫伤。犯罪嫌疑人归案后，辩解其跟被害人接吻时，被害人未反抗，后被害人系自愿跟其回家，其肩部挫伤系当晚在其他地方被他人殴打所致。被害人身上的挫伤是被害人不小心摔倒在地上所致。后其辩护人提供了证人证言以证实犯罪嫌疑人当晚在 KTV 外与证人发生口角，其肩部被证人殴打受伤。参加讨论的检察官有两种观点，一种观点认为被害人凌晨在 KTV 一人饮酒，并与犯罪嫌疑人接吻，后被犯罪嫌疑人搀扶离开 KTV，未见其反抗。犯罪嫌疑人肩部虽有伤

痕，但不能排除系被其他人殴打所致。不能排除犯罪嫌疑人误以为被害人同意与其发生性关系的可能性。另一种观点认为，被害人系在校大学生，在被犯罪嫌疑人亲吻时处于醉酒状态。犯罪嫌疑人将其带离KTV时，虽未见其明显反抗，但从其步伐、神态来看，已明显醉酒，意识能力减弱，跟随犯罪嫌疑人离开非其意识清醒下的决定。本案应采信被害人陈述。讨论中，两种观点针锋相对。笔者认为，司法人员不能带有某种偏见来审视案件。社会中已经出现的某种不良风俗，或许司空见惯，但永远不能被刑法上善意的价值观认可。我们不能认为社会中出现了某种不良风气，便认为一个在校大学生第一次与犯罪嫌疑人见面，在醉酒状态下能同意与对方发生性关系，这种认识是不符合常情、常识、常理的。

（三）合理怀疑是经过逻辑推理后仍无法排除的怀疑

"综合全案证据，所认定的事实排除合理怀疑"，要求必须综合全案证据，合理运用逻辑推理判断某一怀疑是否合理。对于没有直接证据的案件，间接证据又存在矛盾的案件，必须大胆地运用逻辑推理审查犯罪嫌疑人辩解是否合理。

笔者在2022年援藏期间，帮助日喀则市桑珠孜区检察院审查了一起盗窃上诉案，被告人为四川某市人，流窜至桑珠孜区，以破坏手段多次实施了盗窃轿车内财物的行为。被告人作案时头戴棒球帽，口戴口罩。多个视频监控证实案发前后被告人出现在被盗车辆附近，但没有直接拍摄到被告人实施盗窃的过程。民警在其中一辆被盗汽车内侧玻璃提取指纹一枚，经鉴定系被告人所留；民警在另一辆被盗车辆内提取鞋印一个，经鉴定与被告人左脚尺寸一致，但因提取的脚印较轻，无法确定是否系被告人所留。民警将被告人抓获时，其穿着服饰与监控中出现在被盗车辆周围的人员服饰一致，但未查获到任何赃物。被告人归案后，辩称来日喀则旅游，该在路边散步时无缘无故被抓获，该未实施任何犯罪行为。桑珠孜区检察院以盗窃罪提起公诉，在一审庭审时，被告人突然认罪认罚，一审判决后，被告人又上诉翻供。在二审上诉审查期间，笔者参与办理此案。经对被告人讯问，发现被告人翻供不具有合理性，笔者认为，对关键问题采取不回答的方式应对。本案虽无直接证据，但通过逻辑推理，可以证实被告人实施盗窃的唯一结论：一是被告人的指纹出现在他人车内，证实其曾出现在被害人车内，该被告人与被害人不相识，除了盗窃不具有其他可能性。二是民警从另一被害人车内提取的脚印因检材问题虽不能给出系被告人所留的鉴定意见，但鞋的尺码与被告人脚的尺码相当。三是被告人虽然盗窃时通过服饰掩饰自己相貌，但通过案发前后出现在视频中的影像与其本人进行比对，视频中出现的男子的身高、姿态与被告人身形、体态一致；且民警将其抓获时，其仍然佩戴在视频穿戴的棒球帽。四是该被告人在一审庭审时突然认罪，后又以未犯罪上诉翻供，且不能合理解释。综上，通过逻辑推理，本案能得出其实施盗窃的唯一结论。

四、排除合理怀疑的司法审查方法

（一）对有合理怀疑的案件，通过自行补充的方式补强证据完善证据链条

通过对最高人民检察院公布的5起抗诉案例分析，不难发现，所有的案件在一审公诉时，均未查明全部事实或者证明犯罪成立的证据。有的案件存在漏罪和漏犯情形，如孟某某等人组织、领导、参加黑社会性质组织、寻衅滋事等犯罪再审抗诉案；有的案件对关键证据没有调取，如宋某某危险驾驶二审、再审抗诉案，在第一次二审抗诉时才将调取的监控视频与被告人做人像比对鉴定；有的案件对间接证据未收集完毕，如李某抢劫、强奸、强制猥亵二审抗诉案，在一审判处无罪后，才通过调取李某社保卡记录，发现其多次购买精神类药物。前文所述，不同检法部门对合理怀疑是否合理有不同理解。但从审判人员角度来看，上述案件之所以改判，是因为二审或再审出现了新的证据。此时的判断依据与彼时的判断基础并不相同，难免会出现不同的结论。因此，作为公诉机关，我们是控方，具有法定的证明责任，必须向法庭尽可能提供证明被告人辩解不合理的证据材料。

1. 要尽可能地多收集证据材料，做到证据的量上的充分

在我国，孤证不能作为定案的依据。做到证据确实、充分，首先对证据的收集要有一定量的基础，这也是证据充分的前提[①]。实践中，在犯罪

---

① 潘金贵、夏睿泓：《排除合理怀疑的过度客观化及其纾解》，载《西南民族大学学报》2023年第6期。

嫌疑人认罪时，某些侦查人员往往会忽视对客观证据的调取。一旦在后续诉讼程序中翻供，公诉机关往往会处于被动地位。检察机关应在提前介入、审查逮捕、审查起诉各阶段引导公安机关对案件客观证据及时固定，树立证据及时收集的时效意识。

2. 要对犯罪嫌疑人的辩解，引导公安机关补充侦查、穷尽一切可能

实践中，法官采信或不采信被告人辩解，往往看被告人的辩解是否有其他证据予以印证。如果我们对被告人的辩解置之不理，便会削弱法官的内心确信。因此，针对犯罪嫌疑人的辩解，至少要调取证据排除犯罪嫌疑人可查的部分辩解，动摇犯罪嫌疑人辩解采信的根基。

3. 检察机关适时开展自行补充侦查的补证模式

囿于基层检察机关案多人少及侦查技术手段缺乏，检察机关可采取上下联动的办案模式。一方面，上级检察机关对下级检察机关的不起诉案件建立备案审查制度，通过内部监督，纠正错误不起诉。如宋某某危险驾驶二审、再审抗诉案，原基层检察院对宋某某作存疑不起诉，在将不起诉决定报备给上级检察机关时，上级检察机关及时发现不起诉决定错误，予以纠正。另一方面，检察机关要履行好自行补充侦查职能。当前，检察机关正探索自行补充侦查制度建设。自行补充侦查是对公安机关侦查手段的补充，而不是替代。但在关键证据或线索上，检察机关可通过自行补充侦查完善证据链条。

作为基层检察办案人员，实践中，笔者发现囿于侦查人员证据意识的淡薄，检察机关通过退回补充侦查，很难达到预期的取证效果。必要时检察机关开展自行补充侦查工作，不仅能达到预期的证明目的，更能在亲历取证的情况下增加内心确信。

（二）对单个证据尤其是“幽灵证据”的辩解，要善用经验法则综合全案证据准确判断是否予以排除

司法人员要善用经验法则判断犯罪嫌疑人辩解是否合理。所谓经验法则，是指在司法实践中普遍性被确认的一般性知识和经验准则。在实践中，有二分法、三分法、四分法、五分法[①]。究其本意，经验法则是一种

---

① 龙宗智：《刑事证明中经验法则运用的若干问题》，载《中国刑事法杂志》2021年第5期。

常情、常识、常理判断方法。对于“幽灵辩解”，要站在常情、常识、常理的基础上判断。

在办理一起盗窃案件时，犯罪嫌疑人入户盗窃失主卧室抽屉内的手机1部，公安机关调取了进出单元楼的监控视频证实犯罪嫌疑人进入了失主的单元楼，公安从失主卧室抽屉上提取了指纹一枚，经鉴定是犯罪嫌疑人所留。公安机关将犯罪嫌疑人抓获后，未从其身上查获被盗的手机。犯罪嫌疑人归案后，辩解该到单元楼是为了找同乡，但该嫌疑人提供不了同乡的联系方式。该在找同乡未果的情况下，急着上厕所，便发现失主的房门未锁，推开房门进入房间是为了找厕纸，其在卧室抽屉内未找到厕纸后离开。本案中，犯罪嫌疑人先后提出找同乡的“幽灵辩解”、进入失主房内是为了找厕纸的辩解。经审查，公安机关已穷尽侦查手段，不具有继续侦查的可能性。本案的赃物未查获，犯罪嫌疑人对指纹的辩解是否符合常理，需要通过常情、常识、常理进行判断。犯罪嫌疑人无法提供证明其辩解合理性的证据线索（举证责任没有倒置，对于幽灵辩解公安机关只要穷尽侦查手段，无线索可继续侦查，被告人便应承担的不利法律后果），其幽灵辩解不具有合理性。其次，即使失主当时忘记锁门，正常人未经他人同意，推门进入他人室内找厕纸，本身不符合常理。最终，该案被有罪判决。

（三）对不认罪的案件，要对间接证据进行逻辑推理以查明怀疑是否合理

偶然，在微信公众号上，看到一篇原创文章[①]对电视剧《庆余年》中“范闲醉酒斗诗案”进行评析。该文章标新立异，讲述了电视剧中范闲醉酒斗诗的场景。作为北齐文学泰斗庄墨韩参加庆国皇室宴会时，为证实范闲之前吟诵的杜甫《登高》诗（该是穿越剧）不是范闲所作。庄墨韩提供了《登高》诗画一幅，并当场吟诵，称《登高》系其已故师父所作。鉴于庄墨韩的文学地位，其又提供了物证，范闲作出《登高》诗的意境又与其年龄不符，不禁让在座的宾客产生了合理怀疑。范闲为破局，大量饮酒后，随口吟作百余首名诗。所有人相信，既然随口吟作的都是经典，又

---

① 熊承星、袁娴：《“排除合理怀疑”证明标准的适用两难——以“幽灵抗辩”及“范闲醉酒斗诗案”为例》，发表于广州罗欢平律师事务所2023年7月10日官方微信号。

何故抄袭。该文章作者以范闲通过间接证据证明自己不具有抄袭他人诗作的可能性，完善了作《登高》系本人所作的证据链条。

然而，《登高》并非范闲所作。细想之下，诚然范闲能随口吟诵其他名诗，也不能证实《登高》是自己所作。范闲的自证清白，从逻辑推理角度也得不出唯一结论。实践中存在很多类似范闲的行为人以“品德证据”的良好、“行业规则”的普遍性为辩点，以证明自己行为的真实性、合理性。在办理一起以仿古砚台冒充明清古砚销售的诈骗案中，被告人辩解文物行业的“捡漏”“走宝”“打眼”都很正常。被害人从其处购买砚台的目的是收藏，被害人购买时还找了朋友来帮其鉴定真伪，其并没有骗对方。自己销售给被害人的砚台都是从拍卖行拍下的古砚，并且被告人还提供了在某拍卖行拍下数方古砚的证据。本案承办人为确定被告人辩解的行业规则是否合理，亲赴古徽州几个砚台厂，通过实地走访取证，发现被告人销售给被害人的砚台均系现代仿品，成本价 200 元至 800 元不等，几个厂长都称现存古砚台流通的很少，即使拍卖行也不可能一次性存有几十方的古砚。而本案犯罪嫌疑人以每方 1 万元至 10 万元不等的价格销售给被害人，且销售几十方，通过逻辑推理，即使被告人曾经从拍卖行拍下过古砚，也不能否定被告人本次实施诈骗的行为。最终，一审法院以诈骗罪判处被告人 13 年。被告人上诉后，二审法院维持原判决。

从服务保障“两国双园”园区建设谈检察机关创新服务高质量发展

福建省福清市人民检察院课题组*

以福建福清元洪投资区为中方载体打造中国—印尼“两国双园”①，是福建省立足新发展阶段，践行“一带一路”倡议，推动“21世纪海上丝绸之路核心区”建设，加快建设现代化国际化港湾城市的重要举措，是福建省全面贯彻新发展理念，推动高质量发展，构建以国内大循环为主体、国内国际双循环相互促进的新发展格局的具体体现。站在新发展阶段，检察机关发挥检察职能作用，聚焦法治需求与关切，优化“四大检察”格局，创新服务“两国双园”高质量发展，持续输出优质检察产品，是检察机关的政治使命使然，亦体现了检察机关司法为民的本质属性。本文以福清市检察院服务保障中国—印尼“两国双园”园区建设为实践样本，提出实践中存在的问题及建议意见，以期为检察机关更好地创新服务高质量发展提供参考。

一、中国—印尼“两国双园”的建设概况

印度尼西亚是福建省在东盟的第二大贸易伙伴、第四大外资来源国和

---

* 课题组成员：郑小波，福建省福清市人民检察院党组书记、检察长；余传兵，福建省福清市人民检察院检委会委员、第三检察部主任；王晓彬，福建省福清市人民检察院综合业务部副主任、检察官；陈如晶，福建省福清市人民检察院综合业务部检察官助理。

① “两国双园”是指两个主权国家互设产业园区，将本国工厂、产业供应商、品牌商、产业等通过全链条外贸服务联通海外买家，在海外进行本土化运营，加强两国贸易往来。

第一大投资目的地。为进一步发挥福建省与印尼在资源禀赋、产业基础等方面的互补性，福建省提出建设中国—印尼“两国双园”的设想，探索产业互联、设施互通、政策互惠的双园结对合作机制，以具体的行动落实“一带一路”倡议与印尼“全球海洋支点”构想对接。2021 年 1 月，商务部、福建省人民政府与印尼海洋与投资统筹部签署了《中国—印尼“两国双园”项目合作备忘录》，一致同意在平等互利的基础上，推动中印尼“两国双园”项目合作。2021 年 3 月，中国—印尼“两国双园”联合工作委员会机制正式启动。2021 年 4 月与 2022 年 1 月、3 月，习近平总书记与印尼佐科总统三次通电话，就实施“两国双园”等重点项目达成共识。2022 年 9 月，《中印尼“两国双园”产业合作规划》出炉。

中国—印尼“两国双园”探索建立产业互联、设施互通、政策互惠的双园结对合作机制，推进投资贸易为核心，金融服务、生产研发、人才交流、数据信息为支撑的平台，促进以海洋经济、食品轻工、工业 4.0 等为主的国际产业链分工合作，打造 RCEP 合作示范区，共建“一带一路”。在战略上，“两国双园”是我国“21 世纪海上丝绸之路”倡议与印尼“全球海洋支点”构想的深度对接、协同发展。在合作方式上，不同于自由区、跨境经贸合作区，“两国双园”在对方国家互设产业园区，促进要素自由流动、资源高效配置、市场深度融合，实现互动发展。中方确定以福州新区元洪功能区（福清元洪投资区）为主体，印尼方采用“一园多区”模式，以民丹工业园、阿维尔那工业园、巴塘工业园为载体。在合作开发上，“两国双园”遵循园区开发建设管理规律，按现代企业制度，实行企业化管理、市场化运作，双方共同负责园区基础设施开发、项目管理、招商引资和咨询服务等业务，保证园区持续运营。在利益共享上，“两国双园”充分发挥各方优势和潜能，在满足所有参与者利益的基础上通过协商共同建设，努力整合所有参与者的国家发展战略，实现合作双方风险共担、利益共享，成为利益共同体，保障园区长远建设和持续发展。

二、检察机关服务“两国双园”高质量发展的深刻内涵

“两国双园”是中国和印尼两国领导人推动的合作成果，是落实习近平总书记“一带一路”倡议的重要载体，是福建省全面贯彻新发展理念，推动经济高质量发展的重要平台、重要抓手，站在新发展阶段，检察机关创

新服务“两国双园”建设有其深刻内涵。

（一）顺应新时代发展的必然要求

党的十九大报告中首次提出高质量发展的时代课题，表明中国经济由高速增长阶段转向高质量发展阶段。党的二十大报告强调，高质量发展是全面建设社会主义现代化国家的首要任务。高质量发展已成为中国新时代的主题，《中共中央关于加强新时代检察机关法律监督工作的意见》也为新时代检察工作把脉定向，确定了服务保障经济社会高质量发展的主线。在当前贸易保护主义、单边主义等逆全球化思潮的国际经济形势背景下，“两国双园”立足自身资源禀赋，积极推动通道开放，提升国际贸易便利化水平，培育外贸新动能，“两国双园”的发展对区域经济实现高质量发展超越有深远意义和重大影响，检察机关创新服务“两国双园”，是检察机关顺应新技术革命、高质量发展、现代化建设，探索多元化检察履职方式的必然要求。

（二）检察机关政治属性的内在要求

检察机关是政治性极强的业务机关，也是业务性极强的政治机关，政治属性是检察机关第一属性，坚持党对检察工作的绝对领导，旗帜鲜明讲政治是对检察机关和检察人员的内在要求。“两国双园”中方所在地为福清元洪投资区，是1991年时任福州市委主要领导的习近平同志亲自洽谈引进、谋划建设、参与奠基的国家级工业园区，以元洪投资区为中方载体打造的中国—印尼“两国双园”，2023年经国务院批复同意为经贸创新发展示范园区，是国家的重大战略决策部署，是“一带一路”新旗舰项目。检察机关服务“两国双园”高质量发展，认真贯彻落实党的二十大精神，充分应用习近平新时代中国特色社会主义思想的世界观和方法论指导检察实践，推动检察理念深化落实和变革创新，以高质量检察履职助力区域经济社会高质量发展，是检察机关围绕中心、服务大局的政治责任。

（三）检察机关法治属性的具体体现

检察机关是国家的法律监督机关，依法履行刑事、民事、行政和公益诉讼等检察职能，在推进全面依法治国、建设社会主义法治国家中发挥着重要作用，在以法治建设服务保障中国式现代化建设中肩负着神圣使命和重大责任。“两国双园”建设积极探索建立华人华侨参与项目招引、产业发展等机制和平台，大力推动项目落地、产业集聚、金融发展，开展投资贸易便利化创新、投资管理创新和监管方式创新，需要进一步营造法治化、国际化、便利化营商环境。检察机关能动履行“四大检察”职能与经济社会高质量发展要素高度契合，检察机关通过开展追诉犯罪、民事检察、行政检察监督、公益诉讼检察等工作，依法保障区域社会安全、群众安宁，打造稳定、公平、透明、可预期的营商环境，为“两国双园”建设发展保驾护航，用法治力量为经济社会高质量发展提供强有力的法治保障。

三、创新服务“两国双园”建设的高质量发展的具体举措

“两国双园”建设对涉外贸易、金融改革创新、跨境电商、行政监管等领域有新的法治需求。2021 年以来，福清市检察院多措并行提升检察服务保障“两国双园”优化营商环境，提升检察服务的整体性与可持续性。

（一）建立长效机制

立足福清区域特色，在深入调研的基础上，于 2021 年 4 月 6 日制定出台《关于充分发挥检察职能服务和保障“两国双园”建设的意见》，该意见强调从提高政治站位、突出服务重点、构建长效机制等三个层面，推进中国—印尼“两国双园”建设。同时搭建线上线下检企沟通平台，于 2021 年 3 月 18 日设立“两国双园”元洪园区检察工作联系点，定期指派检察官到园区巡回办公，做实院领导班子挂钩联系园区民营企业制度，常态化邀请民营企业家代表参加检察开放日；依托微信群建立检企互动平台，实时了解企业法律需求，改进检察服务举措。依托检察工作联系点，与福州新区元洪功能区管委会建立定期通报、共同调研等常态化机制。与企业家代表、高校专家学者召开座谈会，听取各方关于园区发展中对构建信息网络化平台、保障企业合法合规经营等方面的意见，助力园区企业提高投资信心、激发资本参与热情。

（二）突出打击重点

推动涉园区企业刑事案件归口办理，于 2021 年 9 月起将“两国双园”园区涉民营企业的刑事案件归口由该院第三检察部办理。截至目前，共办

理非法吸收公众存款、职务侵占、非法倒卖土地使用权等刑事案件10件14人。强化追赃挽损，在办案中积极协调犯罪嫌疑人及其家属退赃退赔，着力挽回损失。例如，在办理某企业负责人倪某某涉嫌非法吸收公众存款案中，针对集资参与人多次到园区、司法机关信访的问题，积极动员倪某某及其家属主动退出集资款300余万元，退赔集资参与人大部分损失，维护了园区的安定稳定。提前介入保障园区重点项目有序推进，针对园区公路工程建设中出现的私自挖掘或索要土方的行为，开展靠前服务，及时提前介入，配合纪委监委梳理案件线索，引导公安机关侦查取证，为打击犯罪、保障项目进展提供了有力支持。

（三）更新司法理念

贯彻落实办理轻微刑事案件"依法少捕慎诉慎押"的具体工作要求，注重将犯罪嫌疑人认罪认罚、积极复工复产、开展生产自救、努力保就业岗位作为重要考量因素，防止办一个案件倒一家企业。如在办理张某某涉嫌组织他人偷越国境一案中，综合考虑张某某系园区某公司法人代表，且其公司规模较大，系福建省高新技术企业、国家农业产业化重点龙头企业等情况，其参与组织缅甸人偷越国境是为了纾解食品制造业的用工困难，未造成其他严重后果，有自首、从犯等情节，因此作出不起诉决定，在法律允许范围内最大限度减少对企业生产经营的负面影响。强化对涉民营企业的行政、民事诉讼案件的法律监督力度，及时协调解决企业涉法涉诉疑难问题。依法审慎适用查封、扣押、冻结等涉财产性强制措施，从有利于企业生产经营的角度选择办案时机和方式。

（四）精准服务举措

积极推进园区涉案企业合规改革，联合园区管委会、市司法局等八家单位共同组建涉案企业合规第三方监督评估管委会，并出台《福清市涉案企业合规第三方监督评估机制实施办法（试行）》，推动对园区企业涉罪案件适用企业合规改革。例如，针对园区一家重点食品企业的施工人员马某某等3人涉嫌重大责任事故罪一案，深入走访调查，征询企业意见后，启动合规考察，精心组织应急管理局、园区管委会等5家单位的专家人员组成第三方监督评估组织，指导该公司开展安全生产专项合规整改，帮助公司发现安全生产漏洞，建立完备的生产经营、安全防范、合规内控的管理体系。通过新媒体平台推送信息、送法进企业、制作涉企案例手册等方式为企业提供零距离法律服务，加强企业法治宣传教育。依托12309检察服务中心，建立“两国双园”园区企业法律服务“绿色通道”，提供“一站式”法律服务。

（五）营造创新环境

认真调研园区港口建设、跨境仓储、跨境电商、航运物流直通、印尼商品绿色通道建设的内在司法需求，加大对贸易规则、跨境电商、港口经济政策措施及法律适用的学习研究。主动监督港口行政执法不规范行为，靠前保障园区临港产业建设。积极跟进京东元洪食品数字经济产业中心、“元洪在线”跨境食品B2B交易服务平台等重大项目建设，严惩破坏、阻挠项目建设的各类犯罪。强化数据产业领域知识产权综合性司法保护，监督和支持行政机关制裁数字产业侵权行为，依法惩治侵犯知识产权和制售假冒伪劣商品犯罪，突出打击链条式、产业化侵犯知识产权犯罪，积极维护园区内科技产品和成果的交易秩序。立足园区探索全球华商网络整合路径的发展定位，挂牌设立涉侨检察服务中心，稳妥处理华人华侨涉司法相关事务。

四、检察服务“两国双园”建设中存在的问题

福清市人民检察院服务“两国双园”法治化营商环境示范区机制建设仍然存在以下几点问题：

一是法律监督理念落后。“重刑轻民”思想延伸出重实体轻程序、重打击轻保护、重指控轻保障、重法律效果轻社会效果等理念，与高质量发展理念不符，检察人员对服务园区高质量发展的理论逻辑尚未形成清晰认识，难以形成办案自觉。二是防范化解企业法律风险前瞻性不足。对园区企业经营过程中存在犯罪风险隐患的苗头性、倾向性问题的预防调查和监测预警不足，处置园区企业的法律风险为事后处置，具有滞后性，在帮助企业建章立制，堵塞漏洞等方面，显得能力不足。三是参与园区综合治理不够深入。面临园区企业在对外投融资、生产经营安全、税费管理等方面问题时，与行政监管部门、园区企业的沟通、协调不足，对园区社会稳定形势分析研判不足，没有对问题进行充分调研，并提出检察建议。对于生

态环境保护、食品药品监督、数字经济、知识产权等工作推动力度不够。四是运用企业合规促进规范经营有待创新。在调研、座谈中，大部分企业对企业合规制度不甚了解，一部分企业希望在未涉及刑事犯罪前，由检察机关牵头开展企业合规，通过外部治理的方式，促进企业自身的规范经营与预防刑事责任风险。五是服务园区建设人才储备不足。服务园区高质量发展同样需要高质量的检察人才，当前，具有深厚的法学理论功底、丰富的实践工作经验，熟悉中外法律，特别是对金融、环保、网络、食品安全等领域有涉猎，有较广博的社会科学和自然科学知识的跨专业、跨行业的复合型检察人才不足。

五、进一步服务“两国双园”高质量发展的建议

（一）更新法律监督理念

坚持党对检察工作绝对领导，充分发挥政治自觉、法治自觉、检察自觉，进一步提高检察履职本领，围绕上级部署，牢牢抓住项目建设、园区发展等关键环节，通过履行办案职责、开展法律监督、延伸服务触角等方式，为园区发展保驾护航。坚持底线思维，将服务“两国双园”项目建设与涉案企业合规改革、认罪认罚从宽制度相结合，依法加强对民营企业、外商投资企业的平等保护，实现政治效果、法律效果和社会效果有机统一。深入研究园区经济发展新模式、新业态，强化法律责任担当，牢固平等保护理念，突出打击重点与监督实效，把握政策界限与方式方法，努力做到检察工作与经济发展新常态相适应。

（二）提高防范风险能力

推进四大检察全面协调充分发展，强化刑事检察监督，优化民事检察监督模式，改进行政检察监督，提升公益诉讼品质，将法律监督行为融会贯通，四轮驱动。经常性到园区开展调查研究，及时研究新情况、解决新问题、总结新经验，全面梳理园区企业潜在的法律风险，有针对性地开展普法讲座、释法说理等柔性规范方式，帮助和促进民营企业强化法治意识和风险防范意识。对办案中发现的民营企业管理漏洞和经营不规范问题，深入分析原因，找准管理风险点和制度缺陷，及时提出法律意见，帮助民

营企业预防化解法律风险。

（三）强化综合治理水平

积极预判“两国双园”建设过程中行使行政许可权可能出现的问题，推动行政执法与刑事司法无缝对接，助推依法行政。充分运用公益诉讼职能，与园区管委会合力加大对国有财产、国有土地的保护力度，探索推进涉园区食药案件的民事公益诉讼惩罚性赔偿制度。加强涉外检察理论研究，探索与印尼司法机关建立协作机制。强化数据产业领域知识产权综合性司法保护，监督和支持行政机关制裁数字产业侵权行为，依法惩治侵犯知识产权和制售假冒伪劣商品犯罪。依法保障园区食品产业生产，从企业员工中选聘特约检察联络员，定期开展联络，听取意见建议。

（四）提升企业合规质效

注重因案施教，探索对园区食品、对外贸易、数字经济等不同行业的涉案企业量身定制不同的合规模式，让企业通过合规整改提升依法合规经营能力水平，焕发经济活力。打破门户隔阂，跨单位联动发力，共同制定企业合规激励制度，形成合力，建立将涉案企业的合规整改效果作为行政机关、司法机关作出涉企行政、刑事案件的参考依据，提升企业合规质效。细化企业合规第三方监督评估的分类指导、业务指南，改进企业合规第三方监督评估的服务保障，真正让企业合规拥有司法生命力，服务于保障园区企业高质量发展。

（五）加强队伍素能建设

注重培养复合型人才，强化金融、环保、网络、食品安全和涉外法律等领域知识培训，提升检察人员服务保障“两国双园”建设能力。深化派员交流、咨询、座谈等机制，通过与园区、龙头企业、科研院所、高等学校联合开展培训、建立实习实训基地等模式，为“两国双园”建设提供人才支撑。完善检察服务效果评价体系，发挥考核指挥棒的作用。以责任主体为主要抓手，将服务园区高质量发展的政治效果、法律效果、社会效果作为检察官绩效考核评价体系的一环，形成正向激励。

公益诉讼检察建议优化路径研究*

重庆市人民检察院第一分院课题组**

公益诉讼检察建议在形式上直观体现为一种法律文书，深层次上更是关联办案过程的一种法律监督手段。实践表明，公益诉讼检察建议是践行“诉前实现保护公益目的是最佳司法状态”执法理念、以最小司法成本实现最大社会效益的有效途径。但调研发现，公益诉讼检察建议工作在运行中仍存在不少问题，亟待优化完善。本文以 C 市公益诉讼检察建议工作情况为实证样本，分析公益诉讼检察建议存在的实践困境，探索其优化路径，以期助益办案实践。

一、公益诉讼检察建议情况分析

2022 年，C 市检察机关共计制发检察建议 3627 份，其中公益诉讼检察部门制发检察建议 724 份，占比 19.96%，相比全国占比少了 10.05%，收到回复 718 份，回复率 99.17%，已收到回复中被采纳 718 份，采纳率 100%。C 市下辖的 Y 分院辖区公益诉讼部门发出公益诉讼检察建议 242 份，采纳率 100%。从检察建议制发的领域来看，生态环境资源保护类占 57%，食药品安全类占 9%，国有财产保护类占 4%，国有土地使用权出

---

* 本文系重庆市人民检察院 2022 年重点课题“公益诉讼检察建议优化路径研究”阶段性成果。

** 课题主持人：李建超，重庆市人民检察院第一分院党组书记、检察长。课题组成员：刘昌强，重庆市人民检察院第一分院二级高级检察官；康钦平，重庆市人民检察院第一分院检察一部副主任、三级高级检察官；黄鹏玮，重庆市人民检察院第一分院检察四部副主任、三级高级检察官；杨新慧，重庆市人民检察院第一分院法律政策研究室三级高级检察官。

让类占 1%，其他类占 29%。

综合上述数据情况并进一步调研分析，发现以下特点和趋势。一是公益诉讼检察建议在检察建议总量中占比有所下降。随着磋商程序的正式引入，以及目标考核中将磋商或检察建议督促整改进行相同评价，检察机关通过更为便捷的磋商程序实现公益维护的比例显著增高，同时导致公益诉讼检察建议在检察建议总量中的占比有所下降。二是公益诉讼检察建议采纳率提升明显。由于检察机关更加重视并积极有效开展跟踪监督工作，对检察建议发出后的整改情况及时跟进督促，促使行政机关按时回复检察建议，同时加大了对未整改到位案件提起行政公益诉讼的力度，显著提升了检察建议的刚性和采纳率。三是公益诉讼检察建议涉及领域仍较集中。以 C 市 Y 分院辖区为例，公益诉讼检察建议的领域主要集中在传统四大领域，2021 年、2022 年占比分别为 88.6%、71%，生态环境资源保护领域依然占比较大，分别占比 72%、57%；食药品安全领域数量较少，分别占比 14%、9%；两个国有领域数量严重不足，2021 年共占 2.6%，2022 年最高人民检察院加强两个国有领域公益诉讼办案力度①，C 市检察机关对两个国有领域公益诉讼办案指标进一步强化的情况下，占比提升到 5%，但绝对数量仍然偏少。

二、公益诉讼检察建议存在的主要问题

近年来，虽然公益诉讼检察建议工作质效不断得到提升，但仍存在不少亟须解决的问题。

（一）制发程序不规范

部分公益诉讼检察建议的制发程序还存在一些不规范的情况。一是未立案即制发检察建议。部分检察建议制发对象并非原立案的行政机关，在没有重新立案的情况下，直接向应当履职的行政机关发出诉前检察建议。二是调查核实不到位。制发检察建议前与被建议单位缺乏有效沟通，没有充分运用现场勘查、调查、走访、咨询等调查措施，对问题和情况掌握不

① 参见最高人民检察院第八检察厅《关于加强国有财产保护、国有土地使用权出让领域公益诉讼检察工作的通知》。

全，导致检察建议缺乏准确性，得不到被建议单位认可。三是备案程序超期，导致对制发检察建议的监督滞后。

（二）文书内容原则泛化、指向性和操作性不强

检察建议文书内容是检察建议的核心，但部分文书内容还存在诸多问题。一是检察建议文书内容不完整。有的检察建议未写明被建议单位可以提出异议及异议期限，文书制发格式不符合要求，落款日期填写不完整等。二是检察建议内容过于简单、笼统。未对监督对象的履职依据以及监管措施进行充分阐述，未对监督对象未依法履职导致公益损害的事实进行充分论证。三是建议内容的针对性、可行性不强。建议的整改措施泛化、缺乏实质内容，弱化了检察建议认同度和实践效果，同时也导致与将来可能提出的诉讼请求的内容缺乏关联。四是引用法条不规范、表述错误或口语化。

（三）跟踪问效不够、效果不佳

当前建议采纳率虽然明显提升，但部分案件存在表面整改、整改及效果不符合要求的情况。一是整改不及时。有的行政机关以整改难度大、程序复杂、周期长等为由，整改推进迟缓；在整改需要多部门协同时，存在相互推诿或沟通不畅导致整改延误的情况。二是整改不彻底。有的整改工作流于表面，行政机关口头表态好、实质推进效果差；有的整改仅是暂时遏制，缺乏持续有效推进，容易出现问题反弹。三是跟踪问效机制不健全，推动溯源治理不够。统一规范的效果评估机制还未建立，导致部分案件整改效果评估较为随意；有的检察机关跟踪监督不及时或跟进调查缺乏力度，存在贻误起诉时机的情况。有的办案单位缺乏系统性的“回头看”意识，参与并推动行业问题、类型化问题的溯源治理不够。

（四）关联督促机制不健全

一是检察建议考核机制有待优化。基于考核压力以及在检察建议制发计划上欠缺统筹，存在为年底“冲业绩”集中制发检察建议的情况[①]，一定程度上影响检察建议制发质效。二是外部沟通协调仍存在不畅通的情

① 参见最高人民检察院2022年度检察建议工作情况通报。

况。部分行政机关仍有抵触情绪，难以全力配合，对检察建议敷衍对待；有的行政机关由于绩效考核压力，不认同检察建议的协同性，容易产生对抗情绪。有的检察机关争取地方党委人大支持以及纪检监察机关的协同配合不够，工作阻力较大。

三、公益诉讼检察建议优化路径

对公益诉讼检察建议进行优化，必须坚持问题导向和理念先导，明确公益诉讼检察建议工作的展开及效果评价应当围绕督促依法行政、有效维护“两益”这一核心价值目标来进行。具体讲，检察建议程序能不能启动、检察建议怎样制发以及制发后的跟踪问效全流程都必须围绕上述基本功能和价值目标来展开。

（一）坚持实事求是服务中国式现代化进程、强化公益诉讼检察建议工作的政治担当

公益诉讼检察建议工作首先应坚持从政治上着眼，从法治上着力。具体可以从以下两个维度切入。一方面，要提高政治站位，主动将公益诉讼检察监督融入经济社会发展大局，为中国式现代化服务。公益诉讼检察建议不能搞“两张皮”，必须立足经济社会发展的客观需求和人民群众关注的现实问题来展开，这是公益诉讼检察建议工作保持旺盛生命力和持续健康发展的根本。另一方面，公益诉讼检察建议必须坚持实事求是推动问题有效解决。应持续跟踪关注整改情况，确保问题得以根本解决；同时既要督促行政机关依法履职，又要协调行政机关防止对违法经营主体搞简单问责甚至关停，在依法追责的同时尽量兼顾企业发展等。总之，要通过检察建议这一监督手段找出问题、解决问题、取得实效，既守护好“两益”，又兼顾“三个效果”的统一。

（二）遵循程序法定，注重科学认定，确保案件质效

优化公益诉讼检察建议工作，办案程序法定和案件事实的科学认定是基础，应以此强化其合法性和案件质效。

1. 监督范围和监督程序法定，严把案件进口关

为防止检察建议多发滥发，确保监督权威和监督实效，公益诉讼检察

建议工作须严格按照法定范围和法定程序进行。一是行政公益诉讼检察监督不是一般监督，检察机关必须按照法律授权范围和程序规定介入相关领域的监督。拟对法定范围外的案件开展监督工作的，须进行监督必要性和可行性评估，并报上级院批准。二是在“等”外领域的探索上也要有度、适度。《中共中央关于加强新时代检察机关法律监督工作的意见》强调要“积极稳妥拓展公益诉讼案件范围”，并列举了拓展的重点领域。“拓展案件范围，不纯粹是领域的拓展，还包括类型的拓展”[①]。须综合考虑“两益”保护的必要性、紧迫性和可行性等因素，注意审慎介入。三是介入监督必须在履行职责过程中发现线索后经初查和立案等法定程序才能进入监督程序。此外，始终坚持程序正当，调查程序和诉前程序必须依法进行且符合规范要求，用程序正义保障实体正义。

2. 调查核实全面客观，用精准办案提升检察建议质量

检察建议书对案件实体的准确认定和表述需要以调查工作的客观精准为支撑。实践中应注意把握三点。一是建议将听取监督对象和违法行为人的意见作为法定程序，做到兼听则明，在充分保障当事人合法权益的同时准确判断案件事实。二是做好现场勘验和鉴定评估等调查取证工作。实践中应将现场勘验和委托鉴定评估作为重要的调查手段。为保证调查取证工作的客观性，建议现场勘验应当有见证人在场并签字确认；探索共同选定鉴定人的程序机制并及时告知当事人鉴定结论意见。三是全面收集其他证据，如行政机关的行政执法卷宗材料，证人证言以及“三定”方案、法律法规等职责依据，为准确判定行政机关是否依法履职、“两益”是否持续受损等案件事实提供证据支持，为检察建议的“精确制导”从而实现精准监督打下坚实基础。

3. 强化公益受损事实认定的客观性和科学性

在公益诉讼检察建议中，可能涉及公益受损事实的认定。检察建议对公益受损事实的表述不能泛泛而谈，一般应作“定性＋定量”的客观描述并说明判断的科学依据，必要时应借助外脑，如鉴定评估或专家意见，以此提高认定事实的可信度和说服力。

---

① 胡卫列：《当前公益诉讼检察工作需要把握的若干重点问题》，载《人民检察》2021 年第 2 期。

（三）综合考量行政履职基础，提升检察建议的可执行性

针对检察建议书建议内容原则泛化、指向性和操作性不强、行政机关履职整改难等问题，建议加强三方面的工作。一是客观评判监督对象的履职整改条件。检察机关在线索筛选、初查及立案调查环节就应当持续考量行政机关的履职条件，能否按照检察建议的要求履职整改到位，并将其作为案件的基础事实进行调查。二是着力提升检察建议内容的可操作性。首先，应原则建议监督对象依法全面履职；其次，提出相对具体的履职要求，如制止违法行为、收回国有财产、采取相关行政处罚措施、督促清理污染物、采取某种修复措施等；再次，从以点带面的角度可以提出举一反三、对类似问题进行排查整改、形成长效机制等建议；最后，根据整改需要，还可以提出多部门协同治理的建议。三是建立与监督对象的有效沟通机制，增强检察建议内容的可操作性和整改执行力。如在正式发出诉前检察建议前，宜再次征询听取监督对象的意见；在行政公益诉讼社会治理类检察建议工作中，应当将听取监督对象意见作为一项基本规则。

（四）纵向优化考评机制和一体化履职，注重检察建议工作的可持续性

建议坚持质效导向，优化考评机制，真正实现重办案数量向重质效和公益诉讼检察建议的可持续发展转变。在办案规模上，鉴于公益诉讼办案周期长，办案力量耗费大，办案规律与工作难度与职务犯罪侦查类似，再加上公益诉讼检察队伍的配置总体偏弱，因此，办案规模可参照转隶前检察机关的职务犯罪侦查规模略增，做到规模合理适度，不能粗放型发展。当然，随着监督领域的拓展以及力量配置的加强可相应动态上调。在考评指标的设定上，建议指标设置以案件质量、典型案例、机制创新和经验做法为主。对包括检察建议在内的案件质量的考评主要通过执法检查和案件质量评查机制来实现，评查案件的实体和程序是否存在质量问题，检察建议制发的必要性、可行性、有效性以及文书制作和制发程序是否符合规范要求，采用否定性的评价方法；优秀检察建议和典型案例的评价标准以规则适用与创设、监督实效、影响力等因素为主，采用肯定性的评价方法，起正向激励作用。

发挥检察一体化优势，实现监督层级与监督手段的差别化和优化互

补。具体讲，地方三级检察机关要根据监督管辖层级要求和案件影响力大小，统筹做好公益诉讼个案与类案建议、诉前建议与社会治理建议的制发工作。省级检察院和分州市院要充分发挥先导作用和示范引领作用，加强大要案的诉前检察建议工作和类案及类型化问题的社会治理检察建议工作，基层检察院则应发挥办案主力军作用，主要做好常态化一般个案的诉前检察建议工作，并积极推动溯源治理。

（五）横向完善关联机制跟踪问效，强化检察建议的司法属性和有效性

针对检察建议发出后跟踪问效不够、效果不佳的问题，建议可以通过以下途径来优化。

一是对履职整改成效的评估机制进行司法化改造，建立第三方评估机制及时跟进监督。针对整改成效评价程序不规范、评价手段缺乏科学性、评价结果的客观性和可信度不够等问题，有必要建立起第三方评估机制，对行政机关的履职情况和整改效果进行司法属性更强的中立评判。具体讲，可以委托跟任何一方无关联关系的第三方检测评估机构、行业专家等对整改情况独立进行客观评价；也可以通过组织召开听证会或专家论证会等形式开展评估论证工作，将听证评议意见或专家组意见作为检察机关作出决定的重要参考。检察机关大胆引入第三方评估机制，可以有效提升整改成效评估结果的公示公信效力。

二是协调完善政府行政考核机制督促整改。对行政机关不重视检察建议、不整改或整改不力的，除“以诉的确认实现司法价值引领”外，还需要建立对行政机关的考评督促机制。即争取党委政府支持，将检察建议整改情况设定为法治政府建设类别的考评指标，如果行政机关不履职整改或非因法定阻却事由整改不到位的，应依据检察机关的反馈意见对其考核分值予以相应扣减，以此形成对行政机关的压力机制，确保整改的有效性。

三是加强检监协作形成监督合力。检察机关在公益诉讼检察办案中发现公职人员违纪违法线索尤其是渎职犯罪线索的，应依法将线索移送给纪检监察机关或相应的上级主管部门等，优化横向协同治理机制。同时，还应主动争取地方党委和权力机关的监督支持，及时破除阻力，实现公益诉讼检察建议整改效果的最大化。

在食品药品公益诉讼中适用惩罚性赔偿责任的几个问题
——以贵州省 A 市检察机关为例

黄 瑜 廖 倩*

民以食为天，食品药品安全一直是党和人民放在心上的大事。党的十九大报告明确提出实施食品安全战略，让人民吃得放心。2019 年 5 月，中共中央、国务院《关于深化改革加强食品安全工作的意见》也明确指出“必须深化改革创新，用最严谨的标准、最严格的监管、最严厉的处罚、最严肃的问责，进一步加强食品安全工作，确保人民群众‘舌尖上的安全’”。2020 年，党的二十大报告提出：“强化食品药品安全监管，健全生物安全监管预警防控体系。”

因对违法行为的打击力度轻、受害人的维权成本高、法律制度不健全，部分商人为追求更高经济利益，罔顾社会责任，违法生产、销售有毒有害食品药品的行为频频发生，严重损害人民群众的身体健康和生命安全。为制止和震慑违法行为，检察机关能动发挥公益诉讼职能，在食品药品安全领域探索开展适用民事公益诉讼惩罚性赔偿制度，通过对违法行为后果承担的提升，有效遏制了部分食品药品领域的违法现象，震慑了潜在的违法行为人，实践效果较好。但由于立法与司法实践未能同频共振，导致在实践中产生了一系列分歧和问题，有必要通过充分完善食品药品安全领域民事公益惩罚性赔偿制度，为检察机关更好发挥公益诉讼职能维护社会公共利益提供充足的理论支撑和制度保障，从而推动社会治理的创新发展。

* 黄瑜，贵州省安顺市镇宁布依族苗族自治县人民检察院副检察长、一级检察官；廖倩，贵州省安顺市镇宁布依族苗族自治县人民检察院第二检察部三级检察官。

一、国家对食品药品领域惩罚性赔偿制度的法律规定

1994 年 1 月 1 日施行的消费者权益保护法第 49 条规定，经营者提供商品或者服务有欺诈行为的，应当按照消费者的要求增加赔偿其受到的损失，增加赔偿的金额为消费者购买商品的价款或者接受服务的费用的一倍。此处的“双倍赔偿”即被认为是我国最早的关于惩罚性赔偿的法律条款。2009 年 6 月 1 日施行的食品安全法第 96 条第 2 款规定，生产不符合食品安全标准的食品或者销售明知是不符合食品安全标准的食品，消费者除要求赔偿损失外，还可以向生产者或者销售者要求支付价款 10 倍的赔偿金。首次使用“赔偿金”这一表述明确消费者可以提出惩罚性赔偿的诉求，这也标志着惩罚性赔偿制度在我国正式确立。此后侵权责任法（已废止）、消费者权益保护法（2013 年版）、食品安全法（2021 年版）、药品管理法均延续和细化了惩罚性赔偿制度的适用，但可以看出，上述法律的立法实践均是在确立检察公益诉讼制度之前，其立法目的是保护消费者的私权益，因此诉权也当然的是由消费者或者其近亲属享有。尽管食品安全法、药品管理法于检察公益诉讼制度确立以后进行了修订，但仍然对于检察机关提起食品药品民事公益诉讼时对违法行为人是否可以适用惩罚性赔偿制度均未予以明确。

实践中，检察机关以最高人民检察院与中央网信办、国务院食品安全办等部门共同印发的《关于在检察公益诉讼中加强协作配合依法保障食品药品安全的意见》和最高人民检察院等七部门共同印发的《探索建立食品安全民事公益诉讼惩罚性赔偿制度座谈会会议纪要》等政策性文件，以及参照适用最高人民法院颁布的《关于审理食品药品纠纷案件适用法律若干问题的规定》为依据，对食品药品违法行为提出惩罚性赔偿并获得法院支持。但由于立法并未进行明确规定，各地检察机关根据上述文件精神进行探索的做法不一，缺乏最高层次的法律进行统一规制，各部门之间对检察机关提起惩罚性赔偿的理解各异，导致在案件办理中都需要与法院进行个案沟通协调，不可避免地造成难以互相认可的局面，不利于检察机关工作的推进，也有悖于法治的整体统一。

二、食品药品领域惩罚性赔偿运用的检察实践

尽管惩罚性赔偿在检察公益诉讼中的适用尚欠缺明确的法律依据，但在具体司法实践中检察机关对其的探索应用却并未停止。从最高人民检察院发布的数据来看，在2020年、2021年两年时间里，全国检察机关食品药品领域提起民事公益诉讼3200余件。其中，提出惩罚性赔偿诉求占起诉案件总数的80%以上，法院支持检察机关诉讼请求占已作出生效裁判案件的99.1%。[①] 随着实践案例的不断增多，相应问题也日渐凸显。

（一）关于检察机关提出惩罚性诉讼请求的分歧

现行的食品安全法、药品管理法及消费者权益保护法，乃至最高人民法院《关于审理食品药品纠纷案件适用法律若干问题的规定》中，均未明确规定检察机关可以作为原告提起赔偿诉讼，有的法院依据上述规定对检察机关提起的该类诉讼以原告主体不适格不予受理。[②] 但在司法实践中，绝大部分法院还是认为检察机关同消费者权益保护委员会一样，承担着公共利益维护的职责，是提起民事公益诉讼的适格主体，理应享有主张惩罚性赔偿的权利。[③]

（二）关于惩罚性赔偿计算标准不统一的问题

在解决了诉讼主体的问题后，随之而来的就是行为人较为关注的检察机关提出的赔偿金计算标准是否合理、适当的问题。

1. 基数不统一

食品安全法第148条第2款规定了消费者在主张惩罚性赔偿时，可以支付的价款或者遭受的损失作为计算基数。如按照支付价款计算，因很多食品药品生产、销售小企业、小作坊管理不规范，故意不建立经营台账和

---

① 参见最高人民检察院发布检察机关食品药品安全公益诉讼典型案例。

② 周习武、张宝印：《食品安全民事公益诉讼惩罚性赔偿理论建构》，载《人民检察》2020年第23期。

③ 赖红军、唐昕：《民事公益诉讼惩罚性赔偿金的性质和管理路径》，载《人民检察》2020年第23期。

记账本，现金交易或者违法生产销售金额与其他的正常收入进行了混合，无法进行准确区分，在购买人查不清的情况，会导致支付价款很难进行具体明确；如按照损失计算，由于食品药品的损害后果具有隐蔽性、持续性，在案发时损失可能还没有发生或者已经发生但无法进行准确衡量，也会造成基数确定难。[①] 因此，在实践中检察机关提出惩罚性赔偿时大都依托于刑事案件查实的销售金额为基础确定诉求，但由于刑事案件证明标准较为严格，很可能存在实际支付的金额远远高于刑事案件认定的金额，刑事证据认定的缺乏导致部分金额在诉求中无法予以计算。

2. 系数不统一

尽管食品安全法第148条第2款和消费者权益保护法第55条规定了以支付的价款或者损失为基数，在此基础上主张3倍或10倍的惩罚性赔偿金。从消费者私益诉讼的角度来看，主张3倍或者10倍的金额可能不算大，且消费者可以对赔偿金给付与行为人进行调解甚至放弃，对行为人惩罚和震慑力度较弱；然而检察机关作为公共利益的代表，不应当随意处分公共利益，无论是按照支付价款或者损失作为基数，其以3倍或者10倍主张惩罚性赔偿就会是一笔较大甚至巨大的金额，如果诉讼请求得到法院的支持，也很可能因为过高的赔偿金额最后导致判决难以执行而成为一纸空文。针对惩罚性系数如何适用就给司法实践带来了一定的困惑。笔者查询了2021年3月15日最高人民检察院发布“3·15”食品药品安全消费者权益保护检察公益诉讼8个典型案例，4个民事公益诉讼均提出惩罚性赔偿，其中2个以销售金额的3倍为计算系数，2个以销售金额的10倍计算。[②] 笔者对所在地贵州省A市检察机关办理的29件食品药品民事公益诉讼进行分析，同样存在计算系数不同的问题。如A市检察院自办的销售地沟油民事公益诉讼案，以刑事案件认定的销售金额为基数乘以10倍惩罚性赔偿金；A市B区检察院办理的销售含有毒有害成分减肥产品刑事附带民事公益诉讼案，以刑事案件查证的销售金额分别对行为人提出7倍、3倍惩罚性赔偿金，同样获得法院的支持；A市C区检察院办理的郭某、霍

---

① 周绪平、李惠娟：《检察机关提起民事公益诉讼惩罚性赔偿问题解析》，载《人民检察》2020年第23期。

② 时延安、郑平心：《网络直播中违法营销食品的刑法问题》，载《公安学研究》2022年第3期。

某非法添加非食品原料两案，因无法查实行为人的销售金额以及造成的损害，最后采取当事人自认方式确认销售金额，分别提出不到1倍的惩罚性赔偿，法院也予以支持。

（三）责任承担方式较为固定，判决难以落实，震慑效果难以凸显

惩罚性赔偿一般都是以给付赔偿金的方式来体现，在执行环节是否能够通过其他替代性方式予以执行并无明确规定，法院对于此持审慎的态度。笔者对所在地A市检察机关办理的29件食品药品惩罚性赔偿公益诉讼案件的执行情况进行分析，除了部分惩罚性赔偿金额在几千元或者几万元的案件执行完毕以外，较大数额赔偿的案件基本未能执行，存在头重脚轻的现象，影响监督的“后半篇文章”。

（四）刑事与民事、行政与民事衔接制度欠缺，惩罚性公益诉讼作用未能充分发挥

纵然民法典第187条规定了同一民事主体同一行为同时触犯刑法、行政法及民法的责任承担方式，但是关于民事公益诉讼惩罚性赔偿金是否能够抵扣刑事罚金、行政罚款一直备受关注。有观点认为，公益诉讼惩罚性赔偿金带有惩戒性质，与刑事罚金、行政罚款具有同质性，同属惩罚性债权。公益诉讼惩罚性赔偿不是私法债权，其与刑事罚金、行政罚款同属公法债权，因此可以抵扣刑事罚金、行政罚款。[①] 笔者认为该观点不能成立，理由有二：一是公益诉讼是独立于传统的刑事诉讼、民事诉讼、行政诉讼之外的特殊存在的公法诉讼，不同于刑事诉讼中检察机关附带提起的民事诉讼，是对民事诉讼中私益诉讼的弥补；二是司法实践中，很多地方检察机关与法院、财政部门达成共识，因检察机关提起的惩罚性赔偿诉讼所缴纳的赔偿金在财政部门设立专门的账户，用于食品药品安全领域的公共活动支出。由于缺乏明文规定，信息资源共享机制不健全，实践的做法又不尽统一，有的法院在审理时不掌握刑事判决或者行政处罚情况，予以折抵或者未予以折抵的判决都存在，导致司法裁判混乱，影响司法公信力。

---

① 赖红军、唐昕：《民事公益诉讼惩罚性赔偿金的性质和管理路径》，载《人民检察》2020年第23期。

三、完善食品药品惩罚性赔偿制度在公益诉讼中的适用，促进公益保护更全面

建立和完善食品药品领域公益诉讼惩罚性赔偿制度，对于稳定市场秩序，保障消费者合法权益，维护社会公共利益，推动食品药品领域国家治理体系和治理能力现代化具有重大现实意义。笔者结合办案工作实际，针对检察实务中影响食品药品公益诉讼惩罚性赔偿诉讼提出的因素，建议从立法保障、量化标准、构建机制等方面予以完善。

（一）加快立法，确立检察机关在食品药品公益诉讼中提出惩罚性赔偿诉求的资格

《关于深化改革加强食品安全工作的意见》首次提出了“探索建立食品安全民事公益诉讼惩罚性赔偿制度”。2021 年，最高人民检察院等七部门又出台《探索建立食品安全民事公益诉讼惩罚性赔偿制度座谈会会议纪要》，为检察机关提起食品药品安全领域民事公益诉讼提供了政策支撑。随着实践的不断深入，检察机关提出的食品药品惩罚性民事公益诉讼越来越多地得到法院支持，又为检察机关作为适格主体提供案例支撑。因此，在理论与实践均已成熟的条件下，立法机关应加快立法步伐，尽快制定检察公益诉讼在食品药品领域的特别法，赋予检察机关提起食品药品惩罚性民事公益诉讼的主体资格，弥补食品安全法、药品管理法中私益诉讼的缺陷。

（二）从立法层面统一尺度，规范食品药品领域民事公益诉讼惩罚性赔偿金计算标准

食品安全法、药品管理法及消费者权益保护法对惩罚性赔偿责任作了明确规定，但立法的初衷是保护消费者的赔偿请求私权益，并不涉及检察公益诉讼。2020 年最高人民法院《关于审理食品药品纠纷案件适用法律若干问题的规定》第 17 条第 2 款中也仅明确“法律规定的机关和有关组织依法提起公益诉讼的，参照适用本规定”。但对于检察机关作为原告提起食品药品领域公益诉讼惩罚性赔偿金如何计算却未作明确规定，导致在司法实践中使用的基数标准不统一，法院如何支持取决于检察机关与法院的

沟通情况，导致出现同案不同判的情形，司法公信力受到质疑。因此，明确惩罚性赔偿金的计赔标准，是办理好食品药品领域惩罚性赔偿诉讼的关键环节。

（三）建立刑事责任、行政责任与民事责任衔接机制，确保食品药品领域惩罚性赔偿公益诉讼的制度价值得以充分展现

民法典第 187 条规定，民事主体因同一行为应当承担民事责任、行政责任和刑事责任的，承担行政责任或者刑事责任不影响承担民事责任；民事主体的财产不足以支付的，优先用于承担民事责任。最高人民法院《关于审理食品药品纠纷案件适用法律若干问题的规定》第 14 条也明确规定，经营者因同一违法行为应当承担民事责任、行政责任和刑事责任的，承担行政责任或者刑事责任不影响承担民事责任。由此可见，刑事责任、行政责任与民事责任并不能进行折抵，但因为食品药品安全领域的犯罪，刑事责任必然包含罚金，行政责任中的行政处罚也涉及罚款。在司法实践中，有的法院在判决时将惩罚性赔偿金与刑事罚金或者行政罚款进行抵扣，剩余的部分才作为当事人应当支付的惩罚性赔偿金额。由于做法不一，同样会发生案件处理结果不统一的现象，容易受到当事人或者代理律师的质疑，有损司法权威，也不利于发挥惩罚性赔偿民事公益诉讼制度的价值。

（四）探索建立惩罚性赔偿多元化执行方式，保证惩罚性目的得以实现

实践中，检察机关大多是以销售金额为基础加以 10 倍的金额提出惩罚性赔偿金，一些案件的惩罚性赔偿金达到几十万元甚至上百万元，明显超出普通行为人的履行能力，虽然法院判决支持检察机关的诉请，但是面临巨额的赔偿款，当事人根本无法履行，最后导致判决成为一纸空文，需要保护的公共利益依然未得到保护。然而检察机关作为公共利益的代表，不仅要对侵害公益的违法行为提起诉讼，更重要的是监督判决是否得到及时有效的执行。因此，在充分考虑当事人履行金钱给付能力的前提下，可以借鉴生态环境和资源保护领域公益诉讼替代性执行的有益经验，探索开展食品药品领域公益诉讼惩罚性赔偿的替代执行方式，确保公益得到及时有效的保护。

浅析生态环境资源类犯罪治理现代化路径

——以打造“生态检察”品牌之西部S县为样本分析

王文喜　赵国栋*

当前，中国特色社会主义进入新时代，生态环境保护工作也迈入了新时代。在2023年召开的全国生态环境保护大会上，习近平总书记强调：“要始终坚持用最严格制度最严密法治保护生态环境，保持常态化外部压力，同时要激发起全社会共同呵护生态环境的内生动力”“要强化法治保障，统筹推进生态环境、资源能源等领域相关法律制修订，实施最严格的地上地下、陆海统筹、区域联动的生态环境治理制度”。

在党的二十大报告中，“生态”一词出现了30次，“环境”出现了26次，“生态环境”出现了7次，“法治”一词达23次，对检察监督工作强调了3次，可谓最生态、最绿色、最美丽、最法治的党代会报告。报告中这一充满激情和期待的号召。也引起检察人的深入思考，如何在习近平生态文明法治理论引领下，探索出生态环境资源犯罪现代化治理路径，成为摆在面前的重要课题。笔者以2018年以来西部S县人民检察院承办的生态环境资源领域刑事犯罪案件为调研样本，对此类犯罪主要特点、成因进行剖析，并结合该院实际探索，提出此类犯罪治理的现代化路径。

* 王文喜，陕西省延安市甘泉县人民检察院党组书记、检察长；赵国栋，陕西省西安市阎良区人民检察院司法警察大队队长。

一、生态环境资源领域犯罪的基本情况

（一）案件数量分析

2018年至2022年，S县人民检察院共办理生态环境资源领域刑事犯罪案件42件55人，其中批捕7件7人，不捕1件2人，起诉33件43人，不起诉1件3人，有罪判决33件43人。（见表1）

表1　2018年至2022年S县人民检察院所办生态环境资源领域刑事案件分析

年份	案件总数	批捕	不捕	起诉	不起诉	有罪判决
2018	13件15人	1件1人	0件0人	12件14人	0件0人	12件14人
2019	11件13人	2件2人	0件0人	9件11人	0件0人	9件11人
2020	7件10人	2件2人	0件0人	5件8人	0件0人	5件8人
2021	9件15人	1件1人	1件2人	6件9人	1件3人	6件9人
2022	2件2人	1件1人	0件0人	1件1人	0件0人	1件1人

（二）涉案罪名分析

2018年至2022年，S县人民检察院共办理生态环境资源领域刑事犯罪涉及刑法规定的罪名共4个。主要涉及罪名为非法狩猎罪、非法占用农用地罪、滥伐林木罪、盗伐林木罪。其中非法狩猎罪、非法占用农用地罪、盗伐林木罪占总案件的23.5%、11.8%和38.2%，罪名相对比较集中。（见表2）

表2　2018年至2022年S县人民检察院所办生态环境资源领域刑事案件触犯罪名分布

年份	案件总数	非法狩猎罪	非法占用农用地罪	盗伐林木罪
2018	12件14人	3件3人	0件0人	6件6人
2019	9件11人	5件5人	2件2人	1件1人
2020	5件8人	0件0人	0件0人	3件4人
2021	7件12人	0件0人	2件3人	2件3人
2022	1件1人	0件0人	0件0人	1件1人

（三）涉案主体分析

2018年至2022年，S县人民检察院共办理生态环境资源领域刑事犯

罪共涉及46人。学历在大学以上的0人，具有法律背景的0人，当地38人，外地8人，务农人员46人。

（四）受案总量分析

2018年至2022年，S县人民检察院共受理案件共459件668人，其中生态环境资源领域刑事犯罪案34件46人，生态环境资源案件占比五年分别为13.33%、9.57%、6.19%、5.95%、1.28%。案件呈现出稳步下降的趋势。

二、破坏环境资源类犯罪案件的主要特点

经对S县2018年至2022年发生的生态环境资源领域犯罪案件分析，发现此类犯罪呈现如下特点：

一是社会危害性严重特征明显。生态环境犯罪造成的危害结果通常不可逆转，生态环境一旦破坏就较难以恢复，对人们的生产生活影响巨大，有些影响可能要过很长一段时间才会显现。

二是行政从属性特征明显。生态环境犯罪以违反行政法律法规为前提，且环境违法的认定与行政主管部门的行政行为有关，此类犯罪案件的来源取决于行政机关的移送。S县目前共有此类行政部门2个，森林公安分局2个，森林警察大队1个。

三是隐蔽性和复杂性特征明显。生态环境犯罪的案发周期长以及地方政府打击不力等原因使此类案件不容易被发现，且认定生态资源环境犯罪往往必须依据专业的环保和自然资源法律法规知识，知识体系相对庞杂，作为非专业人士的人员对此很难判定，客观现实的复杂性和多样性也决定了认定此类犯罪因果关系十分复杂，对犯罪所导致的直接损失与间接损失的测算即使通过专业技术手段也较难量化。

四是涉案人员年龄和学历特征明显。生态环境资源犯罪涉案人员年龄和学历相对集中，呈低龄化趋势，年龄相对集中在40岁至60岁，学历大部分为初中以下文化程度，但是25岁至35岁的人员逐步增加，行为人法治意识和生态环境保护意识较弱。

五是作案时间跨度长、多次作案特征明显。生态环境资源犯罪涉案人员由于法治意识和生态环境保护意识较弱，多数人员无业，加之此类案件

本身具有隐蔽性和复杂性，加之来钱快，行为人多以此为职业，因而此类案件呈现作案时间跨度长、多次作案的特征。

此外，S 县破坏资源类犯罪行为人多为团伙作案，常利用禁用工具非法狩猎，手段粗暴、原始。

三、破坏环境资源类犯罪主要成因

透过现象看本质，以上数据，对于 S 县生态环境资源领域下的犯罪与防控具有重要意义，S 县生态环境资源案件犯罪发生主要有如下原因：

（一）对民间禁用工具的监管力度不足

逐年看涨的野生动物价格，驱使部分犯罪分子冒法律之大不韪，盲目跟从，并采取禁用工具、粗暴手段进行狩猎，破坏珍禽珍兽或者其他野生动物资源，不仅破坏生态环境平衡和野生动物生存环境，还给当地居民生命健康安全带来了极大隐患，容易引发社会矛盾和不稳定。

（二）涉案人员法律意识模糊、环保意识低下

行为人对自然资源知识、环境保护等知识匮乏，对森林防火意识淡薄，整体水平相对较低。一些人认为猎捕一些野鸡等鸟类或野兔食用并不是违法犯罪行为，认为可能触犯法律但觉得地处偏远不会被查获，或者认为上坟烧纸就在跟前，不会出现什么问题，存在侥幸心理。

（三）“两法”证据标准存在差异

执法、司法实践中，大量涉及生态环境污染的案件中，证据的专业性都非常强，很多的专门性问题如环境损害评估、污染物的性质和浓度等，其作为刑事证据的要求很高，一般行政处罚收集到的证据难以满足刑事司法的需求。另外环境污染的证据有些时效性很强，需要现场取证。

（四）行政主管部门监管不到位，联席会议作用发挥不够

在实践中，S 县虽然对“两法衔接”工作中的一些制度作了细则性规定，比如联席会议要定期召开，并有明确的主题，但是在具体落实上，由于工作安排等因素，联席会议的召开时间不定期的多，定期的少，而且一

些联席会议往往流于形式。

四、探索防控破坏环境资源类犯罪治理现代化的路径

生态环境治理体系和治理能力现代化，是国家治理体系和治理能力现代化的重要组成部分。在习近平法治思想和习近平生态文明思想科学指引下，作为基层检察机关，要认真学习习近平总书记在全国环境保护大会上的重要讲话，立足法律监督职能，增强前瞻意识，打造生态检察，服务美丽中国建设，探索破坏环境资源类案件的治理现代化路径，采取有效防控措施，以应对挑战。

（一）思想领航，探索“党建引领 + 网格 + X”多元化融合治理

基层检察机关可以探索“党建引领 + 网格 + X（部门融合履职、企业参与、社会组织和公众等）”多元化融合治理共同参与的破坏环境资源类犯罪治理的现代体系，源头治理，从而一体推进习近平法治思想和习近平生态文明思想贯彻落实，以高质量的检察履职护航生态文明法治建设从而推动生态环境高水平保护。如S县坚持双赢多赢共赢理念，借助“线下进综治中心、线上进城乡社区”的检察“双进”延伸工作，通过“线上云平台 + 线下办公室”联动，实现12309检察服务中心与6个乡镇（街道办）、66个行政村、社区综治视联网实现联通，并挂牌成立了全国人大代表“樊平九工作室”，让人大代表积极参与检察工作。同时建立“检察长 + X”协作机制，与县水务局建立了《“河湖长 + 检察长”水行政执法与检察监督协作机制实施方案》《开展黄河流域水资源保护专项行动方案》等工作机制，有力促进生态检察与林业局、自然资源局等行政职能部门的协作，融合履职，共同促进地域内生态文明建设，打造多方参与、协同治理、共治共享公益保护模式，达到诉源治理的内在要求。

（二）聚焦主责主业，推进一体化履职

一是严惩破坏生态环境资源领域的犯罪。依法履行批捕起诉职责，持续加强对破坏生态环境资源犯罪的打击力度，对涉嫌犯罪符合逮捕、起诉条件的，及时作出批捕、起诉决定，保持刑事威慑力。重点打击水源、空气、土壤等关键领域环境污染犯罪；对重大复杂疑难以及社会关注的案

件，及时提前介入侦查，积极引导侦查取证，依法从严快捕快诉，体现打击力度，确保办案质量。二是强化公益诉讼工作。积极稳妥推进公益诉讼，健全行政检察监督与政府法治监督协作机制，着力构建公共利益多元化保障机制，强化诉前检察建议功能，促进职能部门依法履行职责，推动生态环境领域常态长效治理。如S县检察院积极发挥公益诉讼检察职能，以“检察蓝”守护“古树绿”，全县300余株古树名木重获“新生”，制定《关于开展守护古树名木公益诉讼检察专项监督活动工作方案》，成立检察长办案团队，对县域内古树名木进行实地走访调查，发现存在挂牌保护不到位、树身架设通讯电缆及高压线等问题，立即向县自然资源局发出检察建议。签订古树名木管理责任书，分株制定养护方案，建立“一树一档一台账”；以“检察长+林长”工作机制助推古树名木保护，开展“回头看”行动，及时发现并制止损害古树行为，严肃办理买卖、盗伐古树犯罪案件。

（三）凝聚合力，健全完善部门协同联动整治机制

与公安等部门一起协同加强对当地群众的猎枪等枪支管理工作，强化与法院、公安、司法局以及环保、林业等职能部门的沟通联系，建立良好的联动协作机制。积极配合参与环境资源专项整治、专项检查等活动，依法妥善处理因生态环境保护引发的纠纷和群体性事件。例如，S县检察院内外协调融合履职，严厉打击非法采砂犯罪。2023年6月12日S县院接到群众投诉，某村程某多次非法采挖砂石，导致耕地受损严重，S县自然资源局对挖掘石子处罚轻微涉嫌不作为。S县院组织网格员、镇村组干部一同进行现场核查，确认违法行为。S县院依法向县自然资源局提出行政检察监督的建议书，建议其对程某非法采挖砂石行为依法做出处理。自然资源局最终按期整改到位，同时S县院内部融合履职，公益诉讼部门之间将涉嫌犯罪线索移送到刑事监察部门，随后向公安机关移送非法占用农用地犯罪线索，公安机关决定对此案立案侦查。由于县自然资源局相关部门的工作人员，也未尽职履行自己的工作职责，未严格依法打击违法行为，致使违法行为持续存在，导致社会利益和公共利益严重受损，涉嫌怠于履职，S县院已将案件线索移交纪检监察部门。

（四）科技赋能，探索数字生态检察

一是探索“现场勘查＋无人机航拍＋后台联动指挥”的办案模式新探索。用科技赋能来解决巡河巡山工作中因空间和时间限制而产生的办案效率不高、问题发现不全、溯源能力不强等短板问题，借助无人机巡航拍摄、数据信息实时传输等先进技术，推动实现司法办案信息共享共融，从而提升跨区域性的生态资源司法保护联防联治水平。二是探索“专业化法律监督＋恢复性司法实践＋社会化综合治理”生态恢复性司法机制。随着经济的快速发展和物质生活水平的日益提高，群众对于洁净的水源、清新的空气、安全的食品等的需求越来越迫切，这就要求检察院要通过依法办理环境资源类案件，修复生态环境，切实维护公众环境资源权益，特别是要充分运用成熟的数字监督模型，做好生态司法保护的“后半篇文章”。

（五）创新方式，加强生态环境资源法治宣传

倡导全民尊法学法守法用法，为生态环境资源保护培育良好的社会环境。法律的权威源自人民的内心拥护和真诚信仰。人民权益要靠法律保障，法律权威要靠人民维护。做好生态环境资源保护，需要群众从内心深处真诚拥护和信仰法律，从行动上切实维护法律的权威，方能从根本上做好生态环境资源保护在法治轨道上全面的推进。检察机关要在生态环境资源类犯罪案件办理的同时做好环境保护宣传工作，加强与政府、法院、公安及宣传媒体等部门的协作，创新宣传方式，努力营造保护环境人人有责的氛围。

行政检察监督职权的积极稳妥开展和路径探讨

张金伏　孙　超*

2024年4月，最高人民检察院印发《关于人民检察院在履行行政诉讼监督职责中开展行政违法行为监督工作的意见》（以下简称《意见》）。《意见》旨在指导各级检察机关开展行政违法行为监督，坚持积极探索、稳妥推进、规范有序，努力把工作抓实、步子迈实、效果做实。

一、行政检察监督职权的积极稳妥开展

最高人民检察院发布的“浙江省杭州市某区人民检察院督促治理虚假登记市场主体检察监督案”（以下简称虚假登记监督案），某种程度上是尝试在诉讼监督过程之外进行对行政机关违法行政和不作为的行政检察监督。这是行政检察监督职权积极稳妥开展的一次尝试。

（一）突破常规的争议解决方式

“虚假登记监督案”中，当事人王某被冒用身份证登记设立了公司，而最终导致其被法院列为失信被执行人。其向区市场监督管理局申请撤销登记，但市场监督管理局却以事实尚未查清为由表示无法撤销。当事人转而向人民法院提起了行政诉讼，请求法院判令市场监督管理局撤销登记。法院则是认为已经超过法定起诉期限，但是未作出裁定。显而易见的是当事人诉求的本质是要求行政机关履行保护公民财产权、人身权等合法权益

* 张金伏，宁夏回族自治区银川市永宁县人民检察院党组副书记、副检察长；孙超，宁夏回族自治区银川市永宁县人民检察院第一检察部检察官助理。

的法定职责，这一诉求不仅是法律所明确规定的受案范围，而且绝对处于6个月内的诉讼期限。法院是将当事人对行政机关的职责之诉错误理解为撤销之诉，认为当事人是要撤销公司的登记，所以才因此得出了当事人的诉讼请求超期的论断。退而求其次，即使法院当时作出驳回起诉或者是不予立案裁定，当事人仍可以提出上诉或者请求检察机关开展诉讼监督。然而，法院转而邀请检察机关一同进行了行政争议实质性化解工作，这样便使得本应该在司法程序中解决的行政争议转变成了检察院进行直接监督的方式，这种争议化解的方式突破了常规，值得探究其背后所反映的行政检察监督职权积极稳妥开展的问题。

（二）行政检察监督职权的积极开展

“虚假登记监督案”的特殊之处在于，打破了检察机关监督行政行为只能在行政诉讼监督过程中进行，尝试在诉讼程序之外实施对行政违法行为的直接监督。此案中，法院虽然认为王某起诉超期，但是也没有裁定驳回起诉或者不予立案，所以并未实际地生成一件行政诉讼案件，也因此王某并没有提出上诉或者申请检察机关监督的先决条件。归根结底，检察机关化解争议并监督行政机关的行为和法院属于合作化解争议而非监督。与此同时，检察机关在协调化解争议的过程中发现了法院对王某起诉超期的判断有误，但原告的诉讼请求仍然可以通过检法两家的争议实质性化解活动来实现。可以预见，此案被作为指导性案例印发后，检察机关监督行政违法行为的空间将有进一步积极开展的可能性。在法律允许并在上级检察机关批准的前提下，今后由“遗落之诉”“潜在之诉”“过期之诉”，甚至不是行政诉讼受案范围的行政纠纷都有可能由复议机关或者法院提出合作邀请后，成为检察机关行政行为监督的案件来源。

二、行政检察监督职权积极稳妥开展的必要性、可行性和谦抑性

行政诉讼监督和行政非诉监督是行政检察监督的两个部分。行政非诉监督包括了争议实质性化解的穿透监督、行政公益诉讼的诉前监督、履行职责中的直接监督，与行政非诉执行监督同属于直接监督的范畴，而行政

诉讼监督中除了行政非诉执行监督外都属于对行政行为的间接监督。[①]“虚假登记监督案”让我们不得不思虑在履职过程中“直接监督”行政检察监督职权积极稳妥开展的必要性、可行性以及谦抑性。

（一）行政检察监督职权稳妥开展的必要性

首先，通过行政诉讼监督能够纠正的违法行政行为数量有限。因为行政诉讼受案范围受行政诉讼法严格控制，而抽象行政行为只部分地接受附带审查，多阶段行政行为往往被有选择地提起诉讼；加之多数行政案件以双方和解、原告撤诉的形式结案，行政机关违法行政的情形往往得以掩盖，根本不会进入诉讼监督的视野，因而间接监督的成效往往甚微。其次，同国家治理（含社会治理）的需求保持一致性。党中央提出推进国家治理体系和治理能力现代化，而科学配置检察机关的职权必须遵循这一目标。社会治理的复杂性需要检察机关的提前介入。当下，不少行政领域的监管措施和处罚手段很难达到治理效果，刑事制裁反而冲在了社会治理的第一线。检察机关如果能够率先掌握违法信息和治理经验，反过来督促和指导行政机关多方协动和数据共享，这也为直接监督行政活动提供了条件。

（二）行政检察监督职权积极开展的可行性

行政检察监督职权积极开展可行性要从以下两个方面来看：一方面，检察机关直接监督行政违法行为，符合国家权力配置的功能适当性原则。就功能适当性原则而言，行政检察监督职能积极稳妥开展的必要性与可行性是统一的。检察机关的法律监督机关的宪法定位、检察一体原则、程序性监督以及检委会合议制等一系列优势都使得其能够很好地履行行政违法行为监督之职。另一方面，《中共中央关于加强新时代检察机关法律监督工作的意见》进一步明确了全面深化行政检察监督的重要性。检察机关依法履行对行政诉讼活动的法律监督职能，促进审判机关依法审判，推进行政机关依法履职，维护行政相对人合法权益；在履行法律监督职责中发现行政机关违法行使职权或者不行使职权的，可以依照法律规定制发检察建

① 王青斌：《论行政非诉执行案件的司法审查标准》，载《浙江大学学报（人文社会科学版）》2023 年第 9 期。

议等督促其纠正；在履行法律监督职责中开展行政争议实质性化解工作，促进案结事了。笔者认为，可以对人民检察院组织法第21条规定的“行使法律监督职权”中的“职权”进行扩大解释，促进审判机关依法审判，推进行政机关依法履职，维护行政相对人合法权益，最终实现全面深化行政检察监督的目的。

（三）行政检察监督职权积极开展的谦抑性

首先，适度限制检察机关挖掘监督线索的渠道。行政检察监督职权积极开展确有其必要性和可行性，但是考虑到现阶段法律的容许性，就必须对其加以限制。与此同时，为了保障监督质效，案件来源的控制方面一定要稳妥处置。在原有的依仗诉讼监督挖掘线索的渠道上进行有限的拓展，坚持将监督重点放在司法诉讼上，并适当地向诉讼前和诉讼外进行延伸，也可以对与诉讼行为保持关联性的行政行为进行直接监督。其次，准确把握行政非诉监督的目的。因为检察监督资源有限，并且检察机关是法律监督和公益代表人的综合化身。因此，检察机关一般情况下只能在社会或者国家公益受损时才能对行政行为发起直接监督，而私益救济依靠行政诉讼就可解决，没必要由检察机关进行直接监督。最后，合理合法使用检察机关对其他机关的监督权限。检察机关行使监督权要保证“非实体处分性”和“非终局性”，主要以柔性的检察建议为监督手段，避免作出有法律强制力的决定。坚决不可对其他机关专有的监督权造成侵入。检察机关还应该与其他监督机关签订协议，在符合宪法和法律的前提下约定各自监督权的行使方式。

三、行政检察监督职权积极稳妥开展的路径

行政检察监督职权的开展，可以尝试突破以往循规蹈矩的以行政诉讼监督来间接促进依法行政的情况，把握好行政检察监督积极稳妥开展过程中的改革方向与实施路径。

（一）以类案监督促进社会治理

类案监督所具备的整合优势是个案监督所不具备的；类案监督又可以最大限度地降低行政机关的抵触情绪；类案监督能够不隐晦地指出行政领

域问题的细节。基于类案监督的种种优势，行政检察监督的积极开展应当在谦抑性和主动性之间找到一个平衡点。在“虚假登记监督案”中，检察机关进行类案监督职能时就做得恰如其分。首先，要确保类案监督的必要性。案件线索来源方面，都是在“虚假登记监督案”的基础上追本溯源，可以使用检察业务应用系统对可疑案件进行大范围搜索。其次，确保监督意见的准确性。检察机关在调查核实阶段积极与各行政部门密切协作，通过互相的信息碰撞来打破“数据孤岛”。再次，最大限度地保持谦抑性。检察机关制发检察建议时依据的是国家市场监督管理总局发布的文件而不是过分表达自己对法律的理解。最后，促进治理效能最大化、最优化。检察机关与行政机关通过签订协议来建立长效机制，并将治理经验进行推广，进而促进类案监督更有质效地指引和推动实践。

（二）以检察一体化作为履职依托

检察一体化是我国检察活动的基本原则。虽然就目前而言，检察一体化原则更多的情况是用来证成“异地用检”和“捕诉一体”等刑事检察活动的正当性，但其实检察一体化原则对于行政检察监督职权的开展也有着重要的指导作用。从纵向一体化视角来看，检察机关的上下级表现为“上命下从”的领导服从关系。纵向一体化对行政检察监督职权的积极稳妥开展尤为关键，检察机关这种领导方式能够保证检察机关在对行政机关进行直接监督时尽可能地排除地方利益的阻碍和干预，可以保证行政检察监督权始终在国家法治的轨道之上运行。[①] 从横向一体化视角来看，检察机关内部职能部门、各检察机关之间相互配合协作，全面发挥检察资源的整合优势。随着行政检察监督职权的不断开展，检察官可能很难独立地完成一项行政检察监督案，必须全面发挥检察机关内部各业务部门之间的横向监督合力，与此同时，上级检察院也要积极推进跨区域的协作办案，才能使得行政检察监督职权的积极稳妥开展有所依托。

（三）以指导性案例推进检察监督职权的积极稳妥开展

当前检察监督职权的积极稳妥开展已是必然，而经由何种路径开展才

---

① 卞建林、田心则：《论我国检察机关领导体制和职权的改革与完善》，载《国家检察官学院学报》2006 年第 5 期。

是问题关键。最为可行和稳妥的路径就是最高人民检察院以发布指导性案例这种柔性和可进退的形式进行开展。这种路径的优点很多：其一，指导性案例是融合了地方检察机关的办案经验后以自下而上的方式筛选出来的。检察机关和行政机关已经进行了充分“博弈”，取得了良好效果且无不良影响，再由最高人民检察院进行推广，这样，制度风险就相对可控。其二，指导性案例具备具象化和场景化等特点。地方检察机关在参考指导性案例时，参考的是指导案例所反映出的可借鉴的做法，而不仅仅是单纯地遵照最高人民检察院总结的案件要旨。简单来讲就是适用者参照实质性的相同之处，进而类推适用处理模式，如此往复便可以不断发展相关规则。其三，指导性案例更具及时性、灵活性、针对性优势，相较于立法和司法解释更加适宜司法实践的需要。

四、结语

虚假登记监督案可以看作是行政检察监督职权积极稳妥开展的一次尝试，意义重大，我们有必要将该项工作抓实、步子迈实、效果做实。《意见》明确了开展行政违法行为监督的范围、标准及重点；强调要严格办案程序，对个案受理、类案受理、调查核实、处理决定、提出检察建议、终结审查、移送有关部门处理、办理期限、跟踪反馈、请示报告和备案、参照办理细化了要求。当然，行政检察监督职权积极稳妥开展的同时必须对其加以限制。在行政检察监督职权的开展路径上一定要慎之又慎，应该在坚持检察一体化原则的基础上，以最高人民检察院的指导性案例和类案监督的方式推进行政检察监督职权的开展。总之，检察机关积极稳妥开展行政违法行为监督，需要在完善配套工作机制的基础上依法依规进行。

商标犯罪中相同文字商标的认定

——以中文简繁体替换和英文字母位置互换为例

胡　凯[*]

一、基本案情

案例一： 被告单位温州市某某包装有限公司实际控制人为被告人江某华，全面负责公司事务。2021 年以来，被告人江某华在未获得注册商标所有人许可的情况下，在被告单位温州市某某包装有限公司内生产制造假冒“西湖龙井”注册商标的茶叶包装袋（部分假冒的商标标识为“西湖龍井”，所有假冒的商标标识均为竖向排列），并销售给多家上海商铺，数量累计 9 万余个，非法获利 1000 余元。2021 年 6 月，上述上海商户先后被上海市市场监督管理局查获。

另查明，注册号为第 9129815 号“西湖龙井”商标经国家知识产权局核准注册，商标所有人为杭州市西湖龙井茶管理协会，核定使用商品第 30 类茶叶，有效期自 2011 年 6 月 28 日至 2031 年 6 月 27 日。

案例二： 被告人苏某特、苏某格合伙在瑞安市某街道开设眼镜店，并在网络上销售眼镜，被告人苏某特主要负责对外联系进货等，被告人苏某格主要负责店铺管理及销售发货。2020 年 5 月以来，被告人苏某特、苏某格在未取得“SUOFEIA”注册商标所有人许可的情况下，擅自销售假冒该品牌的眼镜 26000 余副（部分假冒的商标标识为“SUOEFIA”），销售金额为人民币 27 万余元。2020 年 11 月 18 日，瑞安市市场监督管理局执法人员在被告人苏某特、苏某格位于瑞安市某街道的眼镜店内现场查获假冒

* 胡凯，浙江省瑞安市人民检察院检委会专职委员、一级检察官。

“SUOFEIA”品牌的眼镜4280副，价值人民币4万余元。2021年3月16日，公安机关在被告人苏某特、苏某格的下家肖某元处查获假冒“SUOFEIA”品牌的眼镜2副。

另查明，注册号为第25569189号“SUOFEIA”注册商标的所有人为金如兴，核定使用商品为第9类的眼镜等，有效期自2018年8月14日至2028年8月13日。

二、意见分歧

（一）针对文字商标中以中文简繁体替换的方式假冒商标标识的情况

第一种意见：案例一中的简体“龙”与繁体“龍”虽然读音相同，但是从汉字的结构、笔画、外形完全不同，而且涉案茶叶包装袋的“西湖龙井”四个字是竖向排列，与注册商标“西湖龙井”横向排列也不相同，无法认定与注册商标基本无差别，无法到达足以对公众产生误导的效果，故本案被告人不构成非法制造注册商标标识罪。

第二种意见：2020年出台的最高人民法院、最高人民检察院《关于办理侵犯知识产权刑事案件具体应用法律若干问题的解释（三）》（以下简称《知识产权解释（三）》）第1条第1项规定，改变注册商标的字体、字母大小写或者文字横竖排列，与注册商标之间基本无差别的可以认定为刑法第213条规定的“与其注册商标相同的商标”。根据该规定，部分茶叶包装袋上“西湖龙井”字样的字体颜色不同、横竖不同不会影响相同商标的认定；中文简繁体的替换，则要具体案件具体分析，类似于“西湖龙井”“三門青蟹”等知名商标的话，其中一个字的简繁体替换不能以单个文字作为判断标准，而应当以整体文字作为判断标准。如果以整体文字作为判断标准的话，公众对耳熟能详的知名商标会很自然地作出判断，涉案商标与注册商标属于相同商标，故中文简繁体替换不会影响被告人构成非法制造注册商标标识罪。

（二）针对文字商标中以英文字母位置互换的方式假冒商标标识的情况

第一种意见：无论是2020年出台的《知识产权解释（三）》还是

2011 年出台的最高人民法院、最高人民检察院、公安部《关于办理侵犯知识产权刑事案件适用法律若干问题的意见》(以下简称《知识产权意见》),均未明确将英文字母位置互换认定为相同商标,将上述两个商标属于相同商标缺乏明确的法律依据,故本案被告人不构成销售假冒注册商标的商品罪。

第二种意见:司法机关在判断相同商标时,应以"与注册商标基本无差别、足以对公众产生误导"为判断标准。虽然相关司法解释没有将"改变不显著位置的近似字母顺序"列举为相同商标的情形之一,但作了兜底规定,即"其他与注册商标基本无差别、足以对公众产生误导的商标"也属于相同商标。具体到本案,权利人的注册商标为"SUOFEIA",行为人使用的商标为"SUOEFIA",从"形"上进行比较时,"F"和"E"本身就差异不大,且行为人仅仅改变了"F"和"E"两个相邻字母的顺序,从整体上看,两者外形仍属于基本无差别。同时,考虑到涉案商标系贴附于眼镜这一较小的载体之上,一般而言,消费者对该载体上的商标施以"普通注意、通体观察以及比较主要部分"时,行为人使用的商标仍足以对大多数消费者造成误导。因此,涉案商标符合"与注册商标基本无差别"以及"足以对公众产生误导"两个要素,应当认定为相同商标。故本案被告人构成销售假冒注册商标的商品罪。

三、意见评析

对相同商标的认定,现行司法解释做了一定程度的扩张,相同商标包括与被假冒的注册商标完全相同的标识,也包括与被假冒的注册商标在视觉上或者听觉上基本无差别、足以对公众产生误导的标识。前者在司法实践中争议不大,但后者却争议频出。虽然 2011 年出台的《知识产权意见》和 2020 年出台的《知识产权解释(三)》均试图详细地列举部分基本无差别的情形,以便司法机关精准定性,但最终无不以兜底条款收尾,将"与注册商标基本无差别、足以对公众产生误导"作为相同商标的判断标准。

(一)明确相同商标的比对方法

在刑事实务中,对于相同商标的认定,有专家提出参考民事案件中的认定方法的意见,即隔离观察法。所谓隔离观察,依据最高人民法院《关于审理商标民事纠纷案件适用法律若干问题的解释》（以下简称《解释》）第10条提出的“既要进行对商标的整体比对，又要进行对商标主要部分的比对，比对应当在比对对象隔离的状态下分别进行”，是指将被控侵权标识和注册商标放置于不同的时空进行比对。主要是模拟创制相关公众在购买产品时的情境，将眼前欲购买的产品商标与记忆中的商标进行比对，进而判断是否构成相似。这种比对方式，参照物更趋向于是相关公众脑海中的印象，易忽视细节，比对得出相似结论的可能性偏高。也有观点提出对比观察法，即将假冒标识与注册商标放置在相同的时空下，就视觉上的整体部分、显著性部分、细节部分进行一一比对，判断在形态上是否构成完全相同或基本相同。笔者赞同第二种观点，相较于隔离观察法，对比观察法更多依赖于客观判断标准，而非主观记忆和印象，其入罪边界更为严格，可以有效地预防罪名的扩大与滥用。①

对比观察法对文字商标的认定方法，不仅需逐一比对文字内容，还应对文字的字体、结构、排列等进行一一比对。就本文两个案例而言，采用对比观察法将假冒标识与注册商标进行比对，案例一区别在于“龍”与“龙”的替换，案例二区别在于“F”与“E”的位置互换，是否属于相同商标关键在于假冒标识是否与注册商标基本无差别、是否足以对公众产生误导这一判断标准。

（二）厘清“基本无差别”与“足以对公众产生误导”的逻辑关系

“基本无差别”和“足以对公众产生误导”要件由司法解释明文规定，但对于二者关系与适用逻辑，在理论与实践中皆有相反的观点或做法。有学者认为，“商标基本相同”是指在相关公众在对两个商标进行对比判断时，无法对二者的差别进行有效辨析，显然已经将误导的效果包括在内，在此基础上另对误导公众要件进行认定并无必要。② 在司法实践中，部分司法工作人员将两个要件相互替代论证。如在张某诚假冒注册商标罪

① 王小莉、沙晓晨：《假冒注册商标罪中相同商标的认定》，载《人民司法》2022年第35期。

② 张耕、黄国赛：《民刑交叉视角下商标刑事保护边界研究》，载《知识产权》2020年第12期。

一案中[①]，法院在进行对比时认为两个商标基本无差别的同时得出会使相关公众误认的结论，从而认定构成相同商标。因此，为确保刑法意义上相同商标认定的顺利进行，明确两个要件之间的关系十分必要。笔者认为，“基本无差别”和“足以对公众产生误导”两要件之间属于同等位阶的并列关系。

首先，从司法解释原文来看，两者以顿号相连接，即表明前后属于分隔同类的并列之事，都属于基本相同商标认定中必不可少的构成要件之一，不可相互替代，若将后者作为前者认定的考虑因素，容易导致假冒注册商标罪中“基本相同”的循环论证。

其次，民事中构成相同商标仅需两个商标“基本无差别”即可，若认为刑事中“基本无差别”与“足以对公众产生误导”之间仅仅是一个要件的不同表达，如何与民事相区分？恰恰是“足以对公众产生误导”要件的增加和独立，体现了刑法对假冒注册商标行为的打击要求与规制标准。

同时，两者在具体适用中也应当有严格的先后顺序，即需首先在假冒商标与注册商标之间对比判断是否构成“基本无差别”，再去判断是否构成“足以对公众产生误导”。前者是后者的前提，但前者的构成并不必然导致后者的成立；反之，后者的成立无法对前者产生影响，不能以后者的认定结果来推定前者。在此认识下，“基本无差别”是前置性要件，“足以对公众产生误导”是结果性要件，只有满足了前置性要件的要求，才能进一步探讨结果性要件的问题。[②]

（三）明确“基本无差别”的司法认定标准

从2004年出台的《关于办理侵犯知识产权刑事案件具体应用法律若干问题的解释》、2011年出台的《知识产权意见》规定的“在视觉上基本无差别”到2020年出台的《知识产权解释（三）》规定的“基本无差别”，其本质含义没有发生变化，之所以在文字上不断调整相同商标的规定，是立法乃有意对“基本无差别”的表述进行规范。最高人民法院发布的《〈关于办理侵犯知识产权刑事案件具体应用法律若干问题的解释

---

① 参见中山市第一人民法院（2020）粤2071刑初1486号。

② 李庆烁：《假冒注册商标罪“相同商标”认定规则的完善》，载《中华商标》2023年第1期。

（三）〉的理解与适用》指出："鉴于《商标法》规定了声音商标，因此《知识产权解释（三）》删除了在"视觉上"这一限定词。可见，立法者之所以采用"基本无差别"的表述，并不是赋予"基本无差别"新的内涵，而是为了适应商标法关于声音商标的相关规定，使法条之间更加协调。

实践中如何确定"基本无差别"的司法认定标准呢？笔者认为，判断假冒商标与注册商标是否"基本无差别"，取决于两者在整体视觉效果上的差异（本文仅讨论文字商标），即通过整体观察法作出是否存在差异的判断。商标作为商品或者服务的识别标志，是由各个组成要素构成的。整体观察法是将商标的各个组成要素作为一个整体来观察，而不是将组成要素抽出单独对比。实践中，商标给消费者留下的是整体印象，整体观察法更贴近消费者的消费过程，如果假冒商标与注册商标各个组成要素存在细微差别，但整体视觉效果基本没有差别，或者差别小到可以忽略不计，就应视为"基本无差别"。

本文讨论的案例一中，假冒商标"西湖龍井"与注册商标"西湖龙井"之间唯一存在的区别就是"龍"与"龙"的简繁体互换。如果仅将商标中的组成要素之一的"龙"字抽出单独对比，那么这两个字是有明显差别的，但是商标给公众留下的是整体印象，用整体观察法去判断的话，两个商标的差别并不大，因为一般中国公众对"龙"字的繁体字非常熟悉，对"龙"与"龍"不会产生混淆，同时，类似于"西湖龙井""三門青蟹"等知名商标的话，哪怕其中一个字的简繁体相互替换，公众对耳熟能详的知名商标仍会很自然地以整体文字作为判断标准，结果必然是认为两者"基本无差别"。故对于中文文字商标，公众熟悉的文字简繁体替换，而且属于知名商标的话，一般可以认定属于"基本无差别"。但如果是注册商标"舒肤佳"香皂与假冒商标"舒膚佳"香皂、"思麦尔"奶茶与"思麥爾"奶茶。[①] 由于"肤"与"膚"、"尔"与"爾"相差较大，且这些字的简繁体对普通消费者而言并不熟悉，甚至部分消费者不能识别出该繁体字，就不会将二者联系到一起，则二者是否属于"基本无差别"在司法实践中就存在较大争议了。

---

① 贺晨霞：《论假冒注册商标罪中"基本无差别"商标的认定》，载《知识产权》2022 年第 2 期。

案例二中，假冒商标“SUOEFIA”与注册商标“SUOFEIA”之间唯一存在的区别就是互换了相邻两个相似字母的位置，即“F”和“E”的位置。从整体视觉效果上来看，两个单词没有发生明显、突出的变化，因为从“形”上进行比较时，“F”和“E”本身就差异不大，且行为人仅仅改变了“F”和“E”两个相邻字母的顺序，同时，考虑到涉案商标系贴附于眼镜这一较小的载体之上，消费者一般不会对该载体上的商标施以过高的注意，更重要的是“SUOFEIA”这个英文单词并不是中国公众耳熟能详的单词，往往施以“普通注意、通体观察以及比较主要部分”时，结果必然是认为两者“基本无差别”。故对于外文文字商标，仅改变了不显著位置的近似字母顺序，而且文字商标系附着于较小载体上时，一般可以认定属于“基本无差别”。例如，将注册商标“mitsuo”假冒为“mistuo”案[①]，法院认为两个商标的要素形态没有发生改变，即都由同样的字母组成，仅仅将中间的两个字母顺序调换，在视觉维度上难以辨析两者差异，故假冒商标“mistuo”可认定为与注册商标“mitsuo”构成相同。

（四）明确“足以对公众产生误导”的司法认定标准

首先，必须确定评判主体，即公众的范畴。由于行为人假冒注册商标的行为，最直接受影响的是与假冒商标产生实际联系的“相关消费者”。因此，“公众”应进一步限缩解释为购买商品或者服务的相关消费者才是更为客观、合理的选择。

其次，必须确定“认知程度”。由于消费者本身认识能力和认识水平具有差异性，且受到时间与环境的影响，有学者提出，应以普通消费者的合理认知为基准，即“一般注意力”。笔者认为这符合法规范的要求，也有利于保护消费者的合法利益。

最后，仍需结合以下特殊要素予以综合考虑：（1）即使是普通消费者，也要考虑商品的具体销售对象。例如，使用在妇女用品上的商标，是否构成相同，应以普通妇女购买该商品时的注意力为准。（2）时间。一般说来，消费者的认识能力往往会因时而变，随着知识的增长，其识别能力就会越来越强。即使在一个相对稳定的时期，人在不同的时候的精神状态不同，同一主体，在不同的时候，其注意力是不同的。在 a 时会误认的，

---

① 参见浙江省三门县人民法院（2014）台三刑初字第 99 号。

在 b 时不一定会误认。例如，特定消费人群的年龄结构。（3）注意对象，人的注意力是随着注意对象的不同而施加不同的注意力。一般来说，对市场主体重要、价格较高的，会产生更高的注意力。反之，注意力更低。（4）地点，地点对市场主体的注意力的高低也有影响。比如，在声誉较好的地方从事交易活动，由于更放心而持较低的注意力。还有另外一种类型，例如一个英文商标，在英语国家可能不被认为相同，但在非英语国家，则可能被认定为相同，等等。

因此，必须充分考虑可能影响商标相同与否判断的各种因素，提出认定“足以对公众产生误导”的恰当标准。[①] 本文讨论的案例一中，作为中国的普通消费者在知名品牌“西湖龙井”如雷贯耳以及对“龍”是“龙”字繁体写法耳熟能详的前提下，施以“一般注意力”时对假冒商标“西湖龍井”与注册商标“西湖龙井”产生混淆是必然的，故应当认定“足以对公众产生误导”。案例二中，作为对 SUOFEIA 英文单词并不熟悉的中国消费者，对仅改变不显著位置的近似字母顺序，且涉案商标系贴附于眼镜这一较小的载体之上的前提下，施以“一般注意力”时对假冒商标“SUOEFIA”与注册商标“SUOFEIA”产生混淆亦属必然，在心理学上称为“换位效应”,[②] 应当认定“足以对公众产生误导”。

四、处理结果

案例一：瑞安市人民法院认为，被告单位温州市某某包装有限公司未经注册商标所有人许可，伪造、销售伪造的注册商标标识，情节严重，被告人江某华系单位直接负责的主管人员，其行为已触犯刑律，构成非法制造注册商标标识罪。公诉机关指控的罪名成立。被告单位温州市某某包装有限公司、被告人江某华自愿认罪认罚，予以从宽处理。公诉机关提出对被告单位温州市某某包装有限公司判处罚金，对被告人江某华判处有期徒刑 1 年 6 个月，缓刑 1 年 6 个月，并处罚金的量刑建议适当，予以采纳。

① 涂龙科：《论刑法中商标的认定》，上海社会科学院研究生院 2006 年硕士学位论文。

② 隋雪、王晓彤、任桂琴：《词汇识别中字母换位效应的研究》，载《辽宁师范大学学报》2015 年第 3 期。

后瑞安市人民法院判决被告单位温州市某某包装有限公司犯非法制造注册商标标识罪，判处罚金1500元；被告人江某华犯非法制造注册商标标识罪，判处有期徒刑1年6个月，缓刑1年6个月，并处罚金1500元。一审宣判后，被告人未上诉，公诉机关亦未提出抗诉，一审判决发生法律效力。

案例二：瑞安市人民法院认为，被告人苏某特、苏某格等人销售明知是假冒注册商标的商品，销售金额数额巨大，其行为均已触犯刑律，构成销售假冒注册商标的商品罪。被告人苏某特、苏某格等人均自愿认罪认罚，予以从宽处理。公诉机关的量刑建议适当，予以采纳。后瑞安市人民法院判决被告人苏某特犯销售假冒注册商标的商品罪，判处有期徒刑3年，缓刑5年，并处罚金15万元。扣押的涉案侵权物品予以没收。（其余同案犯判决情况不再详细罗列）一审宣判后，被告人苏某特提起上诉，后又申请撤回上诉。浙江省温州市中级人民法院认为原判认定事实和适用法律正确，量刑适当，裁定准许撤回上诉，一审判决发生法律效力。

掩饰、隐瞒犯罪所得罪“明知”要素的辨析

马 骏 李 炜*

一、基本案情

2019年6月23日，被告人甲、乙共谋，由乙出资3000元，二人以租赁的名义骗取被害人王某一台龙工牌轮式装载机（系机动车）。次日，被告人甲、乙通过微信联系，经由被告人丙、丁、戊将骗得的装载机销售给被告人己。六名被告人于夜晚在郊外现场交易，被告人甲、乙表示该装载机是“转押车”，提供了一份手写的“欠条”，被告人己要求卖家将该装载机运送出省后再付款。被告人丙、丁、戊、己没有查验购买发票、权属凭证等，均表示知道该装载机来源不明，辩称认为该装载机系“转押车”，进行转押交易符合行业内习惯，不明知该装载机系犯罪所得，被告人己交代购买该装载机为了自用，支付价格并非明显低于市场价格。经鉴定，涉案装载机价值为30万元。被告人甲非法获利5万元，被告人乙非法获利2万元，被告人丙非法获利1.5万元，被告人丁非法获利2万元，被告人戊非法获利2万元，被告人己共支付12.5万元。

二、意见分歧

本案中被告人甲、乙以非法占有为目的，虚构租赁使用装载机的事

* 马骏，山东省泰安市人民检察院法律政策研究室副主任、一级检察官、山东省检察业务专家；李炜，湖北省武汉市汉阳区人民检察院第六检察部副主任、二级检察官。

实，使被害人王某陷入错误认识而交付装载机，王某遭受财产损失，甲、乙获得装载机并转卖，数额巨大，二人的行为构成诈骗罪没有争议。存在争议的问题是被告人丙、丁、戊、己的行为定性，四人的行为是否构成掩饰、隐瞒犯罪所得罪。

第一种意见认为，现有证据无法证实四名被告人明知该装载机是犯罪所得，被告人甲、乙表示车辆为“转押车”，并在交易现场出具了一张手写的“欠条”，有一定的证据说明其来源，被告人丙、丁、戊获得最后买家支付的介绍费系劳务所得，并非犯罪所得，被告人己花费 12.5 万元购买装载机取得使用权，交易价格与二手装载机价格差距并非悬殊，不能认定为明显低于市场价格，交易时间和交易场所由双方约定，权属凭证缺失只能说明转移使用权而非所有权，四名被告人的行为不构成掩饰、隐瞒犯罪所得罪。

第二种意见认为，装载机作为大型作业机动车，购买、登记、流转均有法定手续，“欠条”“转押条”等不足以证明其合法来源，应当推定明知犯罪所得，交易时间、交易地点异常，买家要求卖家运送出省再付款等细节，亦可印证其对来源非法的主观明知，被告人丙、丁、戊、己的行为均构成掩饰、隐瞒犯罪所得罪。

第三种意见认为，被告人丙、丁、戊的行为构成掩饰、隐瞒犯罪所得罪，被告人己支付对价购买装载机用于使用，其他被告人的犯罪所得系其合法财产，被告人己购买装载机的交易符合行业内惯例，虽然不被法律保护，但系民间不规范交易行为，且涉案装载机要发还被害人，支付的费用被认定为违法所得追缴，购买人亦遭受财产损失，不应认定为犯罪。

笔者同意第二种意见。

三、意见评析

（一）司法实践中的“明知”是“知道或者应当知道”，不以被告人供述明知为必要条件，应当做司法上的独立判断

明知，文义是明确知道。在刑法条文中，无论是刑法总则中关于故意犯罪“明知自己的行为会发生危害社会的结果”，还是刑法分则中关于“明知是犯罪的人”“明知是犯罪所得”，明知均是对行为人主观心态的认定。刑事诉讼法规定了重证据不轻信口供的要求，意味着对“明知”的认定也应当“不轻信口供”，基于外在证据认定内隐性事实，以客观证据印证主观心态，毫无疑问面临着从采信证据到认定事实之间的鸿沟。同时，行为人普遍存在避重就轻、逃避打击的“阻抗”心理，拒不供述或者只是承认大致知道但是辩称不明确知道，缺乏认定“明知”的直接证据，无疑将导致证据体系难以闭合。因此，司法实践中对明知采取了有限制的广义说：除非有相反的证据能够排除，明知包括“知道”和“应当知道”两种情形，前者主要基于被告人供述认定，后者可以结合其他证据进行推定。这也成为司法解释一贯坚持的立场。[①]“应当知道”与“知道”并列，就隐含着被告人不供述“知道”而推定“应当知道”的情形，因此，被告人供述并非认定明知的必要条件。

“明知”的司法认定，应当综合审查证据，结合法益保护目的，合理确定与客观证据相结合的推定规则，做司法上的独立判断。《关于办理性侵害未成年人刑事案件的意见》对“明知对方是幼女”的规定具有代表性，基于不同的客观证据区分不同的推定规则：对于不满十二周岁的，“应当认定行为人‘明知’”；对于已满十二周岁不满十四周岁的，结合“身体发育状况、言谈举止、衣着特征、生活作息规律等观察”后，认为“可能是幼女，认定为‘明知’”。“明知”扩大范围，包括“知道”和“应当知道”，实际上就把部分有证据证明的“推定”赋予“认定”的效

---

① 参见陆建红：《刑法分则“明知”构成要件适用研究——以掩饰、隐瞒犯罪所得、犯罪所得收益罪为视角》，载《法律适用》2016 年第 2 期。

力。“这实际上属于一种事实推定，其本质仍然属于证据认定。”[①] 通过把对犯罪故意的推定转化为对事实证据的认定，为相关司法解释明确认定“明知”的规则提供了路径。

具体到掩饰、隐瞒犯罪所得罪中，随着社会生活变迁，明知系犯罪所得，特别是明知系犯罪所得的机动车的相关司法解释，经历了明显的变化。1998 年最高人民法院、最高人民检察院、公安部、国家工商行政管理局《关于依法查处盗窃、抢劫机动车案件的规定》（以下简称《规定》）明确了“视为应当知道”的四种情形：在非法的机动车交易场所和销售单位购买的；机动车证件手续不全或者明显违反规定的；机动车发动机号或者车架号有更改痕迹，没有合法证明的；以明显低于市场价格购买机动车的。同时规定，但有证据证明属被蒙骗的除外。随着机动车交易的放开和市场流通的加速，对机动车的管理更趋灵活，机动车交易场所、销售单位、销售价格、销售模式随着市场发展而不断变化，汽车超市、融资租赁、网络二手车等新业态层出不穷，法律规定可能存在滞后性，对“明知”犯罪所得的机动车的推定作了进一步限制。2007 年最高人民法院、最高人民检察院《关于办理与盗窃、抢劫、诈骗、抢夺机动车相关刑事案件具体应用法律若干问题的解释》仅保留了“没有合法有效的来历凭证”“发动机号、车辆识别代号有明显更改痕迹，没有合法证明的”两种情形。不难发现，司法机关聚焦机动车身份、来源的“合法性”，在强化机动车管理秩序稳定的基础上，容许机动车便捷、多样、快速流通，交易地点、交易价格、交易对手，均在所不问。官方意见亦明确，该规定契合了“国家对于二手车交易管理是个逐步放开的趋势”[②]。综合看来，认定“明知”系犯罪所得经历了历史性变化，交易场景、被坑蒙欺骗等主观性较强、与认定犯罪所得并非强关联的推定要素不再作为推定的依据，仅保留了明确指向机动车合法性的来历凭证、权属标志等要素。

根据在案证据，涉案车辆没有合法有效的来历凭证，仅有被告人甲、乙出具的一张欠条说明其来源，该欠条系手写，不能与涉案车辆建立对应

---

① 陆建红：《刑法分则“明知”构成要件适用研究——以掩饰、隐瞒犯罪所得、犯罪所得收益罪为视角》，载《法律适用》2016 年第 2 期。

② 韩耀元、邱利军：《〈关于办理与盗窃、抢劫、诈骗、抢夺机动车相关刑事案件具体应用法律若干问题的解释〉》解读》，载《人民检察》2007 年第 10 期。

关系，可以认定没有合法有效来历凭证。另外，虽然交易场景不能直接推定明知，但是可以强化印证。该交易明显违背正常的市场交易习惯，同案犯供述证明交易现场有人携带 GPS 信号屏蔽仪以规避查获，签订的合同仅为一式一份，买家要求卖家将车辆运送出所在省份再付费，这些要素也可以佐证被告人“明知”犯罪所得的心态。

（二）认定购买人“明知”系犯罪所得，一般情况下，可以排除其受上游犯罪人蒙骗的辩解

推定的情形，自然存在着例外。1998 年《规定》明确，有证据证明属被蒙骗的，可以排除认定“明知”。涉嫌构成掩饰、隐瞒犯罪所得罪的买受人，在否认明知系犯罪所得之外，往往有被上游被告人蒙骗的辩解，而且实践中确实存在“两头骗”的情形，需要加以甄别。诈骗罪的核心是“被害人陷入错误认识而交付财物”，掩饰、隐瞒犯罪所得罪的核心是“行为人明知是犯罪所得而掩饰、隐瞒”，涉案财物在客观层面一致，行为人的主观故意及反映出来的法益侵害直接影响行为定性。诈骗罪“错误认识”的前提是对方虚构事实、隐瞒真相，足以使之陷入了错误认识。

本案中，被告人甲、乙确实有虚构事实、隐瞒真相的行为，虚构了装载机系因转押、欠款而来，隐瞒了骗取装载机的真相，但是被告人丙、丁、戊、己并未基于此而产生错误认识，他们已经意识到来路不正，没有以与市场价格相当的价格购买，反而要求协助运送出去、确保能够交付后再交钱。从法益保护的角度，买受人没有支付正常对价而买到权属不明的装载机，可以视为没有遭受财产损失。同时，正确认识到装载机权利“瑕疵”“不法”，与客观上的犯罪所得基本吻合，即使没有达到具体明确的程度，亦足以认定“明知”系犯罪所得。“在明知程度的判断上，行为人并不需要明确知道上游犯罪的罪名、情节以及具体被害人等情况，只需达到知晓财物是某种犯罪所得即可。”①

需要进一步指出的是，诈骗犯罪系侵犯财产类犯罪，掩饰、隐瞒犯罪所得罪是妨害司法秩序类犯罪，二者存在一定的交叉关系，但不是非此即彼。如果上游犯罪嫌疑人虚构事实、隐瞒真相，但是买受人并没有陷入错

---

① 康乐、查鸿翔：《掩饰、隐瞒犯罪所得罪中量刑平衡规则的适用》，载《人民司法（案例）》2020 年第 26 期。

误认识，“明知”系犯罪所得，但仍然支付相当价格甚至高于市场价的价格买受，仍然构成掩饰、隐瞒犯罪所得罪。正因如此，行为人交易价格及对购买价格的辩解不影响对犯罪的认定，核心仍然是是否“明知”犯罪所得。

因此，如果出售人虚构赃物具有正规有效的合法证件，甚至伪造相关证件，以正常的交易方式进行销售，虚构事实、隐瞒真相，使得下游购买者误以为是合法车辆而通过正常价格购买，购买人可能成为诈骗犯罪的受害人。反观本案，出售人并没有伪造完整齐备、合法有效的装载机来源手续，购买人相关供述明确表示知道该车辆来源不正，交易中仅提供了一张欠条，同时不是以正常的二手车市场价格进行买卖，不能认定被告人己是诈骗犯罪的受害人。

（三）买赃自用不影响犯罪成立

买赃自用行为是否构成犯罪，在刑法理论和司法实务中争议颇多。有观点认为，从文义解释的角度，对掩饰、隐瞒犯罪所得罪的“收购”应当做一定的限制解释。“‘收购’，是指以出卖为目的的收买犯罪所得及其收益。”① 因此，“收购”是为卖而买。“如果个人为了自己使用而买赃的，不能构成本罪。”② 与此同时，有的观点认为，不能对所有的犯罪所得一概而论。“对于购买特定的少量赃物自用的，一般不宜认定为犯罪，但对购买他人犯罪所得的机动车等重大财物的，应认定为收购赃物。”③ 持相反意见的观点认为，不能基于买赃的具体用途而影响犯罪认定。“一种行为，狭义之下不能成罪，而作广义的理解即可入罪，不但存在自身的逻辑矛盾，而且划分标准又不甚明了统一，只会徒增司法认定的混乱。”④ 对买赃自用的认定难题在司法解释中也有体现。最高人民法院《关于审理掩饰、隐瞒犯罪所得、犯罪所得收益刑事案件适用法律若干问题的解释》（法释

---

① 全国人大法工委编：《〈中华人民共和国刑法〉释义与适用》，法律出版社 2021 年版，第 1261 页。

② 冯江编著：《刑法全厚细》（第六版），中国法制出版社 2021 年版，第 1324 页。

③ 张明楷：《刑法学》（下），法律出版社 2016 年版，第 1101 页。

④ 张阳：《关于盗版软件最终用户“刑事制裁论”的反思与批判》，载《郑州大学学报（哲学社会科学版）》2015 年第 1 期。

〔2015〕11号）第2条第2款曾规定："行为人为自用而掩饰、隐瞒犯罪所得，财物价值刚达到本解释第一条第一款第（一）项规定的标准，认罪、悔罪并退赃、退赔的，一般可不认为是犯罪；依法追究刑事责任的，应当酌情从宽。"该条款明确了对买赃自用的行为应当依法追究责任，同时从司法政策上体现了酌情从宽的精神。之后最高人民法院《关于修改〈关于审理掩饰、隐瞒犯罪所得、犯罪所得收益刑事案件适用法律若干问题的解释〉的决定》（法释〔2021〕8号），因"数额标准不再适用"而删除了该条款，可以理解为司法机关并没有否认对买赃自用酌情从宽处罚的基本立场。有的实务观点认为，买赃自用刚达到立案标准但是超过不多，如果查证属实可以出罪。"为自用而收购不以犯罪论处，应该出于生活使用的目的而购买。一般情况下，购买生活资料，如机器设备等用于生产经营的，不能认定为自用。"[①] 但是"超过不多"的标准亦难以厘定，也在一定程度上说明"买赃自用"的情节对法益侵害性的影响程度难以作出成比例的判断。

从法益保护的角度，掩饰、隐瞒犯罪所得罪属于妨害司法秩序类犯罪，收购本身亦代表流转，是否继续流转存在不确定性，即使收购后、查获时确实在自用，亦不能否认其妨害了司法机关对犯罪、赃物的查处，且长期稳定的自用行为可能导致相关犯罪更难发现。收购的目的如何、收购后用途去向，并不能从根本上影响行为性质的认定。另外，买赃自用含义不清，包括日常使用、经营使用、流通使用等各种情形，自用与他用并非截然对立关系，也存在自用与他用交替、联合使用等情形，买赃自用不能当然阻却犯罪成立。"从买卖被盗抢的机动车的目的看，有些是为了自用，有些是为了盈利，但是，无论目的如何，只要有买卖被盗抢机动车的行为，行为人均涉嫌构成犯罪。"[②]

根据现有证据，被告人已购买涉案车辆后一直停放在其工厂，其供述因疫情原因，场地一直没有运转，该车辆也未实际投入使用，但是供述为

---

① 最高人民法院刑事审判四庭：《汤某掩饰、隐瞒犯罪所得案》，载最高人民法院刑事审判第一、二、三、四、五庭主办：《刑事审判参考》（总第104集），法律出版社2016年版，第41—43页。

② 张军主编：《刑法分则及配套规定新释新解》，人民法院出版社2016年版，第1520页。

使用而购买，根据存疑时有利于被告的原则认定为“自用”。买赃自用行为明显不同于介绍买卖、居中牵线搭桥使犯罪所得继续流转的行为，其客观危害性较之职业买赃卖赃、产业化拆旧组新等更轻微，且暂时停止了赃物的进一步非法、频繁流动，客观上形成了一定的财产稳定秩序，明显不同于使赃物继续非法流转的其他犯罪形式，因此，可以考虑酌情从宽处罚。

《检察调研与指导》征稿启事

《检察调研与指导》创刊于 2014 年，是由最高人民检察院法律政策研究室主任、一级高级检察官高景峰主编，最高人民检察院法律政策研究室和中国检察出版社共同主办的公开发行的唯一综合性连续出版物。

《检察调研与指导》以指导开展检察理论研究工作以及检察业务调研工作为宗旨，立足于新时代检察理论与实践，秉持理论与实际相结合的原则，是广大检察干警了解检察工作重要部署，学习交流办案和工作经验，发表调研成果并参评“全国检察机关调研骨干人才”的重要平台，成为全国人民检察院理论研究的主要窗口和检察业务实践经验交流的重要阵地，具有很强的实践性、指导性、权威性。

全国检察长会议强调，法律监督理念现代化是检察工作现代化的先导。《检察调研与指导》服务检察，面向基层，内设特稿、专题研讨、调研聚焦、实务研究、案例剖析等栏目，与时俱进深化法律监督理念创新。特稿，围绕新时代检察工作新发展，刊发最高人民检察院领导对检察工作的重要讲话及理论文章，尤其是法律政策研究工作的展望与部署；专题研讨，每辑确定一个重点专题，集中刊发与法律政策研究室当年工作重点相关的研究成果、实务探讨等文章；调研聚焦，围绕当下检察理论与实践，刊发法律分析准确、透彻，逻辑性和说理性较强的理论调研文章；实务研究，围绕“在办案中监督，在监督中办案”，刊发创新开展“四大检察”业务工作的经验做法、实务研究成果等文章；案例剖析，刊载的文章体例固定，内容为地方检察院办理的具有影响力、可供其他院借鉴的典型案例及分析。

此外，为丰富检察机关的文化生活，展示检察人员的业务素能和精神风貌，《检察调研与指导》封二刊发全国检察机关工作人员拍摄的以一年四季风景为主题的摄影作品，要求作品为原创，符合社会主义核心价值观要求，弘扬主旋律，传递正能量，JPEG 格式，建议横版，高清原图，可作必要的后期处理，但不得通过技术合成等方式改变作品原貌，并附注作品名称，拍摄者姓名、单位职务及联系方式。

欢迎各级检察院及检察官投稿。

《检察调研与指导》编辑部

2023 年 10 月

《检察调研与指导》征订单

《检察调研与指导》是由最高人民检察院法律政策研究室和中国检察出版社共同编辑出版的连续出版物。《检察调研与指导》服务检察，面向基层，内设特稿、专题研讨、调研聚焦、实务研究、案例剖析等栏目，对广大检察干警了解检察工作重要部署、学习交流办案和调研经验、提高调研能力和水平，具有很强的促进和指导作用。

为进一步扩大《检察调研与指导》连续出版物的影响力，《检察调研与指导》2024年面向全国公开发行，请各级检察机关积极订阅。

《检察调研与指导》全年共4辑，每辑定价60元，全年定价240元（免邮寄费）。可通过中国检察出版社官网进行网上征订（www.zgjccbs.com）。中国检察出版社将以网上征订平台上确认的信息作为发书的依据，请尽量使用网上征订平台，如无法网上订阅，请填写附件回执（复印有效），并传真至出版社。

中国检察出版社

2023年10月

2024 年《检察调研与指导》订阅回执单

（汇款必传）

<table>
<tr><td>订购单位名称</td><td></td><td>收书人</td><td colspan="2"></td></tr>
<tr><td>地　址</td><td></td><td>电话（手机）</td><td colspan="2"></td></tr>
<tr><td colspan="2">单位统一信用代码</td><td colspan="3"></td></tr>
<tr><td colspan="2">电子发票接收邮箱</td><td colspan="3"></td></tr>
<tr><td colspan="2">名　称</td><td>定　价</td><td>订　数</td><td>金　额</td></tr>
<tr><td colspan="2">2024 年《检察调研与指导》</td><td>240.00</td><td></td><td></td></tr>
<tr><td>合计金额（大写）</td><td colspan="4">万　　仟　　佰　　拾　　元整</td></tr>
<tr><td colspan="5">备注：款到后三个工作日，发票发送至您的邮箱！</td></tr>
</table>

订购方式说明

第一种：网站订购（www.zgjccbs.com）（不用发传真、款到开票）
1. 网站下单，直接在线支付（微信、支付宝）
2. 网站下单，银行汇款需备注订单编号后 6 位数字
网站订购负责人　张惠 010-86423745、18101137669　技术咨询 010-86423763

第二种：微信订购（仅支持微信在线支付）
1. 使用微信扫描右侧二维码可直接在线订购
2. 了解最新书讯请关注“中国检察出版社”微信公众号

第三种：传真订购
书款汇至出版社账号后，请传真订书回执单至 010-68659465

中国检察出版社账户信息
户　名：中国检察出版社有限公司　　**开户行：**建设银行北京西山枫林支行
账　号：11050164860000000056　　**行　号：**105100050751

中国检察出版社联系人：
盛　丹 010-86423727　18101137660（微信同号）传真 010-68659465
（北京、天津、山西、陕西、河北、黑龙江、吉林、辽宁、内蒙古、青海、山东）
董艳芬 010-86423726　18101137661（微信同号）传真 010-68659465
（河南、浙江、江苏、安徽、上海、福建、甘肃、江西、新疆、西藏）
薛建娜 010-86423728　18101137662（微信同号）传真 010-68659465
（广东、广西、海南、重庆、四川、云南、贵州、湖北、湖南、宁夏）